# SOPHISMES

## PARLEMENTAIRES.

IMPRIMERIE DE CARDON. — TROYES.

# SOPHISMES PARLEMENTAIRES,

**PAR J. BENTHAM,**

traduction nouvelle

D'APRÈS LA DERNIÈRE ÉDITION PUBLIÉE PAR LE DOCTEUR **BOWRING,**

précédée

**D'UNE LETTRE A M. GARNIER-PAGÈS,**

Sur l'Esprit de nos Assemblées délibérantes,

PAR

**ÉLIAS REGNAULT,**

Un des Rédacteurs du *Dictionnaire politique.*

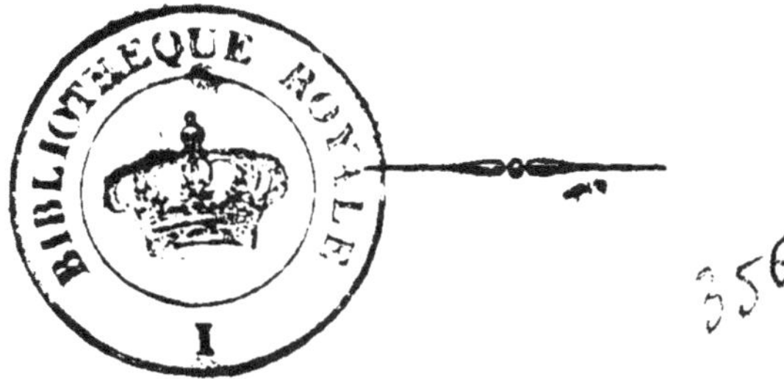


## PARIS.

**PAGNERRE, ÉDITEUR,**

RUE DE SEINE, 14 BIS.

—

1840.

# AVERTISSEMENT DE L'ÉDITEUR.

La traduction nouvelle que nous offrons au public, s'éloigne beaucoup de celle de M. Dumont, parce que M. Dumont s'est beaucoup éloigné du texte original. Au moment de cette première publication, les idées et même le style de Bentham, avaient quelque chose de si étrange par leur nouveauté, que le traducteur crut devoir en tempérer la hardiesse et en émousser la vivacité. Aussi un membre du parlement disait-il en lisant l'œuvre de M. Dumont : « C'est Bentham en habit à la française. »

Le nouveau traducteur a cru devoir laisser au publiciste Anglais toute l'austérité de sa physionomie, toute l'originalité de son langage.

On retrouvera Bentham avec sa logique sévère, avec ses amers sarcasmes et même avec ses néologismes. Le corriger c'est l'affaiblir, l'abréger c'est le mutiler.

Nous nous sommes aussi attachés à suivre l'ordre indiqué par Bentham dans la classification des chapitres. Outre que nous tenons à donner une traduction exacte et fidèle, nous avons pensé qu'il y avait quelque témérité à modifier la méthode d'un écrivain qui brille surtout par la méthode.

Un autre avantage de notre traduction, c'est qu'elle a été faite d'après l'édition toute récente des œuvres complètes de Bentham, qui se publie à Londres et à Edimbourg, par les soins du docteur Bowring, l'ami et l'exécuteur testamentaire du célèbre philosophe.

Cette publication sera incessamment suivie de celle de la *Tactique des assemblées délibérantes*, ouvrage qui sert de complément au livre des sophismes. Ces deux ouvrages réunis forment un manuel indispensable à tout homme qui étudie les matières politiques, et qui veut suivre avec fruit les débats de la presse et du parlement.

Enfin, le *traité sur la philosophie de l'utile*, les *essais de législation et de morale*, le *manuel d'Économie politique*, viendront dignement compléter le monument que nous élevons à l'un des plus beaux génies de l'école Démocratique.

P.

# LETTRE

# A M. GARNIER-PAGÈS,

DÉPUTÉ,

Sur l'Esprit de nos Assemblées délibérantes.

—••—

Monsieur,

Il est peu d'orateurs au Palais-Bourbon dont il fut permis d'inscrire le nom en tête des Sophismes Parlementaires, sans paraître viser à l'épigramme. Car, outre les priviléges réservés par la loi au mandat de député, la majorité de vos collègues s'en est créé un autre à l'insu de la loi, celui de proclamer à loisir de faux oracles, et de s'étourdir mutuellement par de mensongères déclamations. Si donc j'ose aller vous chercher sur ces bancs où siége le sophisme, c'est que votre situation y est doublement exceptionnelle, et par la nature de vos opinions, et par la franchise de votre langage.

Lorsque Bentham analyse avec tant de finesse et poursuit avec tant de vigueur le sophisme parlementaire, on ne saurait ni lui contester la vérité de ses accusations, ni lui reprocher l'amertume de ses colères. Partout où le sophisme existe, il le saisit et le terrasse; il ne laisse inexploré aucun coin du parlement; il secoue sur leurs bancs les législateurs hypocrites, et les flagelle sans merci. Mais, après avoir démasqué le sophisme, il fallait remonter aux causes du sophisme; après avoir indiqué sa manière d'être, il fallait signaler sa raison d'être.

Or, en cherchant la solution de ce problème, la conclusion nécessaire à laquelle on est conduit, c'est que le mal est dans la constitution même des assemblées délibérantes. En d'autres termes, le sophisme parlementaire est de l'essence du parlement. Bentham s'est occupé des sophismes de la chambre; veuillez, Monsieur, examiner avec moi si notre parlement n'est pas la chambre des sophismes.

Le sophisme, c'est le faux. Or, si nous considérons la manière dont fut formé en 1814 notre parlement législatif, il nous est aisé de prouver qu'il y a du faux dans son origine, du faux dans son organisation, du faux dans sa nature intime. Qu'est-il en effet autre chose qu'une pauvre contrefaçon du parlement anglais, une production exotique, transplantée dans des lieux pour lesquels elle ne fut pas créée, enfouie dans un sol où elle ne peut prendre racine, vivant d'artifices et par artifices? Voici à nos portes un peuple qui ne nous ressemble en rien, organisé par l'aristocratie que nous avons anéantie, gouverné par le privilége que nous combattons, tirant vanité des distinctions sociales que nous méprisons, condamnant les idées où nous mettons notre gloire, ayant lutté pendant vingt ans pour nous arracher les fruits de notre révolution, et c'est à ce peuple que nous empruntons un modèle de représentation nationale ! C'est dans sa constitution que nous allons copier nos préceptes parlementaires ! Dans notre œuvre fondamentale, nous consultons, non l'avenir des Français, mais le passé des Anglais !

N'est-ce pas là tout d'abord un sophisme originel ?

Le parlement britannique représente parfaitement les mœurs de la Grande-Bretagne, l'influence de l'argent, la puissance du nom, l'orgueil de la tradition. C'est une chambre aristocratique dans un pays aristocratique. Chez nous, que représente la chambre ? Avec son cens d'éligibilité, ce n'est pas la démocratie ; avec ses marchands et ses banquiers, ce n'est pas l'aristocratie ; avec ses prétentions à gouverner, quelque timides qu'elles soient, ce n'est pas la monarchie. C'est un composé bizarre d'avocats qui ne représentent pas le barreau, de magistrats qui ne représentent pas la magistrature, de propriétaires qui ne représentent pas la propriété, de négociants qui ne représentent pas l'industrie, de militaires qui ne représentent pas l'armée, et de fonctionnaires qui ne représentent pas l'administration. Ni principes généraux, ni principes particuliers, rien ne s'y rencontre. Ne demandez donc pas à la chambre ce qu'elle est ; elle saurait à peine vous affirmer qu'elle est. Il y aurait peut-être de la témérité de sa part à vouloir le prouver par la formule de Descartes « Je pense, donc je suis. »

On aurait pu toutefois essayer de corriger ce vice de naissance parlementaire par quelques modifications appropriées à nos mœurs. Mais les modifications introduites ont été si malheureuses qu'elles sont devenues des sources abondantes de sophismes nouveaux. Nous sommes, quoiqu'on en dise, un peuple éminemment artiste : nous aimons l'apparat, la cérémonie et les agréments de la forme. Chez nous, le beau est plus estimé que le bon, l'agréable plus que l'utile, et si la lumière nous séduit, c'est moins peut-être parce qu'elle éclaire, que parce qu'elle brille. Ces dispositions d'artistes nous les avons portées dans nos assemblées législatives. Il a fallu au sanctuaire des lois des décorations de théâtres, il a fallu hisser les parleurs sur les hauteurs d'une tribune. Il semblerait que dans

une réunion d'hommes graves appelés à discuter
les intérêts d'une communauté, chacun devrait dire
d'aussi bonnes choses et les dire aussi bien sans
aller chercher sur un vain piédestal des inspirations
de commande. La logique ne perdrait assurément
rien à ce que l'orateur ne sortît pas de la circon-
férence de son banc. Mais lorsqu'il est pompeusement appelé à la tribune pour y réciter son rôle,
tout ce que l'on gagne en solennité est autant de
pris sur la vérité. Déjà en effet, il n'est plus le
même homme : il descend avec recueillement les
gradins de l'amphithéâtre, il monte d'un air médi-
tatif les degrés de la tribune ; le sophisme commence : Sophisme dans la voix qui sort du naturel,
sophisme dans le débit qui s'enfle ou se traîne,
sophisme dans les gestes qui se déploient outre
mesure, sophisme dans la parole qui cherche le
brillant au lieu du vrai, sophisme dans la pensée
qui court après l'antithèse, et fuit le raisonnement.
Ne cherchez pas à la tribune le législateur qui étudie avec conscience les besoins du pays, qui discute
avec sagesse les intérêts des citoyens. Vous n'y trouverez qu'un débitant de harangues qui cherche à
faire de l'effet, un acteur officiel qui vise aux coups
de théâtre, et qui semblable aux comédiens de
l'antiquité, croit se donner un air surhumain en
s'affublant d'un masque.

Tout dans la chambre est une question d'art. Lorsqu'on fait silence, chose rare, ce n'est pas pour écouter l'homme d'État posant des principes, mais l'artiste déroulant des phrases cadencées ; lorsqu'on applaudit, ce n'est pas aux bonnes raisons, c'est aux sentences harmonieuses. La logique est traitée comme le récitatif dans les théâtres italiens ; dès qu'elle occupe la tribune, on court à la buvette, pour revenir en toute hâte s'extasier aux cantilènes d'un chef d'emploi. Car dans ce spectacle législatif chaque artiste a son rôle et sa manière ; l'un brillant et léger, l'autre solennel et pesant, celui-ci sentimental, celui-là bouffon, l'un brodant des fleurs de sa poésie une maxime de droit international, l'autre introduisant dans une question industrielle les dogmatiques classifications de la chaire, et tous enfin précipités dans cette fausse route par les encouragements de leurs collègues, qui se plaisent à ces jongleries et se font complices de tous les sophismes.

Et il n'en peut guère être autrement. Les partis sont si bien divisés à la chambre, que chacun y arrive avec son opinion toute faite. Dans toute loi et avant toute discussion, chacun a préparé sa boule blanche ou noire, et tous les discours n'en changeront pas la couleur. Or, puisque ces discours seront inutiles comme œuvres de raisonnement, il faut qu'ils produisent leur effet comme œuvres d'art ; si l'on ne compte pas être persuadé, on espère au moins être remué, si l'on ne vient pas au palais législatif pour son instruction, on y vient pour son agrément.

Cet amour de l'art est porté si loin, qu'on applaudit avec la même ferveur aux attaques bien formulées d'un adversaire qu'aux louanges bien sonnantes d'un allié. Quand vous aurez détruit pièce à pièce tout l'échafaudage des arguments ministériels, pourvu qu'il y ait quelque éclat dans l'arrangement de vos phrases, quelque harmonie dans le tonnerre de vos paroles, vous verrez le ministre accourir des premiers vous complimenter sur les ornements de votre style, et se féliciter d'être combattu en si belle prose.

Qu'est-ce d'ailleurs qui l'a fait, lui ministre, arriver si rapidement aux sommités de l'échelle sociale? Est-ce le mérite de ses travaux politiques, l'énergique pureté de sa conscience, l'étendue et la profondeur de ses connaissances? Non ; c'est son talent de beau diseur. Voilà le signe auquel se mesure la capacité de nos hommes d'État. Qu'importe qu'ils ne connaissent pas les ressorts de l'administration dont ils sont les moteurs? Qu'importe qu'ils ignorent jusqu'aux moindres détails d'une fonction qu'ils exploitent? Leur rhétorique s'est exercée sur ces matières, et la rhétorique supplée à tout. Or, il est certain que le même homme ne peut avoir la même aptitude pour diriger l'Agriculture ou les Affaires Extérieures, les Finances ou l'Instruction Publique; mais le même homme peut avoir la même aptitude pour faire d'éloquentes amplifications sur les assolements et les protocoles, l'amortissement et les écoles primaires. Que les portes de tous les ministères s'ouvrent donc à lui; qu'il passe de l'un à l'autre. Maître-Jacques de la monarchie constitutionnelle, qu'il endosse toutes les livrées; car il a la parole sur tout, il a réponse à tout. Le plus grand artiste de la chambre doit nécessairement être le héros de la chambre, et la faconde la plus intarissable conduire forcément à la présidence du conseil. Voilà l'idéal du gouvernement représentatif : le culte des vains sons et l'apothéose de l'art. Chez nous comme à Rome, les dépouilles de Carthage sont devenues la proie d'un joueur de flûte.

Ce n'est pas que nous veuillons entièrement bannir l'art de nos assemblées, et condamner les hommes politiques aux sécheresses de la procédure. Même dans la discussion des lois, il faut faire la part aux sentiments, aux élans passionnés, aux généreuses fougues de l'enthousiasme. Mais ce qui n'est que secondaire ne doit pas être mis en première ligne; ce qui n'est qu'un moyen, ne doit pas être le but. N'est-ce pas un déplorable spectacle que de voir la discussion des intérêts d'un grand pays, descendre aux proportions d'une lutte académique, et n'être autre chose qu'une occasion solennelle de faire des jeux d'esprit.

Comment voulez-vous qu'avec de si malheureuses habitudes, le sophisme soit jamais banni du parlement? Ce serait vouloir condamner le parlement à ne plus être ; car le sophisme n'est pas un accident dans la chambre, c'est sa loi, c'est sa pensée, c'est sa vie. Otez-lui le sophisme, et vous créez un silence absolu. Ne lui laissez que la logique : ses voûtes n'ont plus d'échos.

Vous même, Monsieur, combien de fois n'avez-vous pas été réduit à voiler les accens de votre haute raison, sous les brillants dehors d'une rhétorique spirituelle? Combien de détours artistement combinés ne vous a-t-il pas fallu parcourir, pour arriver à l'émission de la vérité la plus simple? Constamment vous avez été contraint à faire de l'art pour pouvoir faire de la politique. Quand les arguments se pressaient en foule dans votre esprit, il vous a fallu briller par vos réticences, surveiller avec une prudence d'avare les richesses de votre pensée, n'en laisser échapper que ce qu'il fallait pour commander le respect, jamais assez pour exciter l'épouvante, et en tout cependant, dire si bien, que vos ennemis pussent accepter ce que vous disiez, et vos amis comprendre ce que vous ne disiez pas. Vos premiers combats parlementaires ont dû commencer par vous-même, et lorsque vous avez paru sur l'arène publique, armé de précautions oratoires, on ne savait ce qu'il fallait le plus admirer, ou de vos prodigieux efforts d'esprit pour cacher la pointe acérée de votre logique, ou de la puissance de cette logique, qui perçait à jour toutes les enveloppes parlementaires.

Il y a du mérite sans doute pour l'orateur, dans ces difficultés vaincues; mais quel mérite y a-t-il pour la chambre à créer ces difficultés? D'où vient que rien ne s'y dit de complètement vrai, que nul n'y parle à cœur ouvert, et que chacun semble y venir à tour de rôle justifier ce fameux adage : « La parole a été donnée à l'homme pour déguiser sa pensée? » C'est que les assemblées délibérantes d'aujourd'hui, vieux modèles du passé, sont vicieuses dans leur organisation, vicieuses dans toutes leurs formes, et par conséquent mensongères dans leurs résultats.

Considérons en effet l'origine des assemblées délibérantes, tant dans les États Généraux de France, que dans les parlements d'Angleterre. Lorsque les rois se trouvaient dans de grands embarras pécuniaires ou politiques, dont les hauts barons ou le

clergé ne voulaient ou ne pouvaient les délivrer,
ils invitaient les citoyens de toutes les cités, et les
bourgeois de tous les bourgs, à leur envoyer des
députés pour consulter sur les difficultés du moment. Or l'on comprend qu'à des époques où il
n'y avait entre les habitants d'un même pays nul
rapprochement d'idées, nulle communication de
pensées, ces réunions qui mettaient en contact toutes les forces vives de la nation, devaient avoir un
retentissement immense et devenir fécondes en résultats intellectuels. Chacun apportait avec soi des
connaissances spéciales, des pensées qui lui appar-
tenaient ; chacun pouvait enseigner quelque chose
et apprendre quelque chose. C'était un mutuel
échange de richesses auparavant enfouies, une éclatante expansion de lumières isolées jusque-là, et
venant se concentrer en un foyer commun. Ceux qui
parlaient étaient écoutés, parce que ceux qui écou-
taient entendaient quelque chose de nouveau. Ce
n'étaient pas comme aujourd'hui des formules toutes faites, des sentences stéréotypées dans l'esprit de
tous. Chaque auditeur ne connaissait pas à l'avance
l'opinion et le vote de chaque orateur. Mais dans ces
naïves oraisons d'un peuple qui se cherchait lui-
même, il y avait toute la conscience de ce peuple,
l'expression de ses joies et de ses douleurs, la voix
la plus pure de son intelligence. Muet jusque-là,

il prenait la parole pour maudire ou remercier avec sincérité, et non pas pour faire preuve de son éloquence ou faire parade de son art. Après avoir été dispersé et fractionné, il se retrouvait avec son unité, et se fortifiait dans la pensée commune, au lieu de dissimuler cette pensée sous des phrases de convention et des artifices de style. En un mot, les anciennes assemblées politiques étaient le rapprochement solennel de toutes les intelligences, la fécondation mutuelle de toutes les idées, l'expression vraie des besoins et des sentiments du pays.

L'assemblée nationale elle-même, à quoi a-t-elle dû cette prodigieuse influence, qui lui donna dès les premiers jours la force de résister à la royauté, et de mettre tout d'abord sa jeune puissance au-dessus de la vieille monarchie capétienne? A ce qu'elle représentait fidèlement et sérieusement l'esprit de son époque, avec ses agitations et ses espérances, avec son besoin d'être et de connaître. Comme puissance organisatrice, elle échoua; comme puissance constituante, elle ne fit qu'une œuvre éphémère; mais comme centre d'activité, comme lien de communication entre les esprits, elle leur imprima une impulsion vigoureuse dont les effets se font encore sentir jusqu'à nous.

Mais supposez qu'il y eut eu avant l'assemblée nationale, et à côté d'elle une puissance déjà en

mesure de remuer les esprits et de leur servir de
voix commune, exprimant ce qu'il y a de plus au-
dacieux dans la pensée, de plus vif dans les sentiments, de plus dramatique dans les besoins, et en
même temps de plus avancé dans les intelligences ;
supposez la presse d'aujourd'hui contemporaine de
l'assemblée nationale, et l'assemblée nationale, au
lieu d'être l'expression la plus haute du sentiment
populaire, n'aurait été que l'écho affaibli des bruits
de la presse ; au lieu de donner l'impulsion elle
l'aurait reçue ; au lieu de commander elle aurait
obéi.

Voilà précisément où en est le parlement aujour-
d'hui. Au moment où une loi est offerte à son examen, le pays a déjà délibéré, discuté, approuvé ou
condamné ; la presse a prononcé, la matière est
épuisée, la cause entendue et jugée. Il ne reste
plus que le vote matériel, et ce vote ne saurait être
en opposition avec les vœux de la majorité. Que
servent alors tous les discours de la tribune ? Ils ne
sauraient être le complément de ce qui est complet :
ils ne pourraient pas même être le supplément de
ce qui est inachevé. Car jamais la chambre n'oserait s'élever à la vigoureuse polémique de la presse ;
jamais elle ne discuterait avec la même franchise
une pensée de réforme, une question d'organisation
sociale. On signale avec étonnement le député qui

ose porter à la tribune les conceptions hardies qui s'élaborent dans les colonnes des journaux. Il faut qu'une idée ait pénétré dans l'esprit de tous, avant qu'elle puisse traverser la place de la Concorde; il faut qu'elle soit devenue un lieu commun, avant qu'elle puisse trouver au Palais-Bourbon un accès favorable. A la presse appartient l'initiative; à la chambre la sanction; à la presse l'invention : à la chambre la mise en œuvre.

Ce n'est pas un mal sans doute que cette division de fonctions, mais elle doit singulièrement modifier l'organisation du parlement, et apporter de grands changements à son rôle. Autrefois les communes faisaient entendre les doléances du pays ; aujourd'hui c'est la presse qui publie ces doléances. Autrefois, les communes avaient un simple droit de pétition pour obtenir le redressement des griefs [1]; aujourd'hui, la presse est une pétition perpétuelle. Les communes ont maintenant pris la place de la royauté; la presse a pris la place des communes. Les communes dirigent les forces matérielles de la nation; les journaux gouvernent le mouvement des esprits; la chambre a pris le sceptre du pouvoir; la presse s'est emparée de la chaire des prédications.

---

[1] Voici la formule qu'employaient les **communes d'Angleterre de**puis Edouard Ier jusqu'à Henri VII : *Vos poveres communes prient et supplient.*

Voilà pourquoi les discussions de la presse ont une si grande influence; car elles sont la manifestation vraie des besoins du pays, l'expression de ses impatiences intellectuelles, la voix de ses douleurs et de ses espérances. Voilà pourquoi les discussions de la tribune ont, dans bien des cas, un moindre retentissement; car elles ne sont que la parole d'un organe officiel, la voix du *pays légal,* toujours en garde contre les émotions trop vives, et plus occupé des dangers imaginaires du présent que des besoins réels de l'avenir.

Il faut bien le reconnaître : la presse est une fonction sociale dont la puissance est attestée par l'obscurité même de son berceau. « Rien de grand, dit De Maistre, n'a de grand commencement. On ne trouvera pas dans l'histoire de tous les siècles une seule exception à cette loi : *crescit occulto velut arbor œvo* : c'est la devise éternelle de toute grande institution. L'accroissement insensible est le véritable signe de la durée dans tous les ordres possibles de choses. » La presse offre un remarquable exemple de cette vérité. L'origine de la presse ne se trouve dans aucune loi. La loi l'a rencontrée sur son chemin, et a constaté sa venue, mais sans savoir ni d'où elle venait, ni où elle allait. La loi l'a reconnue, mais elle ne pouvait faire autrement; car c'était reconnaître un fait accompli; et encore elle ne reconnaissait ce fait que pour le combattre et l'entraver. Chose étrange ! dès que la presse s'est trouvée en face de la loi, elle s'est vue chargée de chaînes ; et, en dépit de ces chaînes, elle n'a cessé de grandir et de se fortifier. C'est qu'il y a dans ce monde d'autres lois que les lois écrites, une autre majorité que la majorité parlementaire. Lorsque les hommes font une institution, ils peuvent se tromper de date et tomber dans l'anachronisme. Lorsqu'une institution se fait d'elle-même, elle vient toujours à l'heure voulue, et sa raison d'être se manifeste par son être.

Eh bien ! cette institution, fille des temps modernes, ce quatrième pouvoir de l'État, la presse, s'est emparée de la discussion des lois. Que l'on crie à l'usurpation, peu importe. C'est un fait qu'on ne peut ni contester, ni empêcher. Et d'ailleurs une usurpation qui est sanctionnée par le consentement général, ressemble beaucoup à un titre légitime. La chambre a beau se débattre contre ce fait ; elle a beau rassembler l'armée de ses orateurs pour réchauffer les discussions éteintes et ranimer les questions épuisées, elle n'apporte au pays ni instruction, ni lumières nouvelles : elle met seulement en spectacle quelques individualités brillantes, et fournit à quelques hommes de talent une heureuse occasion de se produire.

Au reste, il faut en convenir, on s'est accoutumé

à de singulières erreurs dans les notions qu'on se fait sur le principe représentatif. On s'imagine que la représentation n'existe qu'au sein de la chambre, qu'il n'y a d'autres représentants du pays que les élus des colléges. Mais, dites-le moi, quand un homme parle au nom d'une idée méconnue, d'une souffrance qui demande un soulagement, d'un principe qui demande une sanction, cet homme n'est-il pas le représentant de cette idée, de cette souffrance, de ce principe? Lorsque la presse réclame au nom des classes délaissées, des majorités exclues, des multitudes opprimées, ne représente-t-elle pas ces classes, ces majorités, ces multitudes? Même les minorités vaincues, les rois détrônés, les prétendants errants peuvent avoir leurs organes et faire entendre leurs plaintes. Car dans ce système d'équité la représentation n'est interdite à personne. Il ne faut d'autre cens d'éligibilité que le talent, d'autre condition que l'étude.

On a beau vouloir mutiler la représentation par des articles de loi; la force des choses la développe et la fait fructifier partout: à côté de la représentation légale se place la représentation nationale, à côté du fait le droit, à côté du privilège l'égalité. Il n'est donc pas étonnant que cette puissance assez forte pour se constituer d'elle-même et en dépit de la loi, ait attiré à elle une portion des travaux législatifs. Malheureusement la chambre a vu dans la presse une rivale au lieu de l'accepter comme une alliée ; elle a repoussé ses efforts comme autant d'empiétements sur la représentation, au lieu de les accueillir comme le complément du système représentatif.

Un autre fait dont ne veulent pas tenir compte les parlementaires, c'est qu'à mesure que s'accroît la puissance de la presse, diminue la puissance de la parole. La parole est le moyen de persuasion des temps antiques, l'instrument des civilisations primitives. Ses forces sont limitées par les lois matérielles de l'acoustique, le tissu anatomique des poumons, et la durée fugitive des sons. Même aujourd'hui qu'elle prétend gouverner le monde, elle n'obtient quelque pouvoir que lorsqu'elle emprunte la publicité aux organes multiples de sa rivale, lorsqu'elle se spiritualise et se perpétue avec le secours propagateur de la presse. D'ailleurs les orateurs du Forum ou de l'Agora étaient des hommes d'élite s'adressant à une multitude ignorante : l'influence de leur parole était donc celle du talent sur la médiocrité, de l'esprit sur la matière. Lorsque Périclès débout sur le Pnyx faisait entendre aux Athéniens assemblés les accens persuasifs de son éloquence, il leur imposait ses lois en leur imposant son intelligence. Mais dans nos assemblées

délibérantes où chacun se croit un Périclès, où
personne ne se croit peuple, dans nos chambres où
si les intelligences ne sont pas toutes au même niveau, il n'y a jamais du moins une distance assez
grande entre les auditeurs et l'orateur pour que celui-
ci ait le droit de commander des convictions, la parole semble moins faite pour l'instruction de ceux
qui écoutent, que pour la glorification personnelle de
celui qui parle. On a si peu d'ailleurs la prétention
de persuader dans ces régions, que tout député con-
fesse que ce qui l'occupe le moins à la chambre, c'est
la chambre, avouant implicitement par là que la
parole n'est rien avant de passer à l'état d'écrit. En
effet, comme on parle moins pour l'auditoire envi-
ronnant que pour la foule extérieure, un discours n'a
de valeur que du moment où il est enregistré dans
les colonnes de la presse, et le plus grand effet des
discussions parlementaires est l'effet du lendemain.

Ne croyez pas toutefois que je veuille justifier la
majestueuse inutilité du discours écrit, dont le
moindre inconvénient est de n'être ni un discours
ni un écrit. Lu devant la chambre qui ne l'écoute
pas, écrit pour le public qui ne le lit pas, ce mor-
ceau parlementaire également dédaigné des députés
et de la foule, ne semble créé que pour le délasse-
ment des sténographes fatigués. Il y a d'ailleurs
dans le discours écrit une certaine impertinence

qui ne se fait pas pardonner ; car elle consiste à ne tenir aucun compte des objections qui viennent d'être faites, à négliger tous les incidents de la séance, pour faire entendre à toute force des arguments souvent détruits d'avance, et qui, écrits de la veille, se présentent vingt-quatre heures trop tard. Je sais qu'on m'opposera les triomphes de M. Royer-Collard. Mais cette imposante exception n'est qu'un malheur parlementaire de plus ; car M. Royer-Collard a entraîné derrière lui une foule d'imitateurs qui, sans être ni orateurs ni écrivains, se croient l'un et l'autre, qui ne sont ni les hommes du parlement, ni les hommes de la presse, et s'imaginent appartenir à une double nature ; semblables à ces monstres physiologiques qui réunissant les apparences des deux sexes, n'en ont véritablement aucun.

Que dire ensuite du député qui par une ambition modeste n'aborde la tribune que pour mériter les applaudissements des électeurs de son bourg? Il débite une tirade à l'adresse de ses commettants, et son discours, relu à l'ombre du clocher, annonce aux bons villageois de l'endroit que l'esprit de leur Démosthène est encore parmi eux.

Mais remarquez bien que c'est toujours la presse qui vient en aide et à ceux qui parlent pour tous, et à ceux qui parlent pour quelques-uns. Vous êtes sans doute, Monsieur, l'un de ceux qui pourraient à bon droit protester contre l'impuissance de la parole, et les triomphes qu'elle vous a valus pourraient vous servir d'arguments. Mais le fait général ne saurait être contredit par quelques exceptions brillantes. Un pouvoir, quel qu'il soit, ne meurt pas tout-à-coup, et il conserve, même alors qu'il s'affaiblit, des défenseurs assez robustes pour faire croire à sa durée.

Je ne prétends point d'ailleurs, par un système exclusif, crier anathème sur la parole et condamner nos chambres à un vote silencieux. Ce serait rendre trop faciles les corruptions du pouvoir exécutif. Il est bon que les justes accusations de la presse soient appuyées par les sévères jugements de la tribune. Mais il serait à désirer que ces jugements fussent formulés en un langage plus digne et plus grave, qui n'empruntât rien aux séductions usées de l'art oratoire. L'éloquence est un brillant mensonge qu'il faut laisser aux écoles comme un exercice de gymnastique, bon pour assouplir les esprits encore jeunes. Ce qu'il faut aux hommes destinés à gouverner une grande nation, c'est la puissance de la dialectique, les arguments sérieux du raisonnement et surtout la logique des affaires. Ce qu'il faut à la chambre, c'est moins de discours et plus de connaissances, moins de phrases et plus d'études. Que les députés s'élèvent au-dessus de la loi qui ne leur demande qu'une capacité censitaire. Car le pays ne se contente pas de si peu.

Ce serait donc mal interpréter ma pensée que de conclure de ce qui précède, pour condamner les assemblées délibérantes en elles-mêmes, quand je ne prétends combattre que le système actuel des assemblées délibérantes. On a pris de vieilles formes pour faire une chose nouvelle ; on a cousu le moyen-âge au dix-neuvième siècle, et de ce ridicule accouplement on a voulu faire sortir la politique moderne. On s'est engagé si loin dans l'erreur, qu'il faudra de profondes modifications pour corriger les vices du système parlementaire. Ce n'est pas ici le lieu d'examiner la nature du remède : il suffit de signaler le mal.

Rien assurément ne pourra enlever la puissance aux assemblées délibérantes ; mais pour qu'elles soient mises en pleine possession de cette puissance, il faut bien se persuader non pas qu'il y a quelque chose à faire, mais que tout est à faire. Que l'on accorde plus à la pensée et moins à la parole. Que l'on donne plus d'importance aux travaux sérieux des comités, et moins aux divagations surabondantes de la tribune ; que surtout et avant tout l'on tienne compte des éléments politiques de notre époque, et que par une heureuse combinaison l'on tâche d'allier la presse et le parlement, dout l'une forme le pouvoir spirituel, l'autre le pouvoir temporel de la représentation. Alors nous pourrons prendre intérêt aux délibérations de nos assemblées, alors en assistant à de solennels débats, nous ne nous croirons plus transportés au tournoi d'Eglington, qui fut à l'insu de ses auteurs une excellente critique des admirateurs du passé, et des hommes qui croient à la résurrection des vieilles choses.

Élias REGNAULT.

# SOPHISMES

## PARLEMENTAIRES.

# SOPHISMES

## PARLEMENTAIRES.

## INTRODUCTION.

### I.

DU SOPHISME. — QUELQUES MOTS SUR LES AUTEURS QUI EN ONT PARLÉ.

On donne en général le nom de *sophisme* à tout argument employé dans un but de déception, à toute théorie destinée à produire des opinions erronées.

Aristote est le premier auteur dont les ouvrages contiennent quelque chose à ce sujet. Dans le cours de son Traité sur la Logique, il donne une liste des arguments auxquels est applicable cette dénomination.

Depuis Aristote jusqu'à Locke, aucun travail satisfaisant n'a été publié sur l'origine des idées ; depuis Aristote jusqu'à nos jours, aucune étude importante n'a été faite sur les formes que les idées ou les combinaisons d'idées peuvent revêtir comme instruments de déception.

L'objet du présent ouvrage est de combler cette lacune.

Lorsque nous soutenons cependant que rien n'a été fait à ce sujet depuis Aristote, nous ne voulons dire autre chose, sinon que de tous les arguments qui ont été enseignés comme moyens de déception, il n'en est aucun qui n'ait été déjà signalé par Aristote. On n'y a rien ajouté de nouveau. Il ne manque pourtant pas, dans toute cette période, de traités sur l'art oratoire publiés sous toutes les formes et dans toutes les langues ; et les enseignements ne font pas faute à celui qui veut apprendre à déguiser la vérité.

En effet, le but avoué de ces livres est d'enseigner les leçons suivantes : Quelles sont les phrases ou tournures de phrases les plus propres à gagner votre cause ? Quelles sont les idées ou combinaisons d'idées les plus propres à faire impression sur ceux qui vous écoutent, et à leur donner des dispositions favorables à vos projets, quels que soient d'ailleurs ces projets ?

Mais, quant à la moralité de la question, quant à savoir si cette impression est juste ou erronée, si ces dispositions sont, par rapport à certains individus ou à la société, favorables, indifférentes ou funestes, c'est là ce qui, dans aucun cas, ne semble avoir occupé les auteurs. Si dans le cours de leurs méditations une question pareille s'était présentée, ils l'auraient aussitôt mise de côté comme étrangère au sujet, absolument comme si dans un traité sur l'art de la guerre, quelqu'un s'avisait de penser à la justice de la guerre.

Denys d'Halicarnasse, Cicéron, Quintilien, Isaac Voss, et chez nous, dernièrement, Gérard Hamilton, procèdent tous de cette manière. Entre les premiers et les derniers, bien d'autres écrivains sans doute ont traité le même sujet et avec la même méthode. Mais il devient inutile de les citer.

Après tant de siècles passés à enseigner, avec une complaisance et une indifférence égales, l'art de la véritable éloquence et l'art de la déception, l'art de produire de bons effets et l'art de produire des effets funestes, l'art de l'honnête homme et l'art du fripon ; après tant de siècles écoulés pendant lesquels on a confondu dans les mêmes leçons le bien et le mal avec la plus déplorable impartialité, il n'est certes pas trop tôt au dix-neuvième siècle de faire intervenir la question d'honnêteté, d'inviter la morale commune à prendre sa place et à se faire notre juge.

## II.

### DISTINCTIONS A FAIRE ENTRE L'ERREUR ET LE SOPHISME.

Le mot *erreur* sert à désigner une opinion considérée comme fausse, mais considérée en elle-même seulement, abstraction faite de ses conséquences.

Le mot *sophisme* ne s'applique pas seulement à

une opinion fausse ou à une proposition contenant
des opinions fausses, mais aussi à tout argument tendant à faire naître une opinion fausse, ou tendant à
profiter d'une opinion fausse déjà conçue, pour
entraîner ou maintenir dans quelque résolution
funeste.

Ainsi, croire que les anciens, parce qu'ils vivaient
dans les anciens temps, valaient mieux que les
hommes d'aujourd'hui, voilà une *erreur;* mais profiter de cette erreur pour faire conserver des usages
funestes et des institutions surannées, voilà le *sophisme.*

L'erreur est un fait involontaire, le sophisme est
un fait volontaire.

L'erreur étant simplement une opinion fausse,
peut être rectifiée par la persuasion. Le sophisme
n'étant qu'un moyen de fausseté, se refuse à la
persuasion.

Enfin, l'erreur n'exclut pas la moralité; le sophisme est toujours une présomption d'immoralité.

## III.

SUJET DU PRÉSENT OUVRAGE : SOPHISMES POLITIQUES ET
PARLEMENTAIRES.

Le présent ouvrage contiendra l'examen et l'expo-
sition d'une seule classe de sophismes, qui est déterminée par la nature de leur objet et les occasions où
ils se produisent.

Ces occasions consistent dans l'examen d'une mesure de gouvernement, d'où doit naître une décision pour ou contre cette mesure. Par mesure de gouvernement, il faut comprendre une mesure de législation aussi bien que d'administration ; car ces deux ordres de faits ont une liaison si intime, qu'il est souvent difficile de les séparer. Ce serait d'ailleurs inutile pour le sujet qui nous occupe.

Par conséquent, en publiant ce traité sur les *sophismes politiques et parlementaires*, notre intention réelle est de publier un traité sur *l'art du gouvernement*. Pour cela, nous nous proposons deux buts principaux, 1° le développement de la théorie d'un bon gouvernement ; 2° Les moyens de perpétuer sa durée. Pour assurer cette perpétuité, nous n'irons pas nous adresser à des clauses législatives ; leur nullité et leurs dangers seront suffisamment établis dans le cours de cet ouvrage ; mais nous nous adresserons à cet organe qui ne trompe jamais, *la raison*, qui seule peut assurer le succès de nos efforts.

Or il y a deux voies à suivre pour convaincre la raison : l'une, la plus directe, consiste à montrer, à l'occasion de toute mesure proposée, en quoi et par quels moyens elle peut arriver au but qu'elle prétend atteindre ; l'autre, la moins directe, consiste à signaler les vices de cette mesure, à combattre sa force de persuasion et les arguments captieux sur lesquels on l'appuie, enfin à la faire rejeter en en démontrant les dangers.

De ces méthodes différentes mais connexes, la plus

directe a été employée dans notre *Traité de législation*. La moins directe mais certainement la plus étendue dans son application, forme la matière du présent ouvrage.

Nous avons commencé par exposer les arguments que nous croyons bons; nous allons maintenant exposer les arguments que nous jugeons mauvais; nous allons les exposer sous leur jour véritable et par là les combattre dans leurs pernicieux effets.

Le sophisme est une hydre dont la force sera détruite, lorsqu'on aura pu mettre toutes ses têtes à découvert. Nous avons fait tous nos efforts pour qu'aucune ne reste cachée; mais nous sommes certain d'en avoir signalé les plus puissantes et les plus dangereuses.

## IV.

### DIVISION OU CLASSIFICATION DES SOPHISMES.

Il y a une telle diversité dans toutes les formes de persuasion que nous aurons à signaler sous le nom de sophismes, qu'il devient indispensable de leur assigner une classification qui puisse les faire reconnaître.

Toutefois, comme trop souvent les genres se confondent, on pourra trouver quelquefois nos divisions arbitraires. Nous n'y attachons donc pas plus d'importance qu'elles n'en méritent; mais nous les avons crues nécessaires pour éviter le désordre et la confusion.

On peut d'abord diviser les sophismes en considérant leur destination et leur but spécial, et ils viendront alors se ranger sous quatre classes principales.

1° Sophismes d'autorité, comprenant des personnalités laudatives. L'argument principal consiste à invoquer l'autorité sous ses différentes formes : le but est d'empêcher tout raisonnement.

2° Sophismes de péril, comprenant des personnalités offensantes. L'argument repose sur les périls de toute nature : le but est d'écarter toute discussion.

3° Sophismes dilatoires. L'argument consiste à soulever des questions oiseuses pour gagner du temps : le but est de faire remettre la discussion afin de l'éluder.

4° Sophismes de confusion. L'argument consiste dans des généralités vagues et indéfinies : le but est de produire dans les esprits une telle confusion qu'on ne puisse avoir aucune idée nette sur le sujet en délibération.

Chacune de ces classes de sophismes peut encore se subdiviser, selon qu'ils s'adressent aux passions, au jugement et à l'imagination. Dans ces subdivisions, pour être plus clair et plus bref, nous emploierons, à l'exemple de Locke, des dénominations latines, et nous aurons tous les sophismes rangés sous les formules suivantes : sophismes 1° *ad verecundiam* ; 2° *ad superstitionem* ; 3° *ad amicitiam* ; 4° *ad metum* ; 5° *ad odium* ; 6° *ad invidentiam* ; 7° *ad quie-*

*tem ; 8° ad socordiam ; 9° ad superbiam ; 10° ad judi-*
*cium ; 11° ad imaginationem* [1].

[1] Pour mieux faire comprendre la pensée de Bentham, nous ajouterons qu'il entend en général par *sophisme* tout argument qui fait appel à un préjugé ou une passion. Ainsi ses dénominations latines pourraient se traduire ainsi : appel 1° *à la fausse modestie*, 2° *à la superstition*, 3° *à l'amitié*, 4° *à la crainte*, 5° *à la haine*, 6° *à l'envie*, 7° *à l'ordre*, 8° *à la paresse*, 9° *à l'orgueil*, 10° *au jugement*, 11° *à l'imagination*.

# PREMIÈRE PARTIE.

## SOPHISMES D'AUTORITÉ.

APPEL A L'AUTORITÉ SOUS SES DIFFÉRENTES FORMES, DANS LE
BUT D'EMPÊCHER TOUT RAISONNEMENT.

Quand il s'agit d'une mesure qui a pour objet *le
plus grand bonheur du plus grand nombre*, la tactique
ordinaire des adversaires de cette mesure consiste
à empêcher tout appel à la raison, en invoquant
l'autorité sous toutes ses formes.

Mais pour avoir une intelligence exacte des dé-
ceptions que produit ce genre d'argument, il est
nécessaire d'établir une distinction entre l'usage et
l'abus, entre les cas où l'autorité est une base légitime de décision, et ceux où elle ne l'est pas.

Ainsi, dans l'analyse que nous allons faire de
l'autorité, une distinction principale se présente;
c'est lorsqu'il s'agit d'une question *d'opinion*, ou
*quid faciendum*, et lorsqu'il s'agit d'une question de
*fait*, ou *quid factum*. Car s'il arrive que l'autorité
d'un individu, sur une question de fait, mérite quelque considération, il peut n'en pas être de même
lorsqu'il s'agit d'une question d'opinion.

# CHAPITRE Ier.

### ANALYSE DE L'AUTORITÉ.

Ce qu'on invoque habituellement comme *autorité*, c'est l'opinion de certains individus que l'on présente comme l'expression du vrai, indépendamment de toute preuve.

On comprend donc que l'influence légitime ou illégitime de cette autorité doit dépendre des différentes circonstances où se trouve la personne dont l'opinion est censée faire autorité.

Ces circonstances peuvent se résumer ainsi : 1° le degré d'intelligence relative ou absolue de la personne en question ; 2° son degré de probité ; 3° le degré de connexité qui se trouve entre le cas dont il s'agit et celui où l'opinion alléguée a été exprimée ; 4° la fidélité des intermédiaires qui la transmettent, fidélité qui doit comprendre l'exactitude dans les détails et dans l'ensemble.

Il y aura des motifs de suspicion légitime, si l'on rencontre les circonstances suivantes :

1° Défaut d'attention, c'est-à-dire négligence dans l'examen des circonstances déterminantes qui ont fait prévaloir cette opinion ; 2° défaut de rapports entre l'opinion émise et la question dont on s'occupe ; 3° défaut de rapports entre les temps et les lieux ; si, en raison du temps où l'opinion a été émise, elle a perdu sa valeur, si, en raison des lieux, elle n'a pas de similitude.

La différence des lieux peut aussi avoir de l'importance, en ce qu'en raison de la distance, la personne invoquée comme autorité n'aurait que des informations incomplètes et des notions inexactes sur la question. Dans ce cas, le défaut de rapports entre les lieux aurait tous les caractères du défaut d'intelligence : il en est de même du défaut de rapports entre les temps.

Quant au défaut de probité, il existe toutes les fois que la personne est soumise à l'influence des intérêts corrupteurs : sur ce chapitre nous entrerons plus tard dans de plus grands développements [1].

Le défaut le plus ordinaire sous le rapport de la probité, est le défaut de sincérité. L'improbité consiste alors dans la différence qui existe entre l'opinion énoncée et l'opinion conçue.

Mais ce n'est pas seulement la déclaration de l'opinion, c'est encore l'opinion elle-même qui est exposée à l'action de l'intérêt corrupteur ; dans ce cas, l'intérêt agit de deux manières, ou bien en écartant de l'esprit les moyens de connaître et en cachant les faits à observer, ou bien en présentant ces faits de façon à ce que l'attention ne s'arrête que sur un côté de la question, et ne puisse s'attacher aux arguments qui ont quelque valeur.

Quant à l'inexactitude et au mérite des connais-

---

[1] *Voyez* Partie V, chap. III.

sances sur un sujet donné, d'où dépendent l'exactitude et le mérite de l'opinion invoquée, ils seront en raison directe des *moyens* d'arriver à ces connaissances et des *motifs* qui ont porté à employer ces moyens.

C'est sur ces deux bases que doit reposer la plus haute certitude de l'autorité, qui alors ne serait autre chose que l'opinion *professionnelle* ou *scientifique*, c'est-à-dire celle des hommes qui font leur état, leur profession d'un art ou d'une science. Leurs moyens reposent sur les études spéciales qu'ils ont faites, leurs motifs sur le bien ou le mal, les profits ou les pertes qui peuvent en résulter pour eux. Ils ont donc le plus grand intérêt à acquérir toutes les connaissances nécessaires pour se former une opinion. Car plus ces motifs déterminants agiront avec force sur la volonté de s'instruire, plus on en recherchera les moyens, et plus l'opinion acquise par ces motifs et ces moyens sera correcte et imposante.

1. La force persuasive de l'autorité professionnelle étant considérée comme le point culminant dans l'échelle des opinions, les autorités suivantes peuvent être considérées comme formant autant de degrés inférieurs.

2. Autorité dérivant du *pouvoir*. Plus un individu possède de pouvoir, n'importe de quel genre, plus l'autorité de son opinion se rapproche de l'autorité professionnelle, eu égard à la facilité d'arriver aux moyens de formuler une décision.

3. Autorité dérivant de *la richesse*. La richesse

étant un instrument de pouvoir, applicable à presque tous les moyens que le pouvoir possède, elle semble naturellement prendre place après lui.

4. Autorité dérivant de la *réputation*, considérée comme cause efficiente de respect. Par réputation, il faut entendre une réputation générale de supériorité et non pas une réputation spéciale et relative, qui ne serait autre chose que l'autorité professionnelle dont nous avons parlé.

Observez, que de ces quatre espèces d'autorités, la première seule réunit les deux conditions qui constituent la légitimité de la force persuasive, c'est-à-dire les *motifs* et les *moyens*. En ayant des *motifs* pour arriver à des informations exactes, l'homme professionnel possède aussi les *moyens* d'y arriver. Car c'est à la force de ces motifs, agissant comme excitans, qu'il doit tous ses moyens.

Mais dans les autres cas, quels que soient les moyens que donne une position quelconque, il ne s'ensuit pas qu'on ait les motifs, ou que l'on agisse sous l'impulsion d'un motif assez fort, assez énergique pour se mettre en possession des moyens.

Au contraire, à mesure qu'un individu s'élève dans l'échelle du pouvoir au-dessus du niveau commun, il tend à descendre dans la même proportion au-dessous de ce niveau, par rapport aux motifs d'application, quelle que soit sa sphère d'action. En effet, plus est grande la quantité qu'il possède parmi tous les objets qui excitent le désir, plus est grande la quantité de désirs qui sont déjà dans un état de saturation , et par conséquent moins il lui reste de désirs non saturés qui opèrent sur l'esprit en qualité de motifs.

Sous le despotisme oriental, l'individu qui possède des *moyens* d'information dans une plus grande proportion que tout autre individu , c'est sans contredit le *despote*; mais n'étant excité par aucun motif, il ne fait point usage de ces moyens, il n'arrive en résultat qu'à l'ignorance et à l'imbécillité.

Telle est en somme, mais seulement à des degrés différents, la position de tout individu qui possède un pouvoir sans obligation, ou , en d'autres termes, sans un sentiment de danger éventuel.

En Angleterre, le roi, le pair, l'opulent propriétaire, doivent, en vertu du même principe, vous offrir des exemples de cette double échelle de proportion , où les motifs décroissent à mesure que les moyens s'élèvent.

Mais tant que le monarque prendra une part dans les affaires publiques , le sentiment d'une responsabilité éventuelle, qui, malgré nos habitudes d'idolatrie, pèse toujours sur lui comme monarque, suffira pour maintenir ses facultés intellectuelles plus ou moins au-dessus de l'ignorance complète. Quant aux deux autres, le pair et le riche propriétaire, sauf l'idiotisme avéré, il n'y a aucun degré d'imbécillité qui puisse devenir pour eux un danger ou un inconvénient. Ils peuvent, s'ils le veulent, s'abstenir d'exercer le pouvoir attaché à leur position, ou bien l'exercer sans aucun égard pour le bien public, mais uniquement dans leur propre intérêt.

Dans tous les cas, même lorsque les motifs sont réunis aux moyens, il n'y a d'autorité légitime, que lorsqu'il y a probité parfaite ; car sans la probité point de sincérité, point de vérité. Il faut de plus qu'il y ait absence de tout intérêt corrupteur qui tende à produire une opinion erronée, ou une interprétation erronée de cette opinion.

Autrement, si l'entendement est soumis à l'influence d'un intérêt corrupteur, plus la masse de connaissances possédées est grande, moins elle doit inspirer de confiance, moins elle doit avoir d'autorité, si ce n'est dans un sens inverse.

Que l'on pose, par exemple, cette question : « Quel est le système de rétribution le plus propre à obtenir le plus haut degré d'aptitude dans toute la série des fonctions publiques ? » L'autorité de tout homme qui possède ou a possédé des fonctions, aujourd'hui ou hier, ici ou ailleurs, de tout fonctionnaire actuel ou en expectative, loin d'être plus grande que celle du premier venu, équivaut à zéro : elle est même au-dessous de zéro, car elle devient un argument en faveur de l'opinion opposée.

Que l'on pose encore cette autre question : « Quelles seraient les réformes nécessaires pour introduire dans la procédure la clarté, l'économie et la promptitude ? » L'opinion de tout individu qui possède, a possédé ou veut posséder une des fonctions dont les profits consistent dans l'obscurité, les délais, les vexations et les dépenses de la procédure, sera comme autorité non-seulement égale à zéro, mais au-dessous de zéro.

Il faut ajouter toutefois que ce qui rend son autorité négative, c'est qu'elle agit dans le même sens que son intérêt. Car si son intérêt agissait dans un sens, et que son opinion se manifestât dans un sens opposé, loin d'être affaiblie, son autorité n'en aurait que plus de force. En effet, cet homme ayant tout ce qui constitue les bases d'une opinion éclairée, possédant tous les moyens et les motifs de se former cette opinion, si les forces qui tendent à égarer, c'est-à-dire les intérêts corrupteurs, ont agi en vain, c'est une considération puissante en faveur de son opinion.

C'est d'accord avec ce principe et d'accord assurément avec l'expérience et le bon sens, qu'a été établie en procédure une de ces règles trop rationnelles pour être communes dans nos cours de justice. La preuve la plus faible, c'est le témoignage d'un homme en sa faveur ; la plus forte, c'est son témoignage en sa défaveur.

C'est aussi pour cela que, toutes les fois qu'un homme possède à un degré supérieur les moyens et les motifs d'arriver aux connaissances voulues, plus l'intérêt corrupteur aura de force, plus cet homme devra fixer notre attention. S'il existe des arguments pertinents et directs à opposer à la mesure proposée, il est probable qu'avec ses connaissances spéciales, il les fera valoir mieux qu'un autre. Mais si au lieu de fournir des objections solides, si au lieu de rien ajouter aux objections déjà faites, il n'oppose que de vaines arguties et des raisonnements insignifiants, c'est en quelque sorte un témoignage direct, une force probante contre l'opinion ainsi défendue : c'est un aveu d'impuissance.

Nous avons dit que, parmi les circonstances à considérer, devait être placé le degré de *connexité* qui se trouve entre le cas dont il s'agit et celui où l'opinion alléguée a été exprimée. Quant à cette circonstance, il est évident qu'elle ne peut être le sujet d'aucune règle commune. Elle rentre dans ces questions qui ne peuvent être bien jugées que par un examen détaillé de chaque cas particulier.

Quant à la fidélité des *intermédiaires,* dont nous avons aussi parlé, son importance est tellement évidente, qu'il suffit de l'indiquer pour en faire comprendre la nécessité. Dans ce cas, la règle à suivre pour juger de cette fidélité, est la même que pour tout autre fait ; mais il est toujours à présumer, que plus on s'éloigne de la source de l'autorité, plus cette autorité va décroissant. En sorte que la fidélité des témoignages sera presque toujours en raison inverse du nombre des intermédiaires.

Nous devons ajouter que le besoin d'avoir recours à l'autorité, est en raison directe de l'ignorance de ceux sur lesquels on prétend la faire agir. Moins un homme possède en lui-même de moyens de se former un jugement, plus il est obligé de se confier au témoignage des autres.

Malheureusement il se rencontre toujours des

hommes ou des classes d'hommes qui, ayant un intérêt direct à ce qu'on s'adresse à leur autorité, réunissent constamment leurs efforts pour maintenir et perpétuer l'ignorance des masses sur de certaines matières.

C'est ainsi que la communauté des jurisconsultes s'attache à maintenir la loi dans un état d'obscurité complète, pour ceux dont la conduite est censée dirigée par cette loi et dont le destin en dépend.

C'est ainsi que, dans les anciens temps, l'église romaine s'attachait à conserver la même obscurité, dans la loi sacrée et surnaturelle qui dirigeait les hommes.

C'est ainsi que de nos jours, la hiérarchie pro testante qui a succédé à l'église de Rome s'efforce de propager l'ignorance dans toutes les classes de lasociété.

Toutefois, quel que soit le sujet en question, il n'y a point de sophisme à citer une opinion erronée de tel ou tel individu, lorsque cette opinion n'est pas donnée sous forme d'autorité, mais comme un argument à ajouter aux autres.

De même, il n'y a pas sophisme à invoquer l'opinion des hommes d'une certaine profession, lorsque le sujet appartenant exclusivement à une profession ou à une science spéciale, se trouve hors de la compétence de ceux qui doivent décider. Car il n'y a guère d'autre marche à suivre dans les matières qui concernent la science médicale, la chimie, l'astronomie, les arts mécaniques, les diverses branches de l'art militaire, etc.

II. *Dans quels cas l'appel à l'autorité est un sophisme.*

Il y a sophisme toutes les fois que dans un débat où chacun est compétent pour juger la valeur des arguments qui pourraient être invoqués, on fait appel à l'autorité, au lieu d'écouter ces arguments.

Mais le sophisme est à son plus haut degré, lorsqu'au lieu d'argumenter on cite l'opinion réelle ou supposée de toute personne qui, par son état ou sa position, est sous l'influence d'un intérêt directement opposé à l'intérêt public.

Dans toute question concernant la propriété d'une loi ou d'une coutume établie, celui qui invoque l'autorité comme motif de décision, doit admettre comme vérité l'une ou l'autre des deux propositions suivantes : 1° que le principe d'utilité, c'est-à-dire le plus grand bonheur du plus grand nombre, n'est pas la meilleure règle pour décider le mérite de la question; 2° ou bien que la coutume des anciens peuples ou l'opinion de certaines personnes doivent être acceptées comme des preuves concluantes, qui dispensent de tout appel au raisonnement et à l'expérience.

Dans le premier cas il se déclare ennemi du bien public.

Dans le second, il se déclare virtuellement incapable de raisonner, de former par lui-même un jugement ; il se met sous la tutelle d'autres hommes dont il ne connaît que fort peu de chose, sinon qu'ils ont vécu à une certaine époque antérieure à lui, et par conséquent que leur opinion s'appliquait à d'autres temps.

Mais lorsqu'un homme rend un pareil compte de lui-même, lorsqu'il fait ainsi profession publique d'incapacité, n'est-il pas juste de le prendre au mot? Ne doit-il pas être considéré comme atteint d'imbécillité radicale et incurable?

D'un autre côté, celui qui, au lieu de raisonner, a recours à l'autorité, ne dissimule pas le mépris qu'il a de ses auditeurs : il les juge incapables de se former une opinion à eux; et s'ils acceptent cette insulte, ne peut-on pas présumer qu'ils en reconnaissent la justice.

Ne semblerait-il pas que de cet aveu d'incapacité personnelle, devrait résulter la modestie? Eh bien, c'est le contraire. Toute cette idolâtrie du passé, ce culte fanatique des hommes qui ne sont plus, sont toujours accompagnés de passions violentes, où l'orgueil, la colère et l'intolérance jouent le plus grand rôle.

Les penseurs les plus profonds, les logiciens les plus solides, n'ont jamais fait preuve d'une si grande obstination, ne se sont jamais montrés si admirateurs d'eux-mêmes, si contempteurs des autres, que ces hommes qui ont fait tout d'abord l'aveu de leur impuissance.

D'où vient cette contradiction? D'où naît cette

violence? Simplement, de ce qu'ayant à défendre des abus, d'où ils recueillent intérêt et profit, et voyant clairement que la défense de ces abus est impossible par le raisonnement, ils se retranchent dans l'argument de l'autorité, qui équivaut à l'absence de tout argument.

C'est par l'autorité, ainsi mal comprise et mal appliquée, qu'on a imaginé des prétextes pour perpétuer toutes les imperfections, tous les abus sur lesquels s'appuie la corruption des gouvernements. Consultez toutes les traditions de la science morale, de la science politique ; parcourez tous les siècles passés, vous verrez que ces invocations à l'autorité furent la source principale des abus qui ont régné. A mesure que l'expérience des peuples s'est éclairée, l'antique autorité s'est trouvée compromise, et le raisonnement emprunté aux faits a pris sa place.

Interrogez cette volumineuse collection de lois romaines amoncelées par l'école de Justinien. De quoi se composent ces énormes recueils que l'on ne pourrait lire pendant toute une vie d'études? A jette au hasard quelques vagues pensées ; B les recueille, et vous rapporte ce qui a été dit par A ; C vient à son tour, et s'appuie sur les paroles de A et de B ; et c'est ainsi que les commentaires s'en vont grossissant comme une avalanche, et portent aux peuples les ténèbres et l'aveuglement.

En physique, en chimie, en astronomie et en mathématiques, on n'a pas encore imaginé de prétendre que la meilleure marche à suivre fut de repousser tous les faits de l'expérience directe, pour n'admettre que la tradition.

C'est en politique seule, c'est surtout dans les assemblées délibérantes qui gouvernent l'empire Britannique que prévaut cette méthode, source d'ignorance, de servilité et de paresse. Aussi ne cherchez pas dans notre chambre l'intelligence ou le talent. Qu'y feraient-ils, grand Dieu ! Leur voix pourrait-elle se faire entendre au milieu de ce concert unanime de flatteurs du passé, de flatteurs du présent, qui regardent comme un blasphème toute parole en contradiction avec l'autorité qui a gouverné, ou l'autorité qui gouverne? Et qu'y a-t-il d'ailleurs au fond du jargon parlementaire? L'envie de parvenir opposée à l'envie de se maintenir; des disputes de personnes, au lieu de discussions de principes. La science, l'intelligence, le talent qui peuvent se rencontrer dans la chambre, se partagent entre ceux qui sont et ceux qui tendent à être les serviteurs de la couronne. Il en résulte qu'à l'exception d'un petit nombre de désintéressés, chez qui la science, l'intelligence et le talent sont plus qu'inutiles, la chambre est composée d'hommes dont l'esprit est meublé de préjugés, parmi lesquels ils font un choix, selon l'intérêt du moment et la passion du jour.

En effet, avec le système de l'autorité traditionnelle, les membres du parlement abdiquent toute responsabilité. En effet, lorsqu'ils se déclarent incapables

de penser par eux-mêmes, qu'est-ce autre chose que
se déclarer irresponsables? Il est vrai que leur dignité
peut en souffrir, mais en revanche leur paresse y
trouve son compte. Une place à la chambre n'entraîne pas aujourd'hui plus d'obligation qu'une
place à l'Opéra. Le député porte à l'un ou à l'autre endroit les mêmes sentiments; car il n'y va que lorsqu'il
ne trouve pas à mieux s'amuser ailleurs, et il y va
en vertu des mêmes droits : c'est des deux côtés une
place achetée. Mais au moins à l'Opéra ses titres ne
sont pas un mensonge, tandis qu'à la chambre,
chacune de ses paroles est une déception. Il s'appelle
mandataire, agent, député, délégué, représentant.
Mandataire, oui ; mais infidèle à son mandat.
Agent, oui; mais agissant pour lui-même. Représentant, oui; mais de la même manière que Kemble
représente Macbeth. Député, sans doute ; parce
qu'il n'a pas été au pouvoir du peuple d'en choisir un
autre. Ces titres de député et de délégué, il ne les
prend que comme des arguments, et lorsqu'il ne
peut faire mieux ; la députation n'étant qu'un fait,
le mot rappelle ce fait avec toutes ses circonstances,
c'est-à-dire le petit nombre des électeurs, la corruption des uns et la dépendance des autres, etc. La
représentation est un mot encore plus commode :
le fait devient une fiction, une déception continuelle,

### III. *Confirmation du chapitre précédent par un seul exemple.*

Il ne serait pas difficile de multiplier les preuves pour démontrer victorieusement que dans la plupart des cas où l'on invoque l'autorité, l'intérêt particulier de l'individu cité comme autorité, est en opposition directe avec l'intérêt public. Nous nous contenterons d'un seul exemple.

Dans toute question de législation, l'opinion des avocats, surtout des avocats qui exercent activement au barreau, doit être empreinte de fausseté, parce que leur intérêt est en opposition directe et constante avec l'intérêt général du peuple.

En effet, il est de l'intérêt du peuple que les délais, les obscurités, les dépenses de la procédure soient évités le plus possible; il est de l'intérêt de l'avocat qu'ils soient le plus possible augmentés. Il est de l'intérêt de chacun que tous ses droits soient bien établis, que tous les actes qui peuvent lui nuire ou nuire aux autres, soient bien déterminés, que toutes les voies lui soient ouvertes pour arriver à la connaissance de ces actes. Il est de l'intérêt de l'avocat que cette connaissance lui soit interdite. Il est donc de l'intérêt de l'avocat que chaque homme du peuple soit continuellement exposé à violer quelque loi qui, loin d'avoir une suffisante promulgation, n'a même jamais été écrite [1]. Voilà sans doute la perfection de

---

[1] Une grande partie de ce qu'on appelle en Angleterre *loi com-*

l'oppression. Et cependant, demandez que tout le monde puisse arriver à la connaissance de la loi, par la rédaction d'un Code, tous les avocats vous répondront que la chose est impossible. Dans chaque cause qui se présente, le juge improvise une décision qu'il fait reposer sur la justice ; mais proposez-lui pour le même cas de formuler une loi, le même juge vous répondra que la chose est impossible.

Et en effet, tant que subsistera la loi commune, c'est-à-dire non écrite, c'est-à-dire imaginaire, l'autorité, quoiqu'elle soit à peu près rien, équivaut à tout. Car voici l'état de la question : Quelle sera dans un cas donné l'opinion probable de A (le juge)? Attendez jusqu'à ce que votre fortune soit épuisée dans cette recherche, et vous le saurez. Mais comme il est naturel qu'un homme désire une solution avant que sa fortune ne soit épuisée, et même pour échapper à cette chance malheureuse, il s'adresse à un intermédiaire B (l'avoué), pour avoir l'opinion de C ( l'avocat). Celui-ci examine l'opinion qu'a émise sur un cas analogue D (un autre juge), et de là il déduit des probabilités pour

*mune* repose encore sur des traditions locales. Les seuls cas où elle ait reçu quelque formule consistent dans les arrêts et les décisions judiciaires. Mais ces décisions n'ayant pas la sanction légale qui ne peut être donnée que par la législation, sont contredites par d'autres juges; de sorte que si l'on en excepte les matières qui se représentent tous les jours, il n'y a pour la loi commune aucune règle d'action.

prophétiser l'opinion future de A. Il serait bien plus simple sans doute d'adresser tout d'abord la question au juge A ; mais on a de bonnes raisons pour ne pas le permettre.

Et voilà ce qu'on appelle justice ! Voilà ce qu'on appelle jurisprudence !

---

# CHAPITRE II.

### LA SAGESSE DE NOS ANCÊTRES. — ARGUMENT DANS LE MODE CHINOIS. (*Ad verecundiam.*)

Cet argument consiste à combattre la mesure proposée, en invoquant les opinions d'hommes qui ont vécu dans les temps passés, opinions que l'on recueille, soit dans les termes formels de quelques écrivains de la même époque, soit dans les lois ou institutions qui existaient alors.

*Nos sages ancêtres.* — *La sagesse de nos pères.* — *La sagesse des âges.* — *La vénérable antiquité.* — *Le bon vieux temps.* Voilà les termes dominants des propositions tendantes à faire regarder l'opinion invoquée, comme une raison suffisante pour repousser la mesure proposée.

Ce sophisme offre un de ces exemples frappants où l'on voit les principes les plus opposés se réunir dans les mêmes têtes, sous l'influence conciliante de la *coutume*, c'est-à-dire du *préjugé*.

Ce sophisme, qui prévaut pourtant dans toutes les matières de législation, est en contradiction directe avec un principe universellement admis dans presque tous les autres départements de l'intelligence humaine, et qui sert de fondement à toute connaissance utile, à toute conduite rationnelle.

*L'expérience est la mère de la sagesse* : Voilà une de ces maximes transmises d'âge en âge, pour servir de guide au présent et à l'avenir.

*Non,* dit le sophisme, la véritable mère de la sagesse n'est pas *l'expérience,* mais *l'inexpérience.*

Une absurdité aussi éclatante porte en elle-même sa propre réfutation ; et tout ce qui nous reste à faire, c'est de retracer les causes qui ont contribué à donner à ce sophisme l'ascendant qu'il conserve dans les matières de législation.

1° C'est d'abord un vice de langage. D'une idée fausse naît une expression incorrecte, qui à son tour engendre une idée fausse ; et l'erreur, pour avoir été une cause momentanée, devient un effet permanent.

Ainsi, dans tous les cas où l'on invoque communément *le vieux temps,* on tombe dans une pitoyable erreur de mots ; car ce qu'on appelle le vieux temps, n'est en effet, relativement à l'époque où l'on parle, que le *jeune temps.*

Entre individus vivant dans le même temps et dans la même situation, celui qui est vieux possède à ce titre plus d'expérience que le jeune. Mais, entre deux générations, si l'on appelle *vieille* la génération qui précède l'autre, comment soutenir que celle-ci a plus d'expérience que celle qui lui succède.

Par conséquent, reconnaître comme plus vieilles les générations premières, c'est tomber dans une erreur aussi grossière que si l'on appelait vieux un enfant au berceau.

Qu'est-ce donc que la sagesse de ces temps appelés vieux? Est-ce la sagesse des cheveux gris? Non, c'est la sagesse des enfants imberbes.

Les *honorables* législateurs du THIBET rendent hommage à la sagesse suprême et à la suprême autorité, dans la personne d'un enfant vagissant dans son berceau.

Les *honorables* législateurs de WESTMINSTER regardent comme des imposteurs les LAMAS DU THIBET, et admirent la folie du peuple qui accepte de telles impostures.

Et cependant, le culte rendu à l'enfant impérial du THIBET, n'est que la contre-partie des hommages offerts à WESTMINSTER, aux esprits enfantins des siècles antérieurs.

2° Une autre cause d'erreur sur laquelle repose ce sophisme, est le préjugé qui règne en faveur des morts, préjugé qui, plus que tout autre, a contribué a l'établissement de l'idolâtrie. Les morts ont été promptement élevés au rang des divinités. Bientôt la superstition les invoqua, en attachant à leurs reliques des vertus surnaturelles.

En propageant ces dangereux préjugés, l'homme
égoïste et méchant se donne un vernis d'humanité et
de vertu sociale. A l'aide de ce jargon, il lui est
permis de sacrifier les intérêts réels des vivants aux
intérêts imaginaires des morts. C'est ainsi que l'imposture trouve sa récompense dans la folie et la méchanceté.

*De mortuis nil nisi bonum.* Malgré toute son absurdité, cet adage n'est que trop fréquemment adopté
comme un principe de morale. Et cependant lequel
est le plus immoral, de frapper un homme qui
ne sent pas les coups, ou un homme qui les sent
avec douleur?

Et remarquez que celui qui vous vante après
votre mort, vous aurait persécuté sans pitié durant
votre vie.

Ainsi en a-t-il été de Pitt et de Fox. Tant qu'ils
ont vécu, les amis de l'un regardaient comme autant d'ennemis les amis de l'autre. A la mort du
premier tous ses adversaires se changèrent en partisans. Quel fut le prix de cette soudaine conversion?
Le peuple le sait bien [1].

Ce préjugé du reste s'explique facilement. Un
homme mort n'a pas de rivaux, et ne fait ombrage
à personne. Il ne se trouve plus sur le chemin des
ambitieux; et ceux-ci, changeant tout-à-coup de lan-

---

[1] 40,000 liv. sterling (un million de francs) furent votés pour
payer les créanciers de Pitt; la veuve de Fox reçut une pension de
1,500 liv. sterling (37,500 francs.)

gage, se donnent, en le louant, un air de justice et de bienveillance, qui ne leur coûte rien. Le respect pour les morts leur donne occasion de satisfaire leur haine pour les vivants.

C'est en même temps un contentement de l'envie personnelle, et un système de politique générale, d'exalter sous le nom de sagesse des ancêtres les actes de générations inexpérimentées, et de verser tous les termes de mépris que peut fournir l'orgueil sur l'ignorance et la folie des masses populaires.

Aussi long-temps qu'on se renferme dans de vagues généralités, aussi long-temps que les deux objets de comparaison sont placés dans des groupes séparés, d'un côté la sagesse de nos ancêtres, de l'autre l'ignorance de la foule, on peut jusqu'à un certain point voiler la faiblesse du sophisme. Mais que l'on assigne une période fixe pour ces temps de sagesse supérieure, qu'on la prenne où et quand on voudra, non-seulement la fausseté de cette proposition sera manifeste, en comparant classe à classe, mais encore on pourra se convaincre que les classes inférieures du peuple d'aujourd'hui l'emporteront encore de beaucoup sur les classes supérieures de nos sages ancêtres.

Prenez, par exemple, une année quelconque du règne de Henri VIII, de 1509 à 1546. La chambre des lords renfermait sans contredit, à cette époque, la plus haute instruction qu'on pût alors rencontrer. Et cependant, parmi les lords laïques, il n'est pas certain qu'il y en eût un seul qui sût même lire. Mais, ensupposant même qu'ils en fussent capables, comme il s'agit de la science politique, ils n'en eussent pas été plus avancés. Il n'existait pas dans une seule branche de la législation un livre qui leur donnât des notions dont nous puissions profiter aujourd'hui. Le droit commercial, le droit criminel, le droit international, l'économie politique, loin d'exister comme sciences, étaient à peine connus de nom. Toute la littérature de l'époque consistait en de maigres chroniques, en de sèches nomenclatures, où se trouvaient enregistrés au hasard les combats et les traités, les siéges, les exécutions, les cérémonies, les mariages, les naissances et les morts, sans aucun détail sur les causes et les caractères des événements, ou sur l'état politique des peuples.

Si nous descendons au règne de Jacques I<sup>er</sup>, nous verrons ce Salomon de son époque, remarquable par sa science et son éloquence, non - seulement parmi les têtes couronnées, mais même parmi les savants de profession, rédigeant un Code de pénalité pour toutes les pratiques de sorcellerie, combattant le diable à l'aide du bourreau, et livrant à la mort et aux tortures les hommes qui avaient le malheur de ne pas connaître aussi bien que lui la composition de la nature divine.

Au temps de Charles II, même après que Bacon eut établi les fondements d'une saine philosophie, nous voyons le premier magistrat de l'Angleterre, celui dont les arrêts forment encore aujourd'hui la base de la jurisprudence anglaise, le juge Hale, avouer lui-même qu'il ne peut définir ce qu'est le *larcin*, mais sachant trop bien en même temps définir le *sacrilége*, et qui pour ces deux délits faisait pendre des hommes avec le plus grand sang-froid, aux applaudissements unanimes des sages et des savants de ce bienheureux siècle.

Sous le nom d'exorcisme, la liturgie catholique contient une forme de procédure pour expulser les diables ; et, même avec le secours de ce Code sacré, l'opération ne peut réussir qu'entre les mains d'un opérateur dûment investi du pouvoir d'accomplir ce miracle et tant d'autres.

De nos jours, on obtient le même effet, et d'une manière beaucoup plus efficace, par les instructions de la presse. Devant ce talisman, ont disparu à tout jamais les diables, les spectres et les vampires. L'eau sainte leur a fait bien moins de mal que l'encre de l'imprimeur.

S'il est absurde d'en appeler à la sagesse de nos ancêtres, il ne l'est pas moins de vanter leur probité : ils nous ont été inférieurs sur ce point comme sur tous les autres, et plus on regarde en arrière, plus on découvre d'abus. Qu'on choisisse dans les siècles précédents l'époque que l'on voudra, il n'en est aucune qui présente un état de choses dont un homme sensé pût désirer le rétablissement total.

Ce n'est pas que nous voulions agir et raisonner comme si nous n'avions pas eu d'ancêtres. Ce serait tomber dans une autre absurdité. Quoique les opinions de nos ancêtres n'aient pour nous aucune valeur, leur *pratique* mérite d'être examinée ; car elle forme une partie de notre expérience. Cependant c'est moins dans leurs actes que dans les conséquences de leurs actes, bonnes ou mauvaises, qu'il nous faut puiser notre instruction. Quant aux opinions, ce sont peut-être les plus folles qui sont les plus instructives. Une opinion insensée mène à une conduite insensée ; une conduite insensée produit de cruels désastres, et de ces désastres viennent les plus utiles avertissements.

C'est donc à la folie de nos ancêtres, et non à leur sagesse, qu'il faut demander des enseignements ; et c'est pourtant leur sagesse qui est sans cesse invoquée par le sophiste.

# CHAPITRE III.

I. SOPHISME DES LOIS IRRÉVOCABLES. (*Ad superstitionem.*)
II. SOPHISME DES VOEUX OU DU SERMENT. (*Id.*)

Ces deux sophismes sont placés dans le même chapitre, parce qu'étant intimement liés ils ont besoin d'être considérés ensemble : leur objet est le même ; il n'y a de différence que dans le moyen.

L'objet est d'enchaîner les législateurs dans l'avenir par des obligations supposées indissolubles.

Le moyen consiste, dans le premier cas, à fonder la perpétuité des lois sur l'idée d'un contrat ; et dans le second cas, sur l'intervention d'un pouvoir sur-

naturel, qui est appelé comme garant de l'engagement pris.

### I. *Sophisme des lois irrévocables.*

Supposons une loi quelconque proposée à une assemblée législative, et la majorité bien convaincue
que cette loi doit être utile. Le sophisme consiste à
demander le rejet de cette loi sans examen, parce que
ceux qui ont à une certaine époque antérieure exercé
le pouvoir législatif, ont décidé qu'il ne serait pas
permis, pendant un certain temps donné, aux législateurs qui leur succéderaient, de faire aucune loi
sur le sujet proposé. En d'autres termes, c'est dé-
clarer que le législateur passé a enchaîné irrévoca-
blement le législateur présent, que les représentants
vivants du souverain ont moins de puissance que ses
représentants morts.

Examinons d'abord la question sous le point de
vue de l'utilité générale.

A chaque période donnée, les représentants ac-
tuels du souverain ont tous les moyens voulus pour
être au fait des exigences de leur époque.

Mais, relativement à l'avenir, les représentants
n'ont plus les mêmes moyens d'information. Ce n'est
que par une sorte de vague anticipation, une espèce
de méthode divinatoire, que les représentants de cette
année peuvent prévoir ce que demandera le bien du
pays dans une dixaine d'années.

Ainsi donc, par l'irrévocabilité prétendue de la loi,

voilà le gouvernement transféré, de ceux qui auront tous les moyens possibles de juger, à ceux qui par leur position même sont nécessairement dans l'incapacité d'y rien connaître !

Au lieu de se laisser guider par leur propre jugement, les hommes du dix-neuvième siècle ferment les yeux et se livrent en aveugles à la direction des hommes du dix-huitième !

Les hommes qui ont un siècle de plus d'expérience soumettent leur intelligence à ceux qui en ont autant de moins !

Supposons même que cette génération antérieure soit, sous le rapport de l'intelligence, bien supérieure à la génération nouvelle ; supposons qu'elle comprenne mieux les intérêts de cette nouvelle génération, pourrait-elle au même degré avoir un zèle égal pour ces intérêts ? Pourrait-elle, par conséquent, apporter la même attention dans l'étude des faits déterminants qu'il lui serait impossible de connaître ? En un mot, son amour pour la génération nouvelle sera-t-il égal à l'amour de cette même génération pour elle-même ?

Une assertion aussi étrange ne pourrait résister à un seul instant de réflexion.

Et voilà pourtant cette tendre anxiété pour le bien-être de leur postérité, qui engage ces sages législateurs à enchaîner les mains de cette postérité, à se constituer les tuteurs éternels d'une éternelle faiblesse, et à interdire à leurs descendants le gouvernement de leurs propres intérêts !

S'il est juste que la conduite du dix‑neuvième siècle soit déterminée, non par son propre jugement, mais par celui du dix-huitième siècle, il sera également juste que la conduite du vingtième siècle soit déterminée, non par son propre jugement, mais par celui du dix-neuvième. Que l'on poursuive le même principe, quelle en sera la conséquence? c'est que toute législation devra se reposer; la destinée de tous les hommes se trouvera réglée d'avance par ceux qui n'ont aucun moyen ni aucun intérêt à connaître leurs besoins, et la masse des vivants restera soumise à une tyrannie posthume exercée par la masse des morts.

La loi irrévocable, bonne ou mauvaise au moment où elle fut consacrée, devient-elle par la suite une source de maux, il n'y a aucun moyen de s'en délivrer.

Le despotisme, fût-ce celui d'un Caligula ou d'un Néron, ne saurait produire autant de funestes effets qu'une loi irrévocable. Le caprice, la crainte ou tout autre motif peut engager le tyran à révoquer sa loi. Mais le tyran mort! qui le fera trembler? qui le fera entendre?

Qu'on n'oublie pas que c'est toujours dans des intentions perfides qu'on a recours à ce sophisme comme à tout autre instrument de déception. Ce n'est que lorsque la loi irrévocable est mauvaise qu'on se retranche dans de pareils arguments. Car, si la loi est bonne, elle se défend d'elle-même, et n'a pas besoin d'être appuyée par l'erreur et le mensonge.

Mais est-il possible que la contrainte d'une loi irrévocable soit imposée à des millions d'hommes par quelques hommes qui ne sont plus. Peut-on établir un système de tyrannie où les vivants sont les esclaves, où les morts sont les tyrans.

Il est certain qu'un tel effet ne peut être obtenu par voie de contrainte : c'est donc uniquement par la force persuasive, par la puissance des sophismes.

Or les moyens employés pour arriver à cet effet peuvent être réunis sous deux chefs principaux.

1° En parlant de la loi qui se trouve en opposition avec la loi irrévocable, on dit *qu'elle sera nulle.* Dans quel but parle-t-on ainsi? Ce ne peut être que pour exciter le peuple à se soulever contre elle dans le cas où elle serait adoptée. C'est là le vrai sens de ces mots, ou ils n'en ont aucun. Si le peuple doit considérer la loi comme nulle, il doit alors la considérer comme un acte d'injustice et de tyrannie, comme un acte d'oppression exercé par des hommes qui n'en ont pas le droit. Il doit l'envisager comme la volonté d'un brigand auquel on obéit lorsqu'on est le plus faible, en attendant le moment où l'on pourra lui résister.

Le second moyen pour maintenir l'immutabilité d'une loi repose sur une idée de contrat et d'engagement. La fidèle exécution des contrats étant l'un des liens les plus importants de la société, l'argument tiré de ce principe doit avoir une certaine apparence de force.

Mais, quelles que soient les parties **intéressées**, un contrat n'est pas par lui-même un but, il n'est qu'un moyen pour arriver à ce but; et, dans le cas où le public est une des parties intéressées, **un tel** contrat ne devrait être observé qu'autant que le but est d'accord avec le bonheur général.

Examinons d'abord les différentes espèces **de con-trats** auxquels nos hommes politiques ont **prétendu** donner un caractère de perpétuité.

1° Les traités de nation à nation, par lesquels chacune engage respectivement son gouvernement et son peuple ; 2° concession de priviléges de la part du monarque à toute la communauté sous le **carac-tère** de sujets; 3° concession de priviléges de la part du monarque à une classe particulière de sujets; 4° Nouvelle distribution de pouvoirs entre les **diffé-rentes** branches de la souveraineté, ou déclaration nouvelle des droits de la communauté ; 5° acte d'u-nion entre deux ou plusieurs souverainetés, sous un ou plusieurs chefs.

Qu'on prenne donc pour substance d'un contrat l'une ou l'autre de ces conventions; aussi long-temps que le bonheur général des contractants dépendra de l'observation du contrat, sans doute il ne faut pas s'en écarter. Si, au contraire, le bonheur général dépend d'un changement plus ou moins complet, ce changement doit être opéré.

Il est vrai que, vu l'alarme et le danger qui résul-tent naturellement de la rupture d'un contrat où le souverain est partie, la somme de bonheur public

courrait risque d'être plutôt .diminuée qu'augmen-
tée , si l'une des parties devait perdre quelque chose
au changement, à moins que cette perte ne fût balan-
cée par quelque compensation.

Qu'on ne dise pas que cette doctrine est dangereuse, parce que la compensation pourrait n'être
que nominale ou insuffisante. Nous supposons ici
que la probité et la véracité sont égales des deux côtés ;
nous supposons que le contrat est sérieux , que la
compensation est réelle. Si l'on suppose la mauvaise
foi chez ceux qui gouvernent, il ne leur sera pas
moins facile de nier le contrat ou de l'éluder ,
ou bien de repousser entièrement le changement ,
que d'offrir une compensation illusoire ou insuffisante.

Appliquons ces principes en détail aux cas ci-des-
sous énoncés.

1° Les traités de nation à nation.

Ici , assurément, le dogme de la perpétuité n'a jamais produit beaucoup d'inconvénients pratiques.
La plainte générale accuse plutòt une disposition
trop commune à changer qu'une trop rigide observation du contrat.

2° Concession de priviléges de la part du monarque à toute la communauté.

Si , dans les changements supposés, des priviléges
d'une égale valeur sont accordés à la place de ceux
qui sont abrogés, il y a compensation ; si les nouveaux priviléges sont plus grands, il y a une raison
déterminante en faveur de la mesure.

5° Concession de priviléges de la part du monarque à une certaine classe de sujets.

Aucun privilége de cette nature n'aurait dû être accordé, s'il devait être nuisible au bonheur général ; cependant si le bonheur de la classe qui perd par le changement, forme dans le bonheur général une portion égale au bonheur de ceux qui gagnent, il y aurait injustice à ne pas offrir une compensation.

4° Nouvelle distribution de pouvoirs entre les différentes branches de la souveraineté.

Si le changement ne doit rien ajouter à la somme du bonheur général, il ne faut pas l'admettre ; s'il doit produire une augmentation réelle dans le bonheur public, l'existence du contrat ne saurait être un empêchement.

Les constitutions des différents Etats de l'Amérique septentrionale, loin d'être déclarées imprescriptibles ou perpétuelles, contiennent des articles formels déclarant le contraire. En vertu de ces articles, des Conventions doivent être réunies par intervalles pour la révision de la constitution, suivant les progrès et les besoins de l'avenir. En Europe, ces prétentions de perpétuité pour tel ou tel article de la constitution, ont eu pour effet d'affaiblir la sanction de toutes les lois. L'article irrévocable vient-il à être nuisible ou impraticable : au lieu de l'annuler on le viole ouvertement, et cette violation fournit un antécédent ou un prétexte pour fouler aux pieds

d'autres dispositions qui devraient avoir pour effet
certain le bonheur du plus grand nombre.

5° Acte d'union entre deux ou plusieurs souverainetés, sous un ou plusieurs chefs.

Voici sans contredit le cas qui présente le plus
de difficultés ; car c'est le cas où la compensation ,
s'il y a lieu , ne saurait à peine se fixer.

Au moment où l'union va s'opérer, deux Etats
sont, l'un par rapport à l'autre, dans une condition plus ou moins grande d'indépendance.

De ces deux Etats l'un sera plus puissant, l'autre
plus faible. Si l'inégalité de forces est très-apparente,
le plus puissant ne consentira pas à l'union, à moins
que la part active du nouvel Etat uni dans le gouvernement, ne soit proportionnée à la différence de
pouvoir entre les deux Etats.

Puis viennent, comme de raison, les précautions
de l'Etat le plus faible pour se garantir contre l'oppression.

Le contrat va donc être formulé selon les prétentions de l'un, selon les craintes de l'autre.

Or, si le contrat laisse une trop grande latitude au
nouveau gouvernement, la nation la plus faible
pourra être opprimée par l'autre.

Si le gouvernement est enchaîné par des restrictions, tôt ou tard, par les modifications des circonstances, ces restrictions amèneront des inconvénients
nuisibles à l'une ou l'autre nation, peut–être à
toutes deux.

Mais aussi la durée même de l'union doit apporter le remède au mal. Bientôt, par l'habitude de se soumettre à l'action d'un seul gouvernement, les deux nations se confondront en une seule, et les défiances mutuelles seront dissipées par des intérêts communs.

Toutefois, dans l'une et l'autre des nations unies, il ne se trouvera que trop d'individus qui, par intérêt ou par préjugé, s'attacheront à entretenir ces défiances et à nourrir les haines.

En effet, si au moment de l'union, il y avait une classe d'hommes plus ou moins nombreuse, qui trouvait son profit dans certains abus, quelles que soient les restrictions renfermées dans le contrat, ces hommes n'en feront pas moins tous leurs efforts pour faire consacrer et perpétuer ces abus qui leur profitent.

Au moment de l'union entre l'Angleterre et l'Ecosse, les tories, qui étaient pour la plupart jacobites et presque tous membres de l'Eglise, étaient en possession d'une très-grande influence dans la chambre des communes. C'était donc une occasion favorable pour les partisans de l'épiscopat de consacrer le triomphe qu'ils avaient obtenu sur les presbytériens anglais, par *l'acte d'uniformité* passé sous le règne de Charles II. La ruse combinée des prêtres et des avocats en profita pour river les chaînes de la tyrannie ecclésiastique qui, depuis la restauration, pesaient sur l'Angleterre. Ainsi pour donner de la sécurité aux quarante-cinq membres écossais admis dans le parlement, on avait stipulé des garanties pour l'Eglise presbytérienne en Ecosse ; et, par une réciprocité qui semblait équitable, on voulut donner de la sécurité aux cinq cent treize membres anglais, en stipulant des garanties égales en faveur de l'Eglise anglicane.

Blackstone s'appuie sur cette transaction pour soutenir la perpétuité de tous les abus sur lesquels repose l'établissement officiel de l'Eglise anglicane.

Ce vénérable jurisconsulte, en examinant les articles de l'acte d'union, déclare solennellement :

« Que les deux royaumes sont aujourd'hui si inséparablement unis, que rien ne saurait les désunir, si ce n'est le consentement mutuel de tous deux, ou la résistance triomphante de l'un ou l'autre, résistance motivée par la violation de l'une des conditions *essentielles et fondamentales* de l'union. »

Il y a dans cette proposition une naïveté que l'on rencontre assez souvent chez le magistrat commentateur. Rien ne saurait désunir les deux royaumes, à moins qu'ils ne le veuillent tous deux ! — N'est-ce pas avouer qu'ils peuvent toujours être désunis ? Mais le malin juge va plus loin. Il admet que l'un des deux royaumes suffit pour désunir, si ce royaume résiste. Il est vrai qu'il faut que la résistance soit triomphante. Nous reconnaissons bien ici la prudence ordinaire de Blackstone et son profond respect pour les puissances victorieuses ! Ce n'est pas la résistance qui est un droit ; c'est le triomphe. Résistez, et Blackstone vous condamnera ; mais triomphez en résistant, et Blackstone vous adorera. Il est assez singulier d'arriver à de pareilles conclusions lorsqu'on ne veut prouver qu'une chose, c'est que l'union est indissoluble, et que tous les articles du contrat doivent être suivis à perpétuité, si l'on ne veut mettre l'union en danger.

L'article 19 de l'acte d'union concerne l'administration de la justice en Ecosse. Son objet était de conserver aux Ecossais leurs lois et leur procédure, et de les garantir contre tous envahissements du gouvernement anglais. Or, aujourd'hui et depuis nombre d'années, l'on a reconnu les abus effrayants de cette procédure ; mais chaque fois que des hommes éclairés ont demandé la réforme de ces iniquités, on s'est écrié aussitôt que c'était attaquer l'acte d'union ; et ces clauses, qui n'étaient que des garanties d'indépendance nationale, sont ainsi devenues les armes de l'oppression intérieure. On a toujours raisonné comme si la perpétuité des abus pouvait seule assurer la perpétuité de l'union. C'est là au reste le véritable caractère du sophisme que nous combattons.

En résumé, toute formule qui enchaîne la souveraineté, est absurde ; toute loi qui se déclare elle-même irrévocable, est dangereuse.

Toute loi n'étant faite que dans des circonstances données, ne peut pas durer plus que ces circonstances. Prouvez que ces circonstances seront perpétuelles, et alors vous pourrez déclarer que la loi qui en dépend sera perpétuelle.

Il est vrai que toute loi, que toute institution, même

politique, contient des dispositions pour l'avenir ; leur objet principal est de donner une. sécurité permanente aux intérêts généraux. En ce sens, les lois sont toujours faites dans un esprit de perpétuité ; mais *perpétuel* n'est pas synonyme d'*irrévocable*. Il vaudrait mieux sans doute que le législateur n'employât pas des mots aussi vagues ; mais lorsqu'il déclare une loi perpétuelle, il reconnaît toujours que cette perpétuité est éventuelle, et soumise à la durée des circonstances qui ont fait naître la loi.

En d'autres termes, la raison de la loi doit faire la durée de la loi. Tant que cette raison subsiste, la loi doit subsister ; lorsque cette raison aura disparu, la loi doit disparaître avec elle.

N'allons donc pas déclarer une loi immuable pour assurer sa stabilité ; car cette déclaration elle-même est une présomption que cette loi contient quelque fâcheuse tendance.

Plus une loi est utile, moins elle a besoin de cet appui extérieur : elle se défend par son propre mérite, et c'est une preuve d'impuissance que de se faire garder par des clauses prohibitives.

Mais quoique ce moyen soit principalement réservé pour les mauvaises lois, il en est un autre que l'on pourrait appliquer avec utilité aux bonnes lois. Ce moyen, je l'appelle *justification*. Cette justification de la loi consiste à lui annexer les considérations qui contiennent la *raison* de la loi.

Pour faire des lois bonnes en elles-mêmes et s'appuyant sur de bonnes raisons, il faut que le législateur ne soit préoccupé par aucun intérêt séducteur ; qu'il ait une intelligence qui lui fasse comprendre les intérêts généraux ; enfin qu'il soit toujours guidé par ce principe, le plus grand bonheur du plus grand nombre ; mais pour faire des lois qui ne reposent sur aucune bonne raison, il ne faut que de la puissance et de la volonté.

L'homme qui ferait un Code de bonnes lois appuyées sur de bonnes raisons, peut éprouver un légitime orgueil à la pensée d'enchaîner la volonté des générations futures ; car son triomphe consisterait à leur laisser la liberté de changer la loi, et à leur en ôter la volonté.

## II. *Sophisme des vœux ou du serment religieux.*

L'objet de ce sophisme est le même que celui des lois irrévocables ; il consiste à enchaîner les générations futures ; mais l'absurdité est plus grande, en ce que l'on fait intervenir un pouvoir surnaturel. Le bras dont on se sert est celui de l'invisible et suprême régulateur de l'univers.

Le serment reçu, le formulaire prononcé, deux propositions contraires sont à examiner. Dieu est-il ou n'est-il pas tenu de faire ce qu'on attend de lui ?

S'il n'est pas tenu, il n'y a plus ni garantie, ni sanction, ni obligation.

S'il est tenu, remarquez la conséquence. Dieu est enchaîné ; et par qui ? De tous les vermisseaux qui rampent sur la terre sous la forme humaine, il n'en est pas un seul qui ne puisse ainsi imposer des conditions au dominateur suprême de l'univers.

Et à quoi est-il tenu? à conserver les observances les plus contradictoires, les plus absurdes que des législateurs, des tyrans ou des fous peuvent lui imposer sous la forme du serment.

Il faut convenir qu'il y a quelque chose de bien éventuel dans l'obligation qu'on prétend imposer au Tout-Puissant. Aussi long-temps que le serment est observé, il n'a rien à faire. Mais dès qu'il est enfreint, sa tâche commence; et cette tâche consiste à infliger à l'infracteur une punition qui n'est d'aucun effet pour l'exemple, puisque personne ne l'aperçoit.

La punition étant infligée, dit-on, par un juge tout puissant et infaillible, sera exactement proportionnée au délit.

Fort bien; mais où est le délit? Ce n'est pas l'acte destiné à être empêché par le serment. Car cet acte peut être indifférent et même méritoire; et s'il est criminel, il devrait être puni indépendamment du serment. Le seul délit est donc la profanation de la cérémonie; et la profanation est la même, soit que l'acte ait un caractère de moralité ou d'immoralité.

En vain voudrait-on, dans certains cas particuliers, prouver la moralité du serment par la moralité de la loi que le serment doit perpétuer. Nos objections tombent sur le principe lui-même, sur l'idée d'employer un moyen si peu convenable.

On n'a aucune garantie qui empêche qu'il ne soit employé pour les mesures les plus nuisibles , comme pour les mesures les plus salutaires.

Passons maintenant à l'examen d'un cas particulier, dans lequel ce sophisme a servi à perpétuer des abus.

Parmi les statuts passés dans le premier parlement de Guillaume et Marie, il en est un intitulé : *acte pour instituer le serment du couronnement.*

Voici les formalités de la cérémonie. L'archevêque ou l'évêque adresse au monarque certaines questions ; et ce sont les réponses à ces questions qui constituent le serment.

Parmi ces questions, la troisième est ainsi conçue :
« Promettez-vous de maintenir , de tout votre
« pouvoir, les lois de Dieu, la vraie profession de
« l'Evangile, et la religion protestante, réformée ,
« établie par la loi ? Et promettez-vous de conserver
« aux évêques et au clergé de ce royaume, et aux
« églises confiées à leur direction, tous les droits
« et priviléges qui leur appartiennent ou leur appar-
« tiendront par la loi, à tous ou à chacun? »
Réponse. « Tout cela je le promets. »

Plus tard, en 1706, vient l'acte d'union qui contient l'article suivant : « Après la mort de sa ma-
« jesté, le souverain qui lui succédera sur le trône
« de la Grande-Bretagne, et après lui tous les autres,
« devront à leur couronnement jurer de maintenir
« et de conserver inviolablement ledit établissement
« de l'Église, sa doctrine, son culte, sa discipline et

« sa hiérarchie, telle qu'elle est constituée par la
« loi dans les royaumes d'Angleterre et d'Irlande,
« la principauté de Galles et tous les territoires qui
« en dépendent. »

En conséquence de ce serment, beaucoup de savants politiques ont prétendu que le roi s'était interdit la faculté d'admettre la majorité des Irlandais aux mêmes droits que la minorité, comme aussi d'accepter aucune réforme contre les abus de l'église anglicane.

Et, en effet, le serment doit avoir ce sens ou n'en avoir aucun. Mais voyez les conséquences.

Si, par cet article 3 du serment, il ne peut donner son assentiment à aucune loi ayant pour effet d'abolir ou de diminuer « les droits et les priviléges des évêques et du clergé », il lui est également ment interdit par l'article 1er du même serment de donner son assentiment à toute autre loi. Car, par cet article 1er, il jure solennellement « de gouverner le peuple selon les lois existantes. » Par conséquent, s'il accepte une loi nouvelle, il ne gouverne plus selon les lois qu'il a consacrées par son serment. Ceci n'est pas une vaine dispute de mots, mais tend seulement à prouver l'inutilité du serment.

Car, d'après ce principe, Henri VIII, jurant à son couronnement de maintenir la religion catholique, n'a jamais pu faire un acte légitime en faveur de la réforme ; et la religion catholique devrait être aujourd'hui la religion de l'État.

Aussi sera-t-on forcé de convenir que le serment

royal n'a jamais été observé que lorsqu'il y avait intérêt à l'observer ou danger à l'enfreindre. Ce n'est donc pas le serment en lui-même qui est respecté, mais l'intérêt qu'il protége ou les intérêts menacés par sa violation.

De tout ce qui précède il résulte nécessairement :

1° Que le monarque n'est pas lié par le serment, et qu'en lui obéissant il n'obéit qu'à un intérêt ou à une crainte qui existent indépendamment du serment ;

2° Qu'il n'est pas au pouvoir du monarque d'enchaîner ses successeurs :

3° Que tout serment politique est de lui-même nul et de nul effet.

# CHAPITRE IV.

### IL N'Y A PAS D'ANTÉCÉDENT. (*Ad verecundiam.*)

« La mesure qu'on vous propose est sans antécé-
« dents ; voici la première fois qu'une pareille
« question ait jamais fait son apparition dans la
« chambre. »

Tel est le sens, tels sont les termes généraux d'un sophisme assez commun pour que nous nous en occupions.

Une telle observation ne serait pas condamnable, si elle n'avait pour objet que d'appeler une attention sérieuse sur une question nouvelle : « Délibérez
« avant d'agir ; car vous n'avez aucun antécédent

« pour vous diriger. » Mais , comme argument contre une mesure proposée, elle devient évidemment un sophisme.

Il est certain que cette observation n'a aucune valeur par elle-même, relativement à l'utilité ou au danger de la mesure proposée. S'il n'y a aucun bien à espérer de la mesure, n'est-ce pas un motif suffisant pour la rejeter? S'il y a quelque bien à en espérer, devra-t-on sacrifier ce bien à une si pauvre considération?

Si cette considération semble concluante dans le cas particulier dont il s'agit, elle aurait pu l'être également contre tout ce qui s'est fait jusqu'ici ; car on a pu l'opposer à toutes les institutions qui nous régissent aujourd'hui.

On pourrait répondre que , si la mesure était bonne en elle-même, elle eût été proposée plus tôt. Mais n'y a-t-il pas plus d'un obstacle qui ait pu empêcher le législateur de s'en occuper avant ce temps ?

1° Quand même elle s'accorderait avec l'intérêt du plus grand nombre, si elle renferme en elle quelque chose qui soit contre les intérêts, les préjugés ou les goûts du petit nombre des gouvernants , loin de s'étonner qu'elle n'ait pas été présentée plus tôt, il faudrait s'étonner qu'elle ait été présentée actuellement.

2° Si la mesure était telle qu'elle exigeât, pour être comprise, une certaine intelligence ou des connaissances particulières, ne suffirait-il pas de cette circonstance pour expliquer sa tardive apparition?

En législation, l'intelligence est obscurcie et retardée par des obstacles plus grands que dans toute autre matière. Outre les intérêts séducteurs des puissantes minorités qui occupent le gouvernement, il faut encore combattre les intérêts privés de toutes les classes des hommes de loi qui, profitant de l'ignorance générale, mettent tous leurs efforts à la maintenir.

---

# CHAPITRE V.

### SOPHISME DE L'AUTORITÉ INDIVIDUELLE.

1° *Fausse modestie* (ad verecundiam);
2° *Amour propre* (ad ignorantiam).

Ce sophisme se présente sous deux aspects. 1° Un homme élevé en dignité déclare, avec une feinte modestie, qu'il est incapable de se former une opinion sur la question proposée, cette incapacité étant quelquefois réelle, quelquefois supposée; 2° ce même personnage fait un appel à la pureté de ses motifs, à l'intégrité de sa vie, qui doivent, dit-il, lui mériter une confiance entière pour tout ce qu'il dit et fait.

1. Voici comment se joue la première partie de cette comédie : si l'on signale un vice dans nos institutions, et qu'on y propose un remède, aussitôt se lève un grand fonctionnaire qui, sans discuter la proposition, s'écrie d'un air grave : « Je ne suis pas

« préparé à l'examen de la question ; j'avoue mon « incapacité, etc. » Mais voici le sens caché de ces paroles : « Si un homme comme moi, haut placé, et doué d'un génie proportionné à sa dignité, fait l'aveu de son incapacité, n'y a-t-il pas présomption, n'y a-t-il pas folie de la part de ceux qui prétendent qu'ils ont une opinion toute faite ? » C'est une méthode indirecte d'intimidation ; c'est de l'arrogance sous un mince voile de modestie.

Si vous n'êtes pas préparé à juger, il faut donc vous abstenir ; si vous n'êtes pas préparé à condamner, vous ne devez pas l'être à vous opposer : tout ce que vous pouvez faire, c'est de demander un peu de délai pour examiner.

C'est surtout dans les questions de réformes judiciaires que l'on a coutume de recourir à ces sophismes.

En vertu de ses fonctions chaque juge, chaque magistrat, est censé profondément versé dans la science de la loi. Oui, sans doute, dans la science de la loi telle qu'elle est, autant que tout autre homme. Mais dans la science de la loi telle qu'elle devrait être, c'est bien différent. Or la mesure proposée a pour seul objet de rapprocher la loi telle qu'elle est de la loi telle qu'elle devrait être. Mais c'est là une de ces choses pour lesquelles le grand dignitaire n'est jamais préparé ; car il n'entre pas dans son intérêt de l'être ou de le paraître.

Un homme qui, dès son entrée dans sa carrière, applique toutes les forces de son esprit à rechercher les moyens les plus efficaces de tirer profit des imperfections d'un système, un homme pour qui toutes ces sources d'affliction ont toujours été des sources de bénéfices, un homme qui, s'accoutumant toujours à faire plier sa conscience, n'a pu, par conséquent, maintenir son intelligence droite; un homme de loi enfin, ne peut, sans contredit, entrer tout à coup dans la voie si nouvelle pour lui de la logique et de la probité.

Demandez donc à un juge de concourir à une mesure qui tendrait à diminuer les frais de la procédure, dont une partie doit entrer dans sa poche; il vaudrait autant demander au pape d'abjurer les erreurs de la cour de Rome.

Il ne serait pas étonnant qu'un militaire montrât d'abord quelque maladresse à exercer les fonctions de chirurgien. Si faire des blessures est un art, les guérir est un art différent. Télèphe seul a possédé une lance qui pouvait également faire des blessures et les guérir. Mais la race de Télèphe est éteinte, et sa lance peut bien être ensevelie dans les ruines de Pompéï ou d'Herculanum; mais elle ne s'est pas encore retrouvée.

Malheureusement, dans ce cas comme dans beaucoup d'autres, quand même la capacité ne laisserait rien à désirer, il ne faudrait pas en espérer un plus grand appui. Nul n'est si complètement sourd que celui qui ne veut pas entendre; nul n'est si complètement inintelligent que celui qui ne veut pas comprendre.

2. Nous avons encore à parler du sophisme de l'amour-propre.

Nous ne voulons pas iudiquer par là ces impulsions de la vanité, qui portent un homme à concevoir une trop haute opinion de son intelligence. La vanité d'un homme n'a rien de bien dangereux, parce qu'elle est bien vite contrebalancée par la vanité de cent autres, qui élèvent leurs autels à côté du sien. Mais il y a certains hommes en place, qui dans l'exercice de leurs fonctions prétendent s'attribuer une probité exceptionnelle, qui doit les affranchir de tout examen et de toute responsabilité; leurs assertions doivent être acceptées sans preuves; leurs vertus doivent être une garantie suffisante; et la confiance la plus illimitée doit leur être accordée en toute occasion. Si vous signalez quelque abus, si vous proposez quelque réforme, si vous demandez quelques garanties, ils vous répondent par un cri d'indignation, comme si leur honneur était attaqué ou leur vertu mise en question.

De telles assertions doivent être rangées parmi les sophismes; car elles sont étrangères au mérite de la question; car elles nient l'influence de l'intérêt personnel, et sont ainsi en contradiction directe avec les mobiles les plus puissants des actions humaines.

D'ailleurs, ce témoignage solennel, qu'on se reud à soi-même, ne peut avoir aucune espèce de puissance comme vérité; car il peut être invoqué aussi bien par l'homme corrompu que par l'homme de bien. Le premier a même plus d'intérêt à parler de probité que le second. L'homme vertueux inspire assez de confiance par ses actes, tandis que l'hypocrite qui fait un appel à la vertu, veut faire juger sa conduite par ses paroles, au lieu de faire apprécier ses paroles par sa conduite.

# CHAPITRE VI.

### PERSONNALITÉS LAUDATIVES. ( *Ad amicitiam.* )

Ce sophisme est la contre-partie des personnalités injurieuses dont nous parlerons au commencement du livre suivant.

L'objet des personnalités injurieuses est d'obtenir le rejet d'une mesure, en attaquant la moralité personnelle de ceux qui la proposent. L'objet des personnalités laudatives est d'obtenir le rejet de la mesure, en exaltant la valeur personnelle de ceux qui la repoussent.

On comprend d'avance que ce sophisme n'est que l'éloge exagéré des hommes qui tiennent le pouvoir L'autorité que leur donnent leurs talents et leur dignité doit faire rejeter tout contrôle. « La mesure proposée, dit-on, est un acte de défiance injurieux pour les hommes du gouvernement. Ils ont donné de si nombreux gages d'intégrité, de désintéressement, de dévoûment pour le bien public, qu'une pareille mesure devient plus qu'inutile. Les précautions ne sont nécessaires qu'autant que le danger existe; mais ici la haute position des individus est une sauve-garde contre toutes les craintes. »

Bien entendu que le panégyrique s'élève graduellement en proportion de la dignité du personnage loué. Les fonctionnaires inférieurs sont des modèles d'assiduité, d'exactitude et de fidélité; les ministres offrent la perfection de la probité et du talent; quant au chef suprême de l'Etat, il n'y a pas d'éloge qui soit à la hauteur de ses différents mérites.

Il n'est pas bien difficile de démontrer en quoi tous ces panégyriques ne sont que de détestables sophismes.

1° Ils sont d'abord étrangers à la question. La mesure doit avoir en elle-même quelque chose de bien extraordinaire, si l'on ne peut pas en déterminer le mérite, sans examiner auparavant le caractère des membres du gouvernement.

2° Si la bonté de la mesure est suffisamment établie par des arguments directs, l'opposition des hommes en place sert plutôt à faire apprécier leur caractère, que leur caractère à faire apprécier la mesure.

3° Si cet argument est bon dans un cas, il est également bon dans tous; et s'il est admis, il aura pour effet de donner aux hommes en place un *veto* absolu et universel, sur toutes les mesures qui ne s'accorderaient pas avec leurs inclinations.

4° Ces assertions de vertu individuelle ne sont jamais appuyées sur des preuves; mais ce qui est bien plus fâcheux, elles ne peuvent être combattues par des preuves contraires. Jamais dans les deux chambres il ne serait permis d'opposer au tableau des vertus d'un ministre, le tableau de ses vices ; et si on le tentait ailleurs, la punition retomberait, non sur le mandataire infidèle, mais sur celui qui prouverait son infidélité.

# DEUXIÈME PARTIE.

## SOPHISMES DU PÉRIL.

AYANT POUR SUJET LE PÉRIL SOUS DIVERSES FORMES, ET POUR OBJET D'EMPÊCHER TOUTE DISCUSSION.

## CHAPITRE Ier.

### PERSONNALITÉS INJURIEUSES. (*Ad odium.*)

A cette classe appartient un groupe de sophismes si intimement liés entre eux, qu'il faut commencer par quelques observations générales qui s'appliquent à tous. En examinant leurs relations mutuelles, en voyant en quoi ils diffèrent, en quoi ils se ressemblent, on s'en fera une idée bien plus correcte et en même temps plus complète, que si on les examinait tout d'abord en détail.

Les sophismes de cette classe peuvent se grouper dans chacune des divisions suivantes :

1° Imputation de mauvais desseins ;

2° Imputation de mauvaise réputation ;

3° Imputation de mauvais motifs ;

4° Imputation de versatilité ;

5° Imputation de liaisons suspectes (*noscitur ex sociis*);

6° Imputation fondée sur des dénominations de parti (*noscitur ex cognominibus*).

L'effet général de ces sophismes est de détourner l'attention de la *mesure* proposée, pour la diriger sur l'*homme* qui l'appuie ou la combat, de manière que les défauts reprochés à celui-ci deviennent un argument pour ou contre la mesure.

Voici quelle est la logique du sophisme. L'auteur de la mesure a de mauvais desseins, donc la mesure est mauvaise; il a une mauvaise réputation, donc la mesure est mauvaise; il est guidé par de mauvais motifs, donc la mesure est mauvaise; il a varié dans ses opinions, donc la mesure est mauvaise; il est dans l'intimité de tel individu, connu par ses dangereux principes, donc la mesure est mauvaise; il a accepté le nom d'un parti, connu autrefois par ses dangereux principes, donc la mesure est mauvaise.

Tous ces arguments, ainsi disposés, forment une espèce d'échelle proportionnelle. Chacun emprunte sa preuve à l'un de ceux qui le précèdent, et la conclusion devient de plus en plus faible à chaque part que l'on fait. Le second s'appuie sur le premier, le troisième sur le second, et ainsi de suite. Si donc le premier est sans force, les autres doivent tomber avec lui.

Il n'est pas difficile de démontrer la futilité de tous ces sophismes, et pour ne rien dire de l'improbité de ceux qui les articulent, la faiblesse de ceux qui les acceptent.

1° D'abord ils ont le caractère commun à tous les sophismes, celui d'être étrangers à la question.

2° En second lieu, ils ne concluent absolument rien. Quelle que soit leur valeur lorsqu'ils s'appliquent à une mesure mauvaise, ils n'en auront ni plus ni moins, s'il s'agit d'une mesure excellente.

Dans toute assemblée composée d'un grand nombre d'individus, il y aura toujours des hommes de tout caractère. Si la mesure est bonne deviendra-t-elle mauvaise, parce qu'elle est appuyée par un méchant? Si elle est mauvaise deviendra-t-elle bonne, parce qu'elle sera soutenue par un homme vertueux? Si la mesure ne vaut rien, pourquoi ne pas le démontrer par des arguments directs. Lorsqu'on l'attaque par des voies détournées, non-seulement on ne prouve rien contre, mais on tend à prouver qu'on n'a rien de sérieux à lui opposer.

Après ces observations générales, examinons plus en détail les différentes formes qu'affecte ce sophisme.

### 1. *Imputation de mauvais desseins.*

La mesure en question n'est pas accusée d'être mauvaise en elle-même ; car ainsi, il n'y aurait plus de sophisme.

Le mauvais dessein imputé ne porte donc pas sur la mesure actuelle, mais sur quelque mesure ultérieure qui, par implication, est censée devoir être mauvaise. Il s'agirait donc, avant tout, de prouver quatre choses : 1° que le dessein de réaliser la mesure supposée mauvaise existe réellement ; 2° que ce dessein sera exécuté ; 5° que cette mesure est véritablement mauvaise ; 4° que, sans la mesure actuelle, la mesure supposée mauvaise n'aurait pas lieu.

On pourra se convaincre que ce sophisme n'est qu'une modification du *sophisme de défiance,* dont nous parlerons bientôt.

Mais sur quelle base repose la supposition que la mesure réputée mauvaise deviendra la conséquence de la mesure proposée ? Voyez le raisonnement qu'il faut que l'orateur adresse à ses honorables collègues : « Ne donnez pas votre sanction à cette mesure ; car, malgré qu'il n'y ait rien de répréhensible en elle, cependant, si vous l'adoptez, ce même homme qui la propose aujourd'hui vous en proposera d'autres qui seront mauvaises ; et telle est votre faiblesse que vous n'aurez pas assez d'intelligence pour les juger, ou assez d'énergie pour les repousser. » Ainsi ce n'est que sur l'imbécillité des législateurs et l'inintelligence de leurs devoirs que repose ce sophisme.

## II. *Imputation de mauvaise réputation.*

Le but de ce sophisme est d'attaquer l'autorité morale d'une opinion, en attaquant la réputation de celui qui soutient cette opinion. Ce n'est encore là qu'une modification du *sophisme de défiance.*

Mais celui qui se laisse abuser par de pareils moyens, se livre, sans s'en douter, à la discrétion de ceux qui les emploient. En effet, acceptez cet argument, et aussitôt vous serez entraîné à refuser votre assentiment à toute mesure qui vous paraîtra bonne, à l'accorder à toute mesure qui vous semblera mauvaise. Est-elle bonne? le méchant n'a qu'à l'appuyer pour vous la faire rejeter. Est-elle mauvaise? il n'a qu'à la combattre pour vous la faire adopter. Il vous jette sur un écueil en l'évitant; il vous éloigne du port en y entrant lui-même.

Vous donnez sur vous, par votre aveugle antipathie, le même empire à vos adversaires que vous donneriez à vos amis par une sympathie exagérée et une déférence irréfléchie.

### III. *Imputation de mauvais motifs.*

L'auteur de la mesure est accusé d'être guidé par de mauvais motifs; et des mauvais motifs on veut conclure à de mauvais desseins. Ce n'est donc encore qu'une modification du *sophisme de défiance,* mais une des plus faibles : 1° parce que les motifs sont cachés dans les replis du cœur humain ; 2° parce que, si la mesure est salutaire, il serait absurde de la rejeter sous prétexte qu'on se défie des motifs. Mais ce qui est particulier à ce sophisme, c'est la fausseté de la supposition sur laquelle il repose, c'est-à-dire l'existence d'une classe ou d'une série de motifs que l'on puisse appeler mauvais. Ce qui constitue un motif est une espérance éventuelle, qui fait rechercher quelque bien ou fuir quelque mal. Mais, comme après tout il n'y a rien de blâmable à rechercher quelque bien, ou à fuir quelque mal, il en résulte qu'il n'y a aucun motif mauvais par lui-même, quoique, suivant les circonstances, tout motif puisse occasionner de bonnes ou de mauvaises actions.

Sans doute, un motif anti-social peut aggraver le mal d'un acte dangereux ; mais, si dans l'acte en lui-même il n'y a rien de dangereux, quand bien même le motif serait purement individuel, quand même il serait anti-social, ce n'est pas une raison pour rejeter l'acte.

D'ailleurs, les impulsions individuelles ne méritent pas d'être autant méprisées que le prétendent bien des philosophes modernes ; car c'est de leur influence, c'est de leur ascendant que dépend la conservation de l'espèce, non moins que de l'individu. Lorsqu'en proposant une mesure quelconque, celui qui la propose doit y trouver un avantage personnel, il est évident que cet avantage doit être pour quelque chose dans sa conduite. Mais cela change-t-il en rien la nature de cette mesure ? devient-elle mauvaise à raison de ce motif ? doit-elle en être considérée avec moins de faveur ? perd-elle quelque chose de son utilité ? Non, sans doute. Il faut donc examiner la mesure en elle-même, et indépendam-

ment des motifs bons ou mauvais qui l'ont fait proposer.

### IV. *Imputation de versatilité.*

En admettant que le fait de versatilité fût vrai,
cela n'aurait d'autre conséquence que d'attaquer
la réputation de celui qui propose la mesure ; et
nous nous retrouverions placés dans le sophisme
précédent.

Toutefois cette versatilité, quand elle est poussée
trop loin, serait une fâcheuse présomption et un
témoignage accusateur contre la moralité d'un individu.

Si, par exemple, il a, par des motifs d'intérêt
personnel, combattu précédemment la mesure, et
qu'aujourd'hui il ne la soutienne que par les mêmes
motifs ; s'il s'agit d'un fait qu'il ait nié et qu'aujourd'hui il affirme, toutes ces variations peuvent
devenir un argument contre lui, à moins qu'il ne
les explique d'une manière satisfaisante, soit par la
diversité des circonstances, soit par tout autre
motif.

Mais, quelle que soit la force de l'argument contre l'individu, il n'a aucune valeur contre la mesure elle-même. Il peut seulement affaiblir l'autorité personnelle de l'individu, et nous avons déjà
vu ce qu'il fallait penser de cette manière de discuter.

**V.** *Imputation de liaisons suspectes* ( noscitur ex sociis ).

Ce sophisme est absolument du même genre que les quatre précédents ; mais encore, pour qu'il puisse les valoir, même malgré leur faiblesse, il faut d'abord établir les trois points suivants :

1° L'immoralité des gens auxquels on associe celui qu'on accuse ;

2° L'existence de cette association, de cette intimité qui fait l'objet de l'accusation ;

3° L'influence pernicieuse de cette association.

Quant aux deux premiers points, leur degré de probabilité dépend des circonstances particulières dans chaque cas. Mais, pour le troisième, quelques observations générales suffiront. Dans la vie privée, l'argument repose sur une certaine force de présomption qui est suffisamment établie par l'expérience. Mais, quand il s'agit de liaisons politiques créées par un besoin d'union pour repousser ou soutenir une mesure ou une suite de mesures, la présomption perd toute sa force. On n'examine guère le caractère privé des individus auxquels on s'associe ; on leur demande seulement compte de leur opinion. Aussi se rencontre-t-il peu de questions politiques où l'on ne voie confondus et associés des hommes de tout caractère, et placés, en fait de moralité, à tous les degrés de l'échelle.

La seule nécessité de recueillir des informations

sur des points de fait suffirait d'ailleurs à produire
des rapprochements, qui ont une apparence d'intimité, entre les caractères les plus opposés.

VI. *Imputation fondée sur une identité de dénomina-*
*tion* (noscitur ex cognominibus).

Ce qui distingue ce sophisme des précédents, c'est
qu'entre l'individu qu'on accuse et ceux dont la conduite ou les opinions sont censées avoir de l'influence sur lui, il n'y a aucune communication actuelle ou directe. Dans les cas que nous venons
d'examiner, on le représentait comme suspect, à
cause de ses liaisons avec des personnes vivantes.
Ici, c'est à cause d'une identité nominale avec des
personnes qui ne sont plus, mais qui ont été dans
leur temps les auteurs de mesures pernicieuses. Si
une communauté d'intérêts existait réellement entre
ceux qui ont une communauté de nom, on pourrait
raisonnablement en conclure la communauté de
dessein. Mais, dans ce cas, c'est la communauté
d'intérêt qui est le véritable lien ; la communauté
de nom n'en est que le signe, et non la cause efficiente. Les Romains de nos jours, qu'ont-ils de
commun avec les Romains des temps passés ? Aspi-
rent-ils à recouvrer l'empire du monde ?

Ceux qui imputent à une classe d'hommes les
mêmes pernicieux desseins que pouvait avoir autrefois une classe portant le même nom, ne devraient
pas perdre de vue une circonstance importante ;

c'est l'amélioration progressive des principes et des caractères, depuis les temps les plus reculés jusqu'à nos jours. Les sectes qui portent le même nom n'ont plus le même esprit. Si l'on oublie cette considération, l'on arrive à des conséquences aussi désastreuses qu'absurdes. Les mesures les plus rigoureuses qu'on ait pu prendre contre les hommes du passé, seront continuées contre leur postérité jusqu'à la fin des siècles.

« Que mes amitiés soient immortelles, mes inimitiés mortelles. » Tel est l'axiôme justement applaudi d'un sage de l'antiquité. Le sophisme que nous combattons recommande la perpétuité de la haine. .

C'est surtout en matière de religion, et relativement à certaines sectes, que ce sophisme joue un grand rôle. Ainsi, en Angleterre, on refuse aux catholiques les mêmes droits qu'aux autres citoyens. « Vos ancêtres, leur dit-on, ont exercé sur les consciences une tyrannie funeste ; donc, vous qui appartenez à la même religion, vous renouvelerez leur tyrannie ; vos ancêtres, lorsqu'ils avaient le pouvoir, ont attaqué par le fer et le feu ceux qui n'avaient pas leur croyance, donc vous, si vous aviez le pouvoir, vous en feriez autant. » C'est à l'aide de pareils raisonnements, qu'en Irlande l'on perpétue un système d'oppression, où l'intérêt du plus grand nombre est ouvertement sacrifié aux intérêts d'une faible minorité. En vain répond-on à ces argumentateurs, qu'on n'a plus à redouter

aujourd'hui les excès du passé; que dans la Saxe,
dans l'Autriche, dans la France toujours puissante,
les protestants jouissent, sous des souverains catholiques, de la même sécurité que les catholiques.
En vain on leur rappelle que l'église anglicane a
rallumé ses bûchers, lorsque l'église de Rome
avait éteint les siens[1]. L'expérience ne sert à rien,
la raison est sans influence, lorsque l'intérêt personnel est en jeu. Or, les sinécures et les places
lucratives envahies par les Anglais en Irlande, ne
sont-elles pas d'un intérêt suffisant pour convaincre
le gouvernement Anglais qu'il faut toujours considérer les Irlandais sous le double aspect de sujets et
d'ennemis, leur demandant des services comme sujets, des contributions comme ennemis.

## VII. *Pourquoi les sophismes de cette classe sont si souvent employés.*

Quelle que soit la nature des différents moyens
de déception que l'on fait agir, leur succès définitif
dépend toujours d'une cause qui est commune à
tous les sophismes, l'ignorance et la faiblesse intellectuelle de ceux sur lesquels ils font effet. Il faut y
ajouter aussi la faiblesse intellectuelle de ceux qui
les emploient. En effet, pour faire valoir sur un
sujet donné les arguments tirés du sujet lui-même,

---

[1] Sous Jacques Ier, deux Anglais furent brûlés à Smithfield
comme anabaptistes.

il faut un certain talent d'analyse, une force de pensée que l'on ne peut obtenir que par le travail; mais pour employer des personnalités, il ne faut ni travail ni intelligence. Le plus oisif et le plus ignorant, est à cet égard au niveau du plus laborieux et du plus intelligent; si même il ne lui est supérieur. Rien n'est plus commode pour ceux qui veulent parler sans avoir la fatigue de penser. Les mêmes idées se reproduisent incessamment; et l'on n'a d'autre peine que de varier les tournures.

Des arguments serrés et pertinents ont peu de prise sur les passions, et servent même plutôt à les calmer qu'à les irriter. Dans les personnalités, au contraire, il y a toujours quelque chose d'excitant, soit dans l'éloge, soit dans le blâme. L'éloge forme toujours une espèce d'alliance entre celui qui donne et celui qui reçoit; le blâme donne à celui qui l'emploie un certain air de courage et d'indépendance qui abuse les esprits faibles.

L'ignorance et l'indolence, la haine et l'amitié, les intérêts communs et contraires, l'esprit de servilité et d'indépendance, tout concourt à donner aux personnalités cet ascendant que malheureusement elles obtiennent. Plus nous obéissons à l'influence de nos propres passions, plus nous croyons à la même influence sur les autres.

Celui qui sait repousser ces injures avec dignité, peut souvent les convertir en triomphe. « Frappe, dit-il, mais écoute; » et les fureurs de son antagoniste retombent sur lui-même.

# CHAPITRE II.

ARGUMENT FANTASMAGORIQUE, OU PAS D'INNOVATION.
( *Ad metum.* )

Ce sophisme est toujours une menace; toujours il évoque, en termes solennels, un monstre imaginaire qu'il appelle *anarchie,* ayant pour avant-coureur un autre fantôme appelé *innovation.*

Comme instrument de déception, le sophisme est généralement accompagné de personnalités du genre injurieux. On accuse les motifs, les desseins, la conduite et la réputation des auteurs et des défenseurs de la mesure proposée, tandis que le terme qu'on emploie manque également de justesse et de franchise. Ainsi, le mot *innovation,* dans ce cas, ne veut pas seulement dire *changement,* mais changement *dangereux.* L'esprit n'est pas seulement frappé de l'idée de *changement,* mais il s'y attache un blâme ou une menace, une crainte ou un péril.

Pour réfuter ce sophisme, il suffit de l'exposer dans toute sa naïveté.

Si la nouveauté d'une mesure est une raison pour la faire condamner, la même raison aurait dû faire condamner tout ce qui existe. Dire que toute chose nouvelle est mauvaise, c'est dire que toutes choses sont mauvaises, du moins à leur commencement; car de toutes les vieilles choses que l'on rencontre, il n'y en a pas une qui n'ait été nouvelle. Tout ce qui est maintenant *institution,* a été autrefois *in- novation.*

Celui qui condamne une seule mesure d'après ce principe, condamne en même temps toutes les ins- titutions qui nous régissent. Il condamne la révo- lution, la réforme, l'établissement de la chambre des communes sous Henri III, sa participation aux lois sous Henri VI. Tous ces faits ne sont que les précurseurs de ce monstre terrible, l'*anarchie.* Mais rien assurément n'eut plus le caractère d'innovation que l'apparition de la chambre des communes et son action législative. Nulle innovation n'eut plus d'importance, nulle par conséquent ne devait être plus dangereuse.

§ 1. *En quoi la crainte du changement peut quelquefois avoir un caractère de vérité.*

Une circonstance qui donne une certaine force à ce sophisme, c'est qu'il est rare qu'il ne s'y ren- contre pas quelque portion de vérité. Tout change- ment amène quelque perturbation; toute réforme, même des plus grossiers abus, peut causer un dom- mage à ceux qui profitent de ces abus. Lors donc qu'ils élèveront la voix pour se plaindre du tort que leur fait la mesure, ils auront personnellement raison; mais lorsque, de leur perte individuelle, ils viendront faire un argument pour repousser la mesure, ils auront tort; car si la mesure est profi- table au grand nombre, et nuisible seulement à quelques-uns, le dommage individuel ne peut être opposé au bienfait général.

Il est certains cas cependant où il serait juste d'offrir une compensation à la perte. Un argument tiré de cette source n'a rien de commun avec le sophisme. Mais quand il n'y a nullement lieu à compensation, quand celui qui se prétend lésé, n'articule que des faits vagues, quand l'abus dont il profitait est tellement scandaleux que la compensation elle-même deviendrait un scandale de plus, quelle autre ressource peut-il lui rester, que de crier bien fort à l'innovation? C'est le mot de ralliement de tous ceux dont les intérêts coupables sont attachés aux siens; c'est l'argument qui fait effet sur les esprits faibles qui s'effraient de tous les changements, sans vouloir tenir compte du bénéfice qu'en retire la majorité.

§ 2. *Contre-sophisme.* — *Le temps est un innovateur général.*

Parmi les anecdotes les plus connues du barreau, est celle de ce procureur qui, consulté par son client, auquel on présentait une fausse obligation, lui conseillait, comme le moyen le plus sûr et le plus direct, d'y opposer une fausse quittance.

C'est ainsi que, pour combattre le sophisme de l'innovation d'une manière prompte et décisive, on lui a quelquefois opposé pour tout argument le contre-sophisme : « Le temps lui-même est le plus grand innovateur. »

Ce contre-sophisme n'a pas cependant les dangereux effets du sophisme auquel on l'oppose. Il est
deux circonstances pourtant qui se réunissent pour
lui mériter le nom de sophisme : 1° parce qu'il ne
fournit aucun argument spécifique sur le bien ou
le mal de la mesure proposée, et qu'il est par conséquent étranger à la question ; 2° parce qu'il établit
une sorte de concession qui donne une certaine force
à l'argument auquel il est opposé, admettant que,
si la mesure était une innovation, elle mériterait à
ce titre seul d'être rejetée.

Peu de mots suffiront pour réduire à néant ce fameux sophisme de l'innovation. Il n'y a point d'inconvénient spécifique allégué contre la mesure ; car,
s'il y en avait, l'objection ne serait plus un sophisme. Tout ce que l'on allègue, c'est que la mesure causera quelque dommage, sans considérer
l'importance du dommage, ou sur qui le dommage
retombe. Mais on peut en dire autant de toutes les
mesures législatives passées, présentes et futures :
si c'est là un argument, il comprend dans une condamnation commune tout ce qui a été fait, et tout
ce qui peut se faire dans tous les temps et dans tous
les lieux.

« Mais, dites-vous, nous ne voulons pas condamner tout changement, toute nouveauté ; nous ne
combattons que les changements dangereux, les in-
novations trop brusques. » Fort bien : alors faites
une distinction entre le péril et la nouveauté ; rai-
sonnez sur ce qui est dangereux, et non sur ce qui

est nouveau. Mais souvenez-vous qu'aussitôt que vous faites cette distinction, vous renoncez à votre sophisme.

Combattre des maux imaginaires, et perpétuer des maux réels, fermer les yeux sur des souffrances existantes, et prédire au hasard des souffrances futures et contingentes, tel est le zèle de ceux qui emploient cet argument. Chez eux, l'horreur de l'innovation est une maladie qui les rend ennemis de tout bien qui reste à faire ; et ils ne seront guéris que du jour où ils auront appris à considérer, en toute occasion, l'utilité générale comme le seul but honnête, et à juger dans toute mesure proposée les moyens d'arriver à ce but.

§ 3. *Intérêts coupables dans lesquels le sophisme prend sa source.*

Si nous avions la puissance de ce magicien qui, d'un seul coup de sa baguette, faisait tomber les déguisements de ses méchants adversaires, et mettait à nu leur cœur et leur pensée ; si nous pouvions toucher de cette baguette mystérieuse quelques-uns de ces frénétiques qui répètent avec horreur le cri d'innovation, et signalent avec épouvante le monstre de l'anarchie, nous aurions le véritable sens de leurs pensées, et voici comment on pourrait les traduire en mots intelligibles :

1. Je suis un homme de loi, dirait l'un, un juge qui se nourrit de chicane : l'argent que je gagne, le pouvoir que j'exerce, la réputation dont je jouis, re-

posent sur les abus de la loi, sur les délais, les vexations et les frais de la procédure. Que l'on vienne attaquer ces abus, on attaque mon bien-être, et je crie à l'innovation.

2. Je suis un sinécuriste, s'écrie un autre ; je reçois par an **58,000** livres sterling[1] pour ne rien faire ; et, n'ayant guère plus d'intelligence que de probité, je n'ai jamais ouvert la bouche pour dire quelque chose de sensé ; mais en entendant crier : « Pas de sinécures ! » je viens me joindre à ceux qui crient : « Pas d'innovation ! » dans l'espoir d'étouffer dans la tempête de nos voix réunies les voix des réformateurs.

3. Je suis un industriel, dit un troisième ; j'ai acheté un siége au parlement pour vendre mon vote ; ce trafic est si profitable, que je vois dans tout changement la ruine de cette fertile branche de commerce ; et je crie de toutes mes forces : « A l'innovation, à l'anarchie ! »

4. Je suis un prêtre, dit un quatrième ; j'ai prouvé, à la satisfaction générale de tous les orthodoxes, que le pape était l'antéchrist ; mais j'ai trouvé dans mon édition de l'Évangile que les apôtres vivaient dans des palais, et comme l'innovation et l'anarchie voudraient renverser nos somptueux presbytères, après avoir toute ma vie crié : « A bas le papisme, à bas les écoles mutuelles, à bas l'instruction du peuple ! » je recueille les faibles restes de

[1]  950,000 francs.

mon souffle pour me joindre au chœur glorieux
de ceux qui crient : « A bas l'anarchie , à bas l'innovation ! »

## CHAPITRE III.

**SOPHISME DE DÉFIANCE. — CETTE MESURE CACHE UN PIÉGE.**
(*Ad metum.*)

Cet argument peut être considéré comme une modification particulière du sophisme de l'innovation.

Une mesure est proposée , si manifestement utile
et si éloignée de tout danger, qu'il n'y a pas moyen
de crier à l'innovation. Mais l'anti-novateur reste-
t-il muet ? Non ; voici la ressource qu'il emploie :
« Dans ce que l'on vous propose, dit-il , il n'y a
« peut-être aucun danger ; mais considérez quels
« sont les auteurs de la proposition, et soyez con-
« vaincus que , derrière ces prétendus bienfaits , se
« cachent de ténébreux projets. Si vous laissez pas-
« ser ces mesures en apparence innocentes , d'au-
« tres , d'un caractère plus dangereux , les suivront ,
« et devront passer de même. »

L'absurdité de cet argument est trop manifeste
pour que sa réfutation exige de grands développements.

D'abord il commence par admettre le mérite de
la mesure en question ; il renferme ainsi en lui-
même la preuve de sa futilité ; cependant, par l'évi-
dence de cette futilité, il jette dans un certain embarras : il puise pour ainsi dire sa force dans sa

faiblesse, car on ne sait d'abord comment répondre à ce qui en soi n'est rien.

Que deux mesures, A et B, soient proposées en même temps, A étant une bonne mesure, B une mauvaise, rejeter A à cause de B serait assurément bien absurde. Mais le sophisme dont il s'agit va beaucoup plus loin. Deux mesurss sont proposées, toutes deux incontestablement utiles, sans qu'on puisse leur opposer aucune objection ; cependant il faudrait les rejeter, non qu'il y ait en elles quelque danger, mais parce qu'il y a quelque possibilité de danger dans d'autres que personne ne connaît et dont l'existence même est plus que problématique.

Si un pareil argument prouve quelque chose, il prouve qu'aucune loi ne pourrait jamais être proposée, qu'aucune réforme n'aurait dù jamais être acceptée, et que par conséquent toute mesure législative ou gouvernementale est un danger, ou plutôt que toute loi et tout gouvernement est un danger.

Ces principes politiques sont absolument ceux que l'on attribue à Hérode dans le massacre des innocents ; et les hommes qui font valoir ces principes doivent avouer qu'à la place d'Hérode, ils eussent agi comme lui.

# CHAPITRE IV.



Ce sophisme consiste à considérer toute censure des hommes en place comme une attaque contre le gouvernement lui-même, comme un signal de guerre civile et d'anarchie.

Ce n'est pas sans raison, assurément, que ce sophisme est regardé par ceux qui l'emploient comme étant de la plus grande importance ; car si une fois on l'admet, tous ceux qui vivent des abus d'une mauvaise administration, ou qui en tirent quelque profit, pourront se maintenir en possession de ces abus sans craindre de se voir troubler dans leurs jouissances. Les hommes les plus dévoués à la vérité seront repoussés ou punis, et l'opulence et le pouvoir seront accordés à ceux pour qui le bonheur des citoyens est un objet de mépris ou au moins d'indifférence. La récompense sera pour celui qui fait le mal, la peine pour celui qui le combat.

Tant qu'il y a dans l'administration des affaires publiques des réformes à signaler ou des abus à combattre, toutes les critiques que l'on peut en faire se réduisent à deux chefs : 1° la conduite des individus qui dirigent les affaires ; 2° le système général du gouvernement qu'ils représentent. Or, il faut en convenir, on ne saurait attaquer ni le sys-

tème ni les agents qui appliquent ce système, sans
appeler sur le système ou sur les agents plus ou
moins de réprobation ou de mépris, selon l'importance et l'étendue du vice que l'on signale. Mais en
résulte-t-il pour le gouvernement lui-même des
conséquences nuisibles ? c'est là qu'est toute la
question.

Or, je dis que c'est confondre à dessein les mots
et les choses. Assurément, il est peu de personnes
dans ce pays qui aient pour but avoué d'appeler le
mépris sur les grandes institutions qui font la sécurité de tous. Personne, que je sache, n'attaque la
royauté, le parlement ou la magistrature. Mais il
n'en est pas moins permis de signaler la mauvaise
direction que des ministres donnent à la volonté
royale, la corruption et l'ignorance de la plupart
de nos députés, la rivalité et la partialité de la plupart de nos juges.

Bien loin de voir de l'aversion et du mépris pour
le gouvernement chez l'homme qui témoigne de
l'aversion ou du mépris pour tels ou tels agents du
gouvernement, j'y vois au contraire la preuve de
sentiments tout opposés. Que désire-t-il en effet ?
Non pas que le gouvernement reste sans direction,
mais qu'il soit confié en de meilleures mains ; non
pas que le pouvoir reste désarmé, mais qu'il soit
mieux exercé ; non pas que dans l'exercice du pouvoir il n'y ait ni règles ni principes, mais que ces
règles et ces principes soient mieux déterminés.

Tout gouvernement est une tutelle ; toute charge

du gouvernement est une tutelle ; et ce n'est que par sa grandeur et son importance qu'elle diffère d'une tutelle privée. Or, si je me plains de la conduite d'un individu en son caractère de tuteur, pourrait-on en conclure que je veux attaquer l'institution de la tutelle? Si je me plains des imperfections de la loi relative aux tutelles, est-ce à dire que je ne veux d'aucune loi sur la tutelle?

Il est absurde de penser que l'obéissance aux lois sur lesquelles repose la sécurité de tous, la propriété, l'honneur et la réputation de chacun, dépende de l'opinion qu'on peut émettre sur la probité ou l'intelligence d'un fonctionnaire, ou sur l'accusation qu'on peut porter contre le système en vertu duquel il agit.

Quand même les fonctions du gouvernement seraient exercées beaucoup plus mal qu'elles ne le sont, chacun sait fort bien que c'est le gouvernement qui est le lien d'unité de la nation ; que c'est du gouvernement, comme agent d'ordre, qu'il doit attendre une protection contre les hostilités intérieures et extérieures. C'est donc pour sa propre sûreté, et indépendamment des personnes qui gouvernent ou du système qui dirige ces personnes, que chaque individu se soumet à l'autorité publique.

S'il était même disposé à refuser son obéissance, sa résistance serait inutile et sans effet, s'il n'était appuyé par beaucoup d'autres, disposés comme lui ; et cet état de choses ne pourrait résulter que d'un sentiment commun de mécontentement général,

et non de quelques plaintes isolées. Il n'y a en Tur-
quie aucun droit de plainte, aucune liberté de la
presse, et cependant c'est de tous les États connus
celui où les révoltes et les révolutions sont les plus
fréquentes et les plus violentes.

En effet, il faut de toute nécessité recourir à la
violence illégale ou à la critique légale. Et dans ce
dernier cas, aucun changement utile ne peut être
obtenu qu'en exposant l'incapacité et la corruption
de ceux qui gouvernent, ou les vices du système
qui les fait agir. Mais conclure de là qu'on veut
dissoudre tous les liens du gouvernement et compromettre le pouvoir dans son essence, c'est une
ruse grossière ou une impardonnable erreur.

Lorsque les sentiments et la conduite d'un homme
subissent l'influence de l'opinion publique, comme
cette opinion est toujours en harmonie avec les
principes de l'utilité générale, plus la réputation de
cet homme dépendra de sa probité et de son intelligence, plus il s'efforcera d'être probe et intelligent :
moins sa réputation dépendra de ces qualités, moins
il sentira le besoin d'en faire preuve.

Mais si sa réputation est attachée à sa place ainsi
que ses émoluments, il ne se mettra pas plus en
peine de mériter sa réputation que ses émoluments.
Il la considérera simplement comme un supplément
de solde.

Il est donc de l'intérêt du public que cette portion de respect qui s'attache habituellement à la
place elle-même, indépendamment du mérite de ce-

lui qui la remplit, soit la plus petite possible. Mais ce serait tout le contraire, si le sophisme dont nous nous occupons renfermait quelque vérité, c'est-à-dire si la stabilité du gouvernement ou son existence dépendait du degré de respect accordé aux différents individus qui tiennent le pouvoir.

Au contraire, il est de l'intérêt des hommes en place de consacrer à la place le plus de respect possible, afin qu'ils n'aient pas la peine de gagner par leur conduite ce qui nécessairement s'attache à leur position. Aussi est-ce leur pratique constante de se retrancher derrière le gouvernement, de s'écrier qu'en les attaquant on attaque le gouvernement, faisant ainsi à dessein une confusion perpétuelle entre le pouvoir et les agents du pouvoir.

Cependant c'est cette liberté d'attaquer un agent ou un système qui fait la seule différence entre un gouvernement libre et un gouvernement arbitraire, entre un État où la majorité commande et un État où la majorité obéit.

On n'oppose à cela qu'une seule objection, c'est que l'accusation peut être fausse. Nous voulons bien admettre que cela puisse arriver ; mais pour une accusation fausse, combien y en a-t-il de vraies ? Faudrait-il donc repousser ces nombreuses vérités à cause d'une seule erreur ?

Malheureusement, il n'y a pas à prendre de moyen terme. Si l'on n'admet aucune accusation, on exclut, il est vrai, toutes les accusations injustes ; mais on exclut en même temps toutes les accusations justes. Si l'on admet toutes les accusations, on risque aussi d'en admettre d'injustes. Cela est incontestable. Mais puisqu'entre deux maux il y a nécessité de choisir, il ne reste plus qu'à faire une balance. Or, je le dis, sans craindre de me tromper, le moindre des maux est l'admission de toutes les accusations. Prenez le parti contraire, et vous laissez les agents du pouvoir sans contrôle et sans frein, et vous les verrez marcher d'abus en abus ; car les intérêts corrupteurs agissant sans contrepoids, l'administration suivra la règle de leur incapacité et de leurs vices.

Admettez au contraire toutes les imputations, justes et injustes, le mal qui en résulte est si léger, qu'à peine peut-on lui donner ce nom. D'ailleurs, avec les imputations injustes, n'admet-on pas le droit de défense? Et quant aux moyens de défense, l'accusé n'a-t-il pas bien plus d'avantages que l'accusation? N'a-t-il pas pour lui l'autorité de sa place, la protection de ses collègues, la facilité des preuves ; et si le talent lui manque, n'a-t-il pas à sa disposition toutes les faveurs du gouvernement pour engager dans sa cause les défenseurs les plus habiles?

Qu'on ne dise pas : « Mais c'est là une persécution à laquelle un homme d'honneur ne voudra pas s'exposer, une persécution tellement intolérable, qu'elle éloignerait des affaires publiques des hommes du plus haut mérite. »

Une pareille objection vaut à peine une réfutation sérieuse. N'est-ce pas une vérité triviale que la censure est un tribut imposé aux emplois éminents? Quel est l'homme qui ne doute qu'elle ne forme un accessoire inévitable de toute situation politique? S'il s'agissait d'une place sans émoluments, sans récompense, d'une place où il fallùt enrôler des employés par force, l'observation pourrait avoir quelque fondement; mais dans les emplois dont il s'agit, y a-t-il rien de semblable?

Cette observation, d'ailleurs, renferme une contradiction dans les termes. L'homme auquel on attribue cette sensibilité exquise est, dit-on, *un homme d'honneur*; mais serait-ce donc un homme d'honneur que celui qui ne voudrait accepter une place qu'à condition de n'être soumis à aucune censure? Ne serait-ce pas avouer que sa conduite ne sera pas ce qu'elle devrait être? N'est-ce pas demander par avance le droit d'exercer un despotisme sans contrôle, une tyrannie sans frein? C'est là, en effet, la pensée secrète de ces fonctionnaires qui, assis sur les siéges de la justice ou sur les trônes du parlement, font parade de leur dévoûment pour mieux servir leurs intérêts, et se plaignent des chaines du pouvoir pour mieux resserrer celles de l'oppression.

Pour celui qui accepte un emploi civil, il est évident qu'il est exposé à des imputations dont quelques-unes peuvent être injustes. Pour celui qui accepte un grade militaire, il est évident qu'il est exposé aux dangers de la guerre. Dire que l'un ne voudra pas accepter un emploi civil parce qu'il craint la censure, serait aussi sensé que de dire

que l'autre ne voudra pas accepter un grade militaire parce qu'il craindrait le danger.

Dans de telles circonstances, il n'est pas facile de
voir comment un fonctionnaire public aurait tant
de répugnance à fuir une place dans la crainte de
quelques imputations injustes. Je n'y vois pour ma
part qu'un excitant pour le forcer à surveiller sa
conduite, en lui donnant le sentiment d'une responsabilité qui est la première condition d'un bon gouvernement.

Toutefois, lorsque ces imputations reposent sur
de fausses données, la loi protège avec justice le
fonctionnaire public contre de téméraires accusateurs, même quand il n'y a pas mauvaise foi ; à
bien plus forte raison quand la mauvaise foi existe.
Où donc est le danger d'affaiblir le gouvernement
dans la personne de ses agents, puisque ces agents
ne peuvent être accusés impunément, à moins qu'il
n'y ait des preuves qu'ils sont accusés justement.

Du reste il nous suffit, pour démontrer la fausseté du sophisme, d'examiner les faits tels qu'ils se
passent tous les jours sous nos yeux, et d'étudier
les principes fondamentaux de notre constitution.

N'a-t-on pas établi comme une des premières règles de la constitution anglaise, qu'une opposition
était un ressort aussi nécessaire à l'action du gouvernement, que le régulateur l'est à une pendule?
Mais de quelle manière l'opposition peut-elle agir,
si ce n'est en cherchant à déprécier les hommes
qui gouvernent ou le système qui les fait agir? et en

effet, il serait aussi raisonnable d'accuser l'horlo-
ger de vouloir détruire la pendule en y introduisant
un ressort nouveau, que d'accuser l'opposition de
vouloir détruire le pouvoir en y appelant des hommes nouveaux.

D'après la constitution anglaise, l'obéissance au
pouvoir est entièrement indépendante de l'estime
pour les hommes du pouvoir ; et même, plus cette
indépendance est complète, plus est assurée la stabilité et la prospérité de l'État.

Une des qualités particulières que l'on vante
dans la constitution anglaise, c'est que l'existence
du gouvernement, et même sa bonne direction,
sont indépendantes des vices ou des vertus du monarque, et de la place qu'il occupe dans l'estime
du peuple. Supposez les bonnes qualités du monarque arrivées jusqu'à la perfection, tout contrôle est inutile ; mais supposez ses vices poussés à
l'excès, sous une constitution qui admet le contrôle, plus ce contrôle sera puissant et énergique,
moins les effets de ces vices seront à craindre ; et
les affaires publiques se feront sans qu'il en résulte
un mal sérieux.

Dans une occasion récente, on s'est soulevé avec
emportement contre l'audace de certains pétitionnaires qui, en demandant la réforme électorale,
cherchaient à déprécier la chambre des communes
dans l'esprit du peuple. Certes il était bien naturel
que les individus dont on signalait la corruption et
l'ignorance trouvassent les pétitions offensantes pour

eux ; mais il n'est permis à aucun homme impartial de soutenir que ces moyens soient dangereux et contraires aux principes de notre constitution.

Que disaient en effet ces pétitions ? que dans l'état actuel des choses, les membres de cette chambre ont des intérêts séparés des intérêts du peuple qu'ils représentent ; qu'ils sont trop dépendants de la couronne, trop indépendants de la nation ; que cette coupable dépendance d'une part, cette coupable indépendance de l'autre, est maintenue par une corruption d'autant plus dangereuse qu'elle sait habilement se déguiser sous des formes légales.

Mais il est clair que, si dans ces circonstances on désire parvenir à quelque changement, ce changement ne peut être obtenu qu'en dépréciant dans l'estime du peuple les agents corrupteurs et corrompus, et le système qui les fait agir, et ceux qui défendent ce système. Sans ce moyen et en dehors de ce moyen, il est impossible d'obtenir un changement, à moins qu'on n'ait recours à la violence.

On veut bien nous accorder cette vérité : aussi, nous répond-on : ce n'est pas la censure des hommes et des choses que nous trouvons condamnable, mais bien la manière irritante avec laquelle s'exerce cette censure, la violence des attaques, l'aigreur des accusations, toutes choses qui ont pour effet d'aliéner les personnes mêmes auxquelles on s'adresse pour obtenir remède.

Ce reproche est quelquefois mérité, j'en conviens, et c'est alors un grand mal ; pourtant cela ne prouve rien contre le droit de censure, mais uniquement contre la manière d'exercer ce droit.

Quels que soient les termes dans lesquels on attaque un abus, il est impossible qu'ils ne soient pas plus ou moins offensants pour ceux qui vivent de cet abus. Plus même l'abus sera criant, plus les termes de la censure seront irritants, parce que l'indignation de l'accusateur devant nécessairement être proportionnée à l'énormité de l'abus, les termes de l'accusation seront proportionnés à cette indignation. La cause de l'irritation est donc moins dans la forme que dans la substance ; aussi, quelle que soit la forme de l'attaque, elle produira une irritation d'autant plus grande qu'elle obtiendra plus d'effet. Car c'est l'effet produit ou à produire qui fait agir l'un et résister l'autre.

D'ailleurs, s'il s'agit d'un abus qui profite au petit nombre et soit contraire aux intérêts de la majorité, s'il s'agit, par conséquent, de s'adresser à la multitude pour la rappeler au maintien de ses droits, il faut de toute nécessité employer certaines formes de langage qui puissent exciter chez les autres la même indignation que l'orateur ressent lui-même. Dans ce cas, un simple exposé de l'abus ne produirait aucun effet sur le public : un argument abstrait, quelque solide qu'il fût, suffirait à peine. Il faut que la force de l'argument soit appuyée sur la force de l'expression, et cette force d'expression entraîne nécessairement à une vivacité de termes qui attire le reproche d'animosité et de violence.

Mais, en supposant qu'il y ait violence, veut-on en connaître la véritable cause? elle est bien moins dans l'esprit de ceux qui attaquent que dans la résistance de ceux qui sont attaqués. Si les hommes qui profitent des abus se laissaient persuader par de bonnes raisons, que ces abus doivent avoir un terme, il serait sans doute inutile de recourir à cette éloquence qui remue les passions ; mais, dès qu'il s'agit de réforme, il s'élève aussitôt un cri d'indignation dans les rangs de ceux que doit atteindre cette réforme, et toujours ce sont eux qui donnent le premier signal de la violence. Leur colère est toute naturelle sans doute ; mais elle serait même un habile calcul ; car s'ils laissaient la discussion s'engager dans des termes modérés, leurs adversaires, appuyés sur la raison et la vérité, auraient un trop grand avantage, tandis que la passion des accusés provoque celle des accusateurs, qui se laissent ensuite entraîner trop loin, en effrayant les timides. Ceux-ci ne voient plus que les violences de la discussion, et condamnent ceux qui l'ont soulevée.

De tous les arguments qu'emploie le sophisme, le reproche de violence étant un des plus puissants, il devient important de ne pas le mériter, et pour cela il faut surtout se tenir en garde contre les provocations irritantes de ceux qui, profitant des abus, ne reculent devant aucun moyen pour les rendre durables.

# TROISIÈME PARTIE.

---

## SOPHISMES DILATOIRES.

LEUR SUJET EST LE DÉLAI SOUS DIVERSES FORMES, LEUR OBJET EST DE RECULER LA DISCUSSION, AFIN DE L'ÉLUDER.

---

## CHAPITRE I^er.

### SOPHISME DU QUIÉTISTE. (*Ad quietem.*)
[ Personne ne se plaint. ]

Une loi nouvelle étant proposée pour la réforme de certains abus, dont l'existence n'est pas contestée, dont les effets pernicieux sont reconnus, le sophiste, tout en avouant l'abus, vous fait les objections suivantes : « La mesure est inutile ; personne « ne se plaint de cet abus auquel vous voulez porter « remède. Or, dans un gouvernement comme le « nôtre, où l'on se plaint si souvent sans cause, on « ne se tairait pas s'il y avait quelque juste sujet de « plainte. » L'argument revient à ceci : « Personne « ne se plaint, donc personne ne souffre. » C'est un *veto* absolu contre toutes les mesures de précaution et de répression, qui tend à établir une maxime de

législation en opposition directe avec les règles les
plus ordinaires de la prudence ; c'est nous dire de ne
construire sur nos ponts aucun parapet, jusqu'à ce
que le nombre des accidents ait soulevé une cla-
meur universelle.

L'argument serait assez plausible, s'il y avait
quelque succès à attendre d'une plainte fondée, si le
silence de ceux qui souffrent ne venait pas d'un désespoir occasionné par l'inutilité de leurs plaintes
antérieures.

Pour adresser au parlement des plaintes sous
forme de pétitions, combien faut-il de temps et de
dépenses ! Or, pour une perte certaine de temps et
d'argent, on ne trouve pas de compensations suffisantes dans des espérances incertaines. Comment,
d'ailleurs, ces espérances pourraient-elles être con-
çues par un homme quelconque, qui serait tant soit
peu au fait de la constitution du parlement ? Des
députés qui ne dépendent pas du peuple, qui sont
irresponsables envers lui, ne sauraient avoir aucun
motif d'écouter des plaintes dont la satisfaction com-
promettrait leurs propres intérêts.

Et puis, combien de plaintes sont étouffées par
la crainte d'attaquer des hommes puissants, et de
s'attirer des ressentiments qui ajouteraient aux maux
que l'on souffre déjà !

Assurément, la plus grande source des afflictions
de ce pays provient de cette masse compliquée de
maux qui résultent de l'incertitude, des délais, des
dépenses et des vexations de la procédure judiciaire.

Ces maux sont tellement étendus que, dans toute la population, il n'y a pas un seul individu, qui à chaque instant de sa vie, n'y soit exposé ; il n'y a guère d'hommes avancés en âge qui, d'une manière ou d'autre, n'en aient souffert. Le prix auquel s'escompte, ce qu'on appelle la justice est tel, que tout espoir de l'obtenir jamais est interdit aux dix — neuf vingtièmes de la population. Quant à ceux qui peuvent, non pas l'obtenir, mais l'acheter, on leur vend la justice à un taux si exorbitant que les moins riches se trouvent ruinés par l'acquisition, et que même les plus riches y regardent à deux fois avant de s'exposer au brigandage de la loi.

Auprès de cette plaie, toutes les autres plaies politiques disparaissent. Les hommes de loi et les hommes de finances ont combiné la puissance inventive de leur avidité réciproque, pour que dans toute situation de la vie, tout citoyen pût être soumis aux tortures morales et pécuniaires de cette détestable procédure. Quant à ce qui regarde l'homme de finances, si au lieu d'un dixième du revenu, les impôts sur la propriété en absorbaient les neuf dixièmes, un nouveau surcroît sur ces énormes impôts serait encore un soulagement en comparaison de la somme des contributions indirectes, qu'arrache *la justice*.

Car l'impôt sur le revenu ne frappe que la richesse relative, et augmente en proportion de la richesse, c'est-à-dire en proportion de la facilité de le supporter. Les impôts de la procédure tombent, au contraire, exclusivement sur ceux qu'elle trouve dans l'affliction. La procédure ajoute à leurs tourments, leur enlève plus qu'ils ne réclament, et confond dans une égale haine ceux qu'elle favorise et ceux qu'elle condamne.

Voilà pourtant un sujet de plainte pour tout citoyen sans exception ; voilà l'injustice, l'oppression, la souffrance portées à l'extrême : et cependant personne ne se plaint. Pourquoi ? Parce que l'union des intérêts corrupteurs, l'alliance intime de l'homme de loi et du financier rendent toute plainte inutile.

---

# CHAPITRE II.

### SOPHISME DES FAUSSES CONSOLATIONS. (*Ad quietem.*)

Ce sophisme consiste à écarter une mesure, en opposant au tableau d'un abus particulier, soit le bonheur général de la nation, soit les avantages dont le peuple jouit comparativement à d'autres nations. « De quoi vous plaignez-vous ? Que vous « faut-il de plus ? Jetez les yeux sur les peuples « voisins. Voyez combien votre état est préférable « au leur. Votre prospérité et votre liberté sont « pour eux des objets d'envie ; vos institutions sont « des modèles qu'ils cherchent à imiter. »

Ce sophisme, ainsi que tous les autres, a le tort d'être étranger à la question, et le rapprochement ne signifie rien relativement à l'abus que l'on veut détruire.

L'individu qui se paie si facilement de cet argument, ne serait pas si complaisant s'il s'agissait de lui-même. Prenez l'un de ces orateurs qui viennent de le débiter, ou l'un de ces sages qui viennent de l'accepter. Que son fermier, au lieu de payer sa rente, lui représente la prospérité générale du pays ; se contenterait-il de ce mode de paiement? Ce serait pourtant le solder en sa propre monnaie. Supposons, dans une cour de justice, une action en dommages-intérêts : est-il jamais venu à l'idée du plus malicieux avocat, d'opposer les bénéfices d'un tiers comme une fin de non-recevoir? Et cependant, quelle importance ont des intérêts privés, auprès des intérêts qui sont confiés à une assemblée législative? Et que serait l'injustice d'un juge qui déciderait en ce sens, en comparaison de l'injustice du législateur qui se laisse entraîner à de pareils sophismes?

Il n'existe aucun cas possible, où l'on ne put tirer de cet argument une objection contre la plus légère amélioration. Supposez une loi pour améliorer une route, ou pour en ouvrir une nouvelle entre deux localités privées de communications. Y a-t-il un seul homme qui osât se lever pour la combattre, sans alléguer une autre raison que le grand nombre ou la bonté des routes déjà établies? Non, sans doute : lorsqu'un pareil argument est sérieusement émis, en opposition à une loi, ce n'est que pour faire une diversion, pour détourner les esprits de l'objet en question, vers un tableau plus séduisant, dont la beauté puisse distraire l'attention de l'assemblée, en lui faisant oublier le véritable sujet de la délibération.

---

# CHAPITRE III.

### SOPHISMES DES AJOURNEMENTS. (*Ad socordiam.*)

Quoique pour ce genre de sophisme les expressions varient à l'infini, il est dans sa nature d'une extréme simplicité.

A ce sophisme appartiennent toutes les variétés de mots qui servent à paraphraser le mot *prématuré* : on repousse une mesure uniquement parce qu'elle vient trop tôt; mais on se garde bien d'alléguer aucune preuve, telle que serait par exemple le défaut d'informations suffisantes ou la convenance de quelque mesure préparatoire, etc.

Ce mode d'objection appartient surtout à ces hommes qui, étant d'esprit et de cœur hostiles à une mesure de réforme, ont peur et honte d'avouer leurs sentiments. Ils conviennent que la loi n'est pas absolument mauvaise; mais ils ne croient pas le moment bien choisi; il serait peut-être prudent d'attendre. C'est ainsi qu'ils font d'une question de principes une question d'opportunité. Mais soyez certain que cet homme qui recule devant le bien aujourd'hui, n'a nullement l'intention de l'accepter demain. L'ajournement n'est qu'une opposition lâche et hypocrite; une malveillance honteuse de se produire, et se déguisant pour frapper. C'est, en matière de législation, un de ces moyens exceptionnels sans cesse invoqués au barreau par ces plaideurs frauduleux, qui n'ont d'autre ressource, pour triompher, que de ruiner ou de lasser leurs adversaires à force de délais et de vexations.

Une réfutation sérieuse d'un prétexte si frivole, ne serait que du temps perdu. L'objection existe dans la volonté et non pas dans la raison de celui qui la fait.

« Est-il permis de faire le bien un jour de sabbat? » Telle fut la question adressée à Jésus par les hypocrites pharisiens. Les doutes et les terreurs des pharisiens parlementaires ressemblent aux scrupules de leurs prototypes hébreux. Ni la réponse ni l'exemple de Jésus n'ont corrigé ces scrupules. Soyez persuadé que l'homme qui propose d'ajourner le bien, voudra l'ajourner toujours. Celui qui dit qu'il est trop tôt aujourd'hui, dira demain qu'il est trop tard.

Il est vrai que dans le cas d'une réforme importante, le délai pourrait être conseillé par un ami de la réforme ; dans ce cas ce ne serait pas un sophisme, mais une mesure de haute prudence, qui malheureusement est trop souvent nécessaire.

Je ne sais ce qu'il en sera dans les siècles futurs ; mais jusqu'ici, les torts du peuple n'ont pas consisté dans de vaines clameurs contre des maux imaginaires, mais bien dans son insensibilité pour des maux réels. S'il n'était insensible qu'au mal lui-même, ce serait un bonheur ; mais tout en souffrant

du mal, il en méconnaît la véritable cause, et c'est
pour cela qu'il n'en demande pas compte à ses véritables auteurs.

---

# CHAPITRE IV.

**SOPHISME DES LENTEURS.** (*Ad socordiam.*)

> Il ne faut pas aller trop vite. Ne faisons pas
> trop de choses à la fois.

On propose une mesure de réforme qui, pour
produire entièrement son effet, exige un certain
nombre d'opérations qui peuvent se faire toutes à
la fois ou successivement, sans intervalles ou avec
de courts intervalles. Le sophisme actuel consiste à
présenter comme seule règle de sagesse la lenteur,
la circonspection et la marche graduelle. On sépare
les opérations qui doivent s'enchaîner, on cherche
à morceler la mesure pour l'annihiler. Pour mieux
réussir dans cette voie d'hypocrisie, la marche graduelle est escortée de toutes les épithètes flatteuses ;
elle est tempérée, elle est paisible, elle est conciliante.
D'où il faut nécessairement conclure que la marche
opposée est téméraire, dangereuse et violente.

Ce sophisme ne tend à rien moins qu'à trouver
dans un mot vague un prétexte pour ne pas finir une
multitude de choses contre lesquelles le sophiste
lui-même ne trouve aucun argument plausible.

Supposez cinq ou six abus qui ont tous besoin d'être réformés avec une égale promptitude. Le sophisme, sans autre raison que celle qui est contenue dans le mot *graduel*, demande que tous ces abus continuent de subsister, à l'exception d'un ou deux.

Ou bien, ce qui est plus clair, supposez que pour la destruction complète d'un abus, il faille six opérations, toutes nécessaires pour que l'abus disparaisse. Afin d'éviter à la réforme le reproche de violence ou de précipitation, afin de lui mériter la gloire d'être graduelle, modérée et conciliante, vous soutenez qu'il ne faut s'occuper que successivement de chaque opération. L'une ne doit être proposée que durant cette session ; l'autre doit être remise à la session prochaine. Mais la session prochaine étant venue, il n'en est plus question, et la réforme se perd dans les distractions législatives.

Un procès qui pour être jugé sainement ne demande que six semaines ou six jours, ou même six heures dans un jour, doit-il donc durer six ans ?

La justice à laquelle le riche et le pauvre ont un droit égal est mise, par l'énormité des frais, hors de la portée des neuf dixièmes de la population. On propose de réduire les frais. Vous admettez l'étendue du mal, vous ne contestez pas la nécessité du remède ; mais avec le charme magique de trois syllabes, avec le son harmonieux du mot *graduel*, vous bornerez le remède à la réduction d'un dixième de la dépense. Quelque temps après vous supprimerez un autre dixième, et ainsi de suite, de manière que dans un siècle ou deux, la justice puisse devenir accessible à tous.

Transportez maintenant ces applications aux réformes de la vie privée. Supposez un homme à qui sa fortune ne permet pas d'entretenir sans s'endetter un seul cheval, mais qui depuis quelque temps est accoutumé à en avoir six. Pour transférer sur ce théâtre domestique la sagesse et le bénéfice du système graduel, voici le langage qu'il vous faudra tenir à votre ami : « Employez la première année à considérer lequel de vos chevaux il vous faudra d'abord réformer ; l'année suivante, si vous êtes décidé sur le choix, vous en vendrez un. Par ce sacrifice vous aurez établi la sincérité de vos intentions et votre réputation d'économie ; après quoi tout sera dit, et vous en resterez là. »

La grande source d'erreur dans ce sophisme, c'est qu'on se laisse préoccuper par quelque métaphore qui présente l'image d'une catastrophe physique amenée par un excès de précipitation, par exemple, un malade tué par une saignée trop hâtive, un char emporté par des coursiers fougueux, un vaisseau brisé par un vent impétueux. Mais toutes ces images supposent un degré de précipitation, qui serait par trop apparent pour ne pas faire rejeter la mesure, si les réformateurs s'avançaient ainsi sans calcul et sans prudence. Lorsque la mesure justifiera l'application d'un de ces métaphores, elle se condamnerait elle-même ; mais lorsque ces métaphores ne seront que des inventions poétiques, ceux qui les emploient conviennent qu'il ne leur reste pas à invoquer un argument sérieux.

Les diverses confréries politiques, intéressées dans le maintien des abus, ont chacune, proportionnellement à l'importance de leur part dans ces abus, un intérêt à faire leur profit de tous les sophismes. Mais quant à l'abus qui nous occupe, nul ne l'a mieux exploité que la confrérie des hommes de loi. La décision d'un point litigieux exigeant de la réflexion, et la réflexion étant d'autant plus nécessaire que le cas est plus compliqué, ils ont réussi à établir une sorte de connexité entre l'idée de délai et l'idée de sagesse. Ce n'est pas que les délais de la procédure tendent réellement à rien ajouter à la justice de la décision; mais c'est une erreur depuis long-temps répandue à dessein, et maintenue par les avocats et les juges; et c'est probablement à cette erreur qu'il faut attribuer le succès qu'obtient toujours le sophisme des lenteurs.

Toutefois, le partisan de la réforme se trouve, dans certains cas, obligé de se prêter à cet argument et de consentir à des délais dont il n'admet pas la justice, mais dont il reconnaît la nécessité. Si, par exemple, il a douze abus à attaquer dans le sein du pouvoir législatif, chacun de ces abus ayant parmi les députés leurs protecteurs intéressés, qu'il les attaque tous à la fois, les diverses phalanges des intéressés se réunissent et triomphent par leur union; qu'il les attaque séparément, il est possible qu'il n'ait à combattre qu'une seule des phalanges.

Possible! oui, mais est-ce probable? Dans chaque branche du service public, il y a une classe de serviteurs officiels, dont chacun a son intérêt à maintenir la source d'abus où il puise; chacun sent dès-lors qu'il y a dans les abus une sorte de solidarité qui établit entre eux une affiliation naturelle, et, pour mieux tromper les timides, ils font toujours remonter toutes les attaques vers la personne royale, vers le patron universel, le dispensateur de tous les honneurs et de tous les abus, chez qui viennent se réunir en un seul lien tous les intérêts corrupteurs. C'est là une tactique où personne n'est en défaut; elle est parfaitement comprise de tous, même de ceux qui ne comprennent rien autre chose.

*Hoc discunt omnes ante alpha et beta puelli.*

S'il existe un cas où les réformateurs aient dû consentir aux lenteurs de la marche graduelle, c'est sans doute alors que toute autre condition eut été sans effet.

Avec le système actuel de représentation, les portes de la chambre ne s'ouvrent qu'à l'opulence. Il en résulte que l'intelligence législative de la plupart des membres ne peut être qu'un effet sans cause. Aussi, même en leur supposant des intentions pures, ils marchent avec tant de timidité et de réserve, que la lenteur devient pour eux un mérite de première nécessité, et qu'ils ont besoin de se recueillir chaque fois qu'ils font un pas. Ils ressemblent au voyageur qui, se trouvant de nuit dans un chemin parsemé de précipices, n'avance un pied

qu'après avoir affermi l'autre. Le temps est nécessaire pour rassurer les timides : sans doute, mais
pourquoi? Parce que le temps est nécessaire pour
éclairer l'ignorance.

---

# CHAPITRE V.

**SOPHISME DES DIVERSIONS ARTIFICIEUSES.** (*Ad verecundiam.*)

Ce sophisme peut s'expliquer par la recette suivante qui sert à le mettre en usage.

On propose une mesure qui ne s'accorde ni avec
votre intérêt ni avec vos inclinations; mais comme
son utilité est incontestable, il ne vous paraît pas
prudent de l'attaquer ouvertement. Mettez en avant
quelque autre mesure, relative ou non à celle qui
est sur le tapis, et qui puisse dans l'esprit de vos
auditeurs passer pour égale ou supérieure. « Pour-
« quoi cette mesure? dites-vous ; et pourquoi pas
« celle-ci ou celle-là? » Par ce moyen vous opérez
une diversion, en détournant l'attention du projet
qui vous déplaît.

Il y a un cas cependant où cet argument ne mériterait pas le nom de sophisme; c'est lorsque la mesure d'abord proposée deviendrait un obstacle à une
mesure plus utile.

Mais lorsque la première mesure est d'une utilité
incontestable, ceux qui ne s'y opposent que parce

qu'elle est contraire à leurs intérêts privés, trouvent commode de déguiser leur opposition, en proposant des mesures rivales qui jettent de la confusion dans la discussion, font perdre le temps et égarent les esprits indécis.

Les ministres savent en général employer ce sophisme avec une très-grande habileté. Lorsqu'il s'agit d'un plan de réforme auquel ils ne voient plus d'opposition possible, ils prennent soin de s'emparer du plan et de son exécution, et ils annoncent qu'ils sont prêts à céder aux vœux de la chambre, en préparant eux-mêmes un projet de loi sur la réforme demandée. Mais comme il faut le temps nécessaire pour bien mûrir ce projet, le ministère éprouve le besoin d'en remettre la discussion à la session suivante.

La session suivante arrive. La mesure est d'une trop haute importance pour être présentée au commencement de la session. Le moment n'est pas encore venu. S'il n'y a pas moyen de la remettre encore, on la propose à la fin de la session. Alors il est trop tard ; le temps manque pour la discussion ; il faut ajourner à la session suivante. On a gagné du temps sans rien perdre en popularité ; car ce qu'on a promis, on l'a fait.

Quand enfin le projet est présenté, il reste le choix entre deux opérations : celui des délais, et celui d'une rejection totale.

Celui des délais offre plus d'un motif de préférence. Tant qu'on peut les prolonger, on obtient le résultat voulu, sans sacrifier ni sa volonté, ni sa réputation. L'extrême importance et l'extrême difficulté de la mesure deviennent un thème éternel d'excuses dilatoires , et tous les honorables font écho.

Quand le fonds des délais est épuisé, on a encore la ressource des événements imprévus ; et s'ils font défaut, on engage quelqu'ami discret à s'opposer au projet et à en obtenir le rejet. On peut d'ailleurs toujours compter sur les ennemis naturels de toute innovation.

Quoi qu'il en soit, il faut qu'un ministre soit singulièrement malheureux ou maladroit, si la réforme ne sort pas toute mutilée de ses mains, si son patronage ne contribue d'une manière efficace à faire durer l'abus que l'on se proposait de combattre, en le modifiant dans quelque détail insignifiant, et en laissant aux réformateurs , au moyen d'une légère concession , toute la joie d'une victoire.

# QUATRIÈME PARTIE.

## SOPHISMES DE CONFUSION.

AYANT POUR OBJET D'OBSCURCIR LA QUESTION, QUAND ON NE PEUT
PLUS ÉVITER LA DISCUSSION.

## CHAPITRE I<sup>er</sup>.

SOPHISME DES PÉTITIONS DE PRINCIPES. (*Ad judicium.*)

La pétition de principe est un sophisme bien connu et souvent employé même par ceux qui n'ont fait aucune étude approfondie des ressources de la logique. Une question étant donnée, on répond en affirmant le point en litige. Pourquoi l'opium fait-il dormir ? parce qu'il a une vertu soporifique.

Ce sophisme se rencontre parmi ceux qu'a énumérés Aristote. Mais Aristote n'a pas signalé un mode particulier de l'employer d'une manière efficace et dissimulée, par le moyen d'un seul mot. C'est cette méthode que nous allons examiner.

Parmi les termes employés pour désigner les objets qui appartiennent à la science morale, il en est qui présentent l'objet pur et simple, sans y ajouter aucun sentiment d'approbation ou de blâme ;

comme *désir*, *disposition*, *caractère*, *habitude*, etc.
J'appelle ces termes *neutres*.

Il y en a d'autres qui ajoutent à l'objet principal
une idée habituelle d'approbation, comme *habileté,
honneur, piété, générosité*, etc. j'appelle ces termes
*eulogistiques* ou laudatoires.

D'autres ajoutent à l'objet principal une idée
habituelle de désapprobation, comme *libertinage,
avarice, luxe, cupidité*, etc. J'appelle ces termes
*dislogistiques*.

Parmi les plaisirs et les peines, les désirs, les
émotions, les motifs, les affections, les penchants
et les autres entités morales, quelques-unes, mais
en petit nombre, sont pourvues de ces trois espèces
de dénominations. Quelques autres ne sont jamais
accompagnées que des termes eulogistiques; d'autres
enfin, et en plus grand nombre, de termes dislogistiques. Je n'entends parler ici, comme on peut le
croire, que des dénominations renfermées dans un
seul mot; car avec des phrases composées, on peut
exprimer tout ce qu'on veut.

Beaucoup de ces termes neutres, dans l'origine,
ont acquis par degrés une teinte eulogistique ou
dislogistique : ce changement s'est opéré à mesure
que le *sentiment moral* (s'il est permis de se servir
d'un mot aussi vague) se développait chez l'homme.

Venons maintenant à notre sujet. Pour employer
le genre de sophisme qui nous occupe, il n'est pas
besoin de l'avoir étudié ; on y tombe naturellement. La grande difficulté est d'en perdre l'habi-

tude. Aussi en enseignant tous les détours de ce sophisme comme de tous les autres, notre but principal est d'apprendre aux hommes à le désapprendre.

En parlant de la *conduite*, des *penchants*, de la *disposition* d'un individu, si cet individu vous est indifférent, vous employez le terme *neutre* ; si vous voulez le recommander à la faveur des autres, si c'est un homme qui appartient à votre parti, vous employez le terme *eulogistique* ; si vous voulez le livrer à la haine ou au mépris, vous employez le terme *dislogistique*.

Chacune de ces dénominations eulogistique ou dislogistique, loin d'être un terme simple, cache une proposition, un jugement d'approbation ou de désapprobation. La proposition ainsi affirmée demanderait rigoureusement à être prouvée. Mais dans le cas où la dénomination est mensongère, la preuve ne peut être faite. Or, telle est justement la marche constante de ce sophisme qui veut faire passer pour vraies des dénominations fausses.

En se servant à propos des termes eulogistiques et dislogistiques, on est parvenu à justifier tous les abus dans toutes les branches du service public ; et quelques mots habilement exploités, sont toujours acceptés comme des arguments par la foule des législateurs qui votent sans réfléchir.

Prenez, par exemple, les termes suivants, vous aurez des modèles de formules eulogistiques, sans justification.

1° Dans le département de la guerre , *honneur* et *gloire*.

2° Dans les affaires internationales , *honneur , gloire* et *dignité*.

3° Dans le département des finances , *libéralité*. Il est bien entendu que cette vertu s'exerce aux dépens du contribuable. Aussi, dans presque tous les cas , le mot *libéralité* pourrait être remplacé par *déprédation*.

4° Dans les hautes régions de toutes les fonctions , *dignité*. Mais toutes les fois que vous rencontrez cette dignité , soyez convaincus qu'il lui faut de l'argent pour se maintenir , et comme l'argent du dignitaire ne lui suffit pas , l'argent public lui est fourni par la *libéralité* financière : de sorte que la dignité qui en elle-même n'est pas de la déprédation , en devient très-souvent la source ou le prétexte.

Voulez-vous combattre une mesure? Choisissez quelque terme général auquel est attaché un certain degré d'impopularité , et tachez de l'annexer à la mesure, de manière à lui mériter la même défaveur.

S'agit-il , par exemple, d'une *amélioration*, faites entendre le mot *innovation*. Sous quelques rapports, les deux termes ont le même sens. Tous deux signifient quelque chose de nouveau. Mais *innovation* a un caractère suspect; il implique l'idée de nouveau et de dangereux en même temps : si donc la mesure est bonne en même temps que nouvelle, le mot innovation est logiquement impropre ; mais il peut être politiquement habile , car il fournit un prétexte pour faire rejeter toute amélioration qu'on n'oserait combattre ouvertement ; et c'est ainsi que le simple remplacement d'un terme eulogistique par un terme dislogistique , suffit pour entraîner des assemblées irréfléchies ou malveillantes.

# CHAPITRE II.

**SOPHISME DES TERMES IMPOSTEURS.** (*Ad judicium*).

Le sophisme qui consiste dans l'emploi des termes imposteurs, a quelque ressemblance avec celui que nous avons exposé dans le chapitre précédent ; mais il s'applique surtout à défendre des choses qui, sous leur propre nom, ne pourraient être justifiées. Au lieu de donner à ces choses leur nom véritable, le sophisme a recours à quelque dénomination qui embrasse avec la chose qu'on veut défendre, d'autres objets que le public voit avec faveur. Par exemple, les persécuteurs en matière de religion n'ont dans leur vocabulaire aucun mot qui ressemble à *persécution ;* aussi prennent-ils le mot *zèle* pour caractériser toutes leurs actions.

Dans l'emploi de ce sophisme, deux choses sont à considérer :

1° Un fait, une circonstance qui , à son vérita-

ble point de vue, et désignée par son nom serait
un objet de censure, et qui, par conséquent, a
besoin d'être déguisée ( *res tegenda* ).

2° La dénomination que le sophisme emploie
pour dissimuler l'idée qui pourrait choquer, ou
même pour appeler sur elle quelque faveur à l'aide
d'un heureux accessoire ( *tegumen* [1] ).

Exemple : *Influence de la couronne.* — La funeste
influence de la couronne est un fait qui, s'il était
exprimé par une dénomination particulière et dis-
tinctive, ne trouverait que peu de défenseurs ; mais
tant qu'on ne la désignera que par ce terme vague
d'*influence*, rarement elle rencontrera une désappro-

---

[1] Ce sophisme n'est pas seulement à l'usage des hommes politiques ; il est employé encore par bien d'autres. Prenons un exemple
dans la vie privée. Le mot *galanterie* a deux sens : dans l'un, il
exprime de la part du sexe le plus fort une disposition à témoigner
en toute occasion au sens le plus faible ces sentiments de respect et
de bienveillance qui distinguent si heureusement la civilisation de
la vie sauvage. Dans l'autre, il est synonyme d'*adultère*; mais non
pas si complètement synonyme, qu'il n'y ajoute une idée accessoire
et collatérale. Cette idée collatérale étant du genre eulogistique, est
prise dans un sens favorable qui donne à l'action une toute autre
couleur que si on la représentait sous son nom véritable.

Il y a dans le monde une espèce d'hommes qui, soit qu'ils se
rendent coupables ou non d'adultère, ne sont pas fâchés qu'on les
considère comme coutumiers du fait. C'est une vanité de bonne com-
pagnie. Mais parlez à ces hommes de leurs adultères, ils s'en offen-
seront ; parlez-leur de leurs galanteries, ils accepteront le mot
comme un compliment flatteur, et pourtant il exprime absolument la
même chose que les autres termes dont ils s'étaient montré choqués.

bation générale. Le seul terme vrai pour la désigner, serait le mot *corruption* ; mais ce terme est du genre dislogistique. Ceux par conséquent qui ne veulent pas condamner l'état de choses exprimé par ce mot, se garderont bien de l'employer. Ils chercheront donc quelque autre terme qui, sans pouvoir être contesté comme inexact, sera du genre eulogistique ou au moins neutre, et sous ce rapport le mot *influence* les sert à merveille.

Dans ce mot *influence*, appliqué à la couronne, sont renfermées deux espèces d'influence : l'une est de telle nature qu'on ne pourrait la détruire sans détruire en même temps le gouvernement monarchique ; l'autre, qui peut être combattue et supprimée, sans aucune intention de combattre ou de supprimer la monarchie.

L'influence *de la volonté sur la volonté*, l'influence *de l'intelligence sur l'intelligence,* voilà la distinction importante à établir pour bien apprécier ce qui peut en ce genre être utile ou nuisible.

L'influence de la volonté sur la volonté est toujours une tyrannie ; l'influence de l'intelligence sur l'intelligence est presque toujours un bienfait.

Aussi faut-il laisser à cette dernière la plus grande latitude, n'importe qui l'exerce ou sur qui on l'exerce ; car l'influence de l'intelligence sur l'intelligence n'est autre chose que l'influence de la raison humaine. C'est un guide qui, comme tous les autres guides, peut s'égarer et égarer les autres ; mais encore est-ce le seul guide auquel on puisse se confier.

Dans la constitution britannique, c'est à la couronne, comme pouvoir exécutif, qu'appartient presqu'entièrement la direction des affaires publiques. Or, l'exercice du pouvoir exécutif suppose nécessairement, par rapport aux agents subordonnés, l'influence de la volonté sur la volonté ; et toutes les fois que la couronne transmet des *ordres* à ceux qu'elle fait agir, cette influence est inévitable ; car ce n'est qu'en vertu de cette influence que des *ordres* considérés comme l'action du supérieur sur l'inférieur, peuvent produire quelque effet.

Jusque-là l'influence de la volonté sur la volonté ne peut être exposée à aucune objection raisonnable ou solide. C'est un fait tout *légitime*.

Mais cette influence cesse d'être légitime lorsqu'elle s'exerce sur les personnes qui ne doivent pas y être soumises ; lorsqu'elle agit, par exemple, soit sur un membre du parlement, soit sur un individu qui dispose d'un vote dans les élections parlementaires.

Ce qui fait condamner l'influence ainsi exercée, c'est que, lorsqu'elle est efficace, la volonté exprimée par le vote n'est pas réellement la volonté de celui qui l'exprime, mais la volonté de celui qui, par son influence, commande le vote ; en sorte que si chaque membre de la chambre était sous l'influence de la couronne, et si, dans tous les cas, cette influence était effective, la monarchie ne serait pas, ainsi qu'on le prétend, une monarchie limitée, mais absolue ; elle ne serait limitée que dans la forme, et encore elle ne continuerait de l'être qu'autant que le monarque le voudrait ainsi.

Les fonctions attachées à la position d'un membre du parlement peuvent être comprises sous trois dénominations : législatives, judiciaires et inquisitives. Les fonctions législatives en vertu desquelles chaque membre prend part à la confection des lois ; les fonctions judiciaires qui ne sont guère exercées que par la chambre des lords ; les fonctions inquisitives qui ont lieu par une enquête sur les faits, dans le but d'exercer, soit l'autorité législative, soit l'autorité judiciaire, soit les deux, toutes les fois que le cas l'exige. Les fonctions inquisitives servent, par exemple, à constater soit les capacités morales ou intellectuelles d'un agent de la couronne, et à provoquer sa destitution ou son châtiment.

Or, supposons que l'influence de la couronne soit telle que nous l'avons indiquée, il est évident que toutes les fonctions du député seraient illusoires. En effet, toute loi qui serait agréable à la couronne serait non-seulement présentée, mais acceptée ; aucune loi qui lui serait désagréable ne pourrait même être présentée. Tout jugement conforme à ses vœux serait prononcé ; aucun jugement contraire à ses vœux ne serait prononcé. Toute enquête qui entrerait dans les vues de la couronne serait admise ; aucune enquête qui serait opposée à ses vues ne serait permise ; et en particulier, quelle que fût la conduite d'un agent du gouvernement, aucune mesure qui tendrait à sa destitution ne serait accueillie si elle n'était goûtée par la couronne ; aucune mesure ne pourrait même être proposée. Car s'il plaisait au monarque de le destituer, il le ferait sans les chambres ; s'il plaisait au monarque de le garder, toute enquête tendante à contrarier sa volonté n'aboutirait qu'à une perte inutile de temps.

Parvenue à ce point, l'influence de la couronne, l'influence d'une seule volonté sur toutes les autres volontés, serait considérée par tout le monde comme une influence *funeste ;* et il n'y a pas un seul homme qui osât ouvertement lui refuser cette épithète.

Mais parmi les membres du parlement, il en est plusieurs sur qui cette influence est incontestablement exercée, et ce sont les hommes en place. Toutes les fois, en effet, qu'un homme occupe une place lucrative qui peut lui être ôtée à volonté, il est impossible que cette influence ne soit pas exercée, ou plutôt elle s'exerce d'elle-même ; car dans cette situation dépendante, elle n'a besoin, pour être produite, ni d'un acte, ni d'un ordre exprès. Elle agit par la nature des choses.

Voici donc le véritable point de la discussion. Selon les uns, de toute cette influence de la volonté sur la volonté exercée par la couronne sur les membres du parlement, il n'y a pas une seule particule de nécessaire, pas une seule d'utile, pas une seule qui ne soit pernicieuse.

Dans le langage de ceux qui ont cette opinion, chaque particule de cette influence est funeste, corrompue ou corruptrice : en un mot, cette influence n'est autre chose que *corruption*.

Il en est d'autres qui, dans leur opinion, ou du moins dans leur langage, soutiennent que cette influence, soit en totalité, soit en partie, est non-seulement innocente, mais utile, non-seulement utile, mais absolument nécessaire pour le maintien de la constitution. On comprend, du reste, que ceux qui professent cette opinion appartiennent spécialement à la classe qui subit cette influence, et sait en profiter.

# CHAPITRE III.

### SOPHISME DES VAGUES GÉNÉRALITÉS. (*Ad judicium.*)

Les vagues généralités comprennent une nombreuse classe de sophismes employés par ceux qui, au lieu de termes propres et spécifiques, ont recours à des expressions générales et indéterminées.

Une expression est vague et ambiguë lorsqu'elle désigne par une seule et même appellation un certain objet qui peut être bon ou mauvais, suivant les circonstances. Au lieu d'examiner les qualités de cet objet, on emploie l'expression ambiguë sans établir de distinction ; alors cette expression devient un sophisme.

Prenez pour exemple les termes *gouvernement, lois,*

*morale, religion.* Le *genre* compris sous chacune de ces dénominations peut être divisé en deux *espèces : le bon* et *le mauvais.* Car nul ne peut nier qu'il n'y ait eu et qu'il n'y ait encore dans le monde de mauvais gouvernements, de mauvaises lois, un mauvais système de morale et de mauvaises religions. Par conséquent cette seule circonstance qu'un homme attaque le gouvernement ou la loi, la morale ou la religion, n'est pas en elle-même la plus légère présomption qu'il s'est engagé dans une voie blâmable. Si son attaque n'est dirigée que sur ce qui est mauvais dans ces objets, ses efforts peuvent avoir pour résultat le bien et beaucoup de bien.

Voilà la distinction que le défenseur des abus se garde bien de laisser paraître ; et il impute hardiment à son adversaire le dessein prémédité de renverser tout gouvernement, toute loi, toute morale, toute religion.

Mais c'est par voie d'insinuation plutôt que par une assertion directe que le sophiste, dans ce cas, introduit son argument. Proposez quelque réforme dans le sytème actuel du gouvernement, de la loi ou de la religion, il vous régalera d'une belle oraison sur l'utilité et la nécessité du gouvernement, de la loi ou de la religion? Quel est son but? Il n'en a pas d'autre que d'insinuer que la mesure proposée a une secrète tendance, préjudiciable à l'un ou à l'autre de ces objets du respect de tous. Si cette accusation était formulée d'une manière directe, il aurait fallu l'appuyer de preuves ; car une affirmation directe avertit

les auditeurs de se préparer à quelque **raisonnement**
en forme de preuve; mais lorsqu'il n'y a pas d'affirmation, il n'y a pas de preuve à attendre, il n'y a pas
de preuve à demander.

## § Ier. *L'ordre.*

Parmi les différents termes obscurs qui ont le
plus habituellement protégé les mauvais gouvernements, il n'en est pas de plus apparent, dans cette
atmosphère d'illusions, que le mot *ordre.*

Le mot *ordre* semble fait tout exprès pour servir
de masque à la tyrannie; le mot *ordre* signifie plus
que loi, plus que gouvernement.

Mais ce qui est encore plus concluant, c'est que
le mot ordre appartient au genre eulogistique;
tandis que les mots *gouvernement* et *loi,* malgré les
efforts des courtisans de toute espèce, appartiennent au genre neutre : il en est de même des mots
*constitution* et *institution.*

Ainsi, qu'un système quelconque repose sur une
mesure transitoire ou une loi permanente, que ce
système soit le plus oppressif que l'on puisse ima-
giner, vous trouverez dans le mot *ordre* un argument justificatif que vous chercheriez en vain dans
tous les autres mots de la langue. Supposez que des
hommes réunis en certain nombre dans le but d'obtenir un remède à des abus dont ils ont à se
plaindre, reçoivent pour toute réponse des coups de
fusil à bout portant; lorsqu'ils seront tous tués,

personne ne peut nier que le résultat de ce massacre sera l'*ordre*; car l'*ordre* le plus désastreux est aussi bien de l'*ordre* que l'*ordre* le plus utile. Supposez ensuite, qu'après cette mesure expéditive, un lord Castlereagh dans la chambre des communes, ou un lord Sidmouth dans la chambre des lords, se lève pour soutenir que par suite de cette mesure de haute prudence l'ordre a été maintenu, qui pourrait leur opposer une dénégation? et qui pourrait avoir la hardiesse de proclamer que l'ordre ne devrait pas être maintenu?

Considérez Rome sous Néron ou Caligula. On pouvait aussi bien appliquer alors le mot *ordre* à l'état des choses, que nous le pourrions aujourd'hui à la Grande-Bretagne.

Qu'était-ce que le bon ordre aux yeux de Bonaparte? Celui qu'il lui plaisait d'établir.

Au mot *ordre*, ajoutez le mot *social*. L'expression paraît moins arbitraire. Cependant elle peut encore servir au sophiste. Le mot *social* présente, il est vrai, à l'esprit, un état de choses favorable au bonheur de la société; mais souvent aussi on l'emploie pour désigner l'état actuel de la société. Dès-lors, toutes les fois qu'on propose une mesure ayant pour objet de retrancher quelque chose à la somme des sacrifices que l'on fait des intérêts du grand nombre aux intérêts de la minorité, c'est l'*ordre social* qu'on invoque pour s'opposer à la mesure. Toutes les fois qu'on veut retrancher quelque chose aux délais, aux vexations, aux dépenses qui font les

profits de l'homme de loi et le désespoir des citoyens; toutes les fois qu'on veut retrancher quelque
chose aux salaires exagérés des hommes en place;
toutes les fois qu'on veut persuader au peuple de
confier ses destinées à d'autres agents qu'à ceux pour
qui la prévarication est un état normal, le devoir
une abstraction, c'est l'*ordre social* qui est en danger,
c'est l'*ordre social* qui va se dissoudre.

Il faut donc bien avoir soin, toutes les fois qu'on
attaque les abus, de quelque nature qu'ils soient,
de n'employer que des mots clairs et distincts, portant en eux-mêmes leur propre signification; car
plus les mots seront intelligibles, plus le danger des
oppresseurs sera manifeste. Substituez au mot *ordre*,
les mots *bonheur*, *bien-être*, vous aurez déjà des
termes plus précis et plus concluants; mais substituez encore au mot *bonheur* qui est encore un peu
vague, cette phrase *le plus grand bonheur du plus
grand nombre*, le but que vous vous proposez est
compris sans équivoque; car alors la méthode
pour reconnaître un bon ou un mauvais gouvernement, se réduit à une règle de proportion.

## § II. *Eglise.*

Le mot *église* n'est jamais invoqué par le sophiste
que pour en protéger les abus; et ceux qui ne veulent attaquer que ses défauts, sont accusés de vouloir
renverser l'église elle-même.

### § III. *L'admirable constitution.*

La constitution a quelques bons côtés; elle en a beaucoup de mauvais. C'est elle qui facilite et encourage la vénalité, l'oppression et la corruption dans toutes les fonctions et sous toutes les formes; et jusqu'à ce qu'une réforme, une réforme complète et radicale, vienne modifier la constitution, ces abus continueront de régner.

Or, la vénalité, l'oppression, la corruption ne peuvent pas se glorifier en leur propre nom. Aucun tory, aucun whig, ne s'avisera de crier vive l'oppression, vive la corruption. Mais ils ont un autre terme qui renferme le même sens, et ils crient vive la constitution, l'admirable, l'inattaquable constitution.

L'usage de cet instrument de déception est aussi ancien qu'Aristote, ainsi que la recette pour l'employer; car cette recette a été formulée par lui; et il est difficile de décider combien de temps encore les gouvernements trouveront avantageux d'y avoir recours.

La glorieuse constitution! Voilà notre ancre de salut! Voilà notre unique drapeau! Rallions-nous autour de la constitution! — Ce qui veut dire, rallions-nous autour de la vénalité, rallions-nous autour de la corruption, rallions-nous autour du terrorisme électoral [1], rallions-nous autour de l'im-

---

[1] *Voyez* le Catéchisme de la réforme électorale.

posture, imposture sur les Hustings, imposture sur les honorables bancs de l'honorable chambre , imposture dans toutes les hiérarchies.

A côté de cet enthousiasme factice, ils ont formulé, comme auxiliaire, une théorie que rougirait d'avancer un écolier de sixième, théorie sentimentale qui défend de rien toucher à *l'inaltérable* constitution.

La constitution ! Et pourquoi donc n'y changerions-nous rien? Pourquoi, sous peine d'être considéré comme anarchiste, ne pourrions-nous la regarder qu'en fermant les yeux? Parce qu'elle est l'œuvre de nos ancêtres, de législateurs dont à peine un petit nombre savait lire, et encore ce petit nombre ne connaissait aucun ouvrage qui méritât d'être lu. Première supposition théorique, *la sagesse de nos barbares ancêtres.*

Quelle était donc l'occupation habituelle de ces sages ? C'était de se couper la gorge entre eux ; ou bien de couper la gorge aux Gallois, aux Écossais, aux Irlandais. Quand ce glorieux ordre du jour leur laissait quelque loisir, comment l'employaient-ils? A couper la gorge aux Français, pour leur voler leur argent : c'est ce qu'ils appelaient vertu. Ne pas couper les gorges, était indolence et lâcheté. Seconde supposition théorique, *la vertu de nos barbares ancêtres.*

C'est avec d'aussi nobles habitudes de sagesse et de vertu qu'ils délibéraient et discutaient ; c'est en poursuivant de si nobles voies et en employant de si nobles moyens, qu'ils ont formulé notre admirable constitution, la constitution telle qu'elle est, et telle qu'elle doit toujours rester.

Formulé notre constitution? Mais en quel temps, en quel lieu, à quelle occasion? En vain nous chercherions dans l'histoire une réponse à ces questions; car on ne sait ni où, ni quand, ni par qui elle a été faite. Née de nos guerres civiles, grossie par nos malheurs, la constitution n'est qu'une suite de concessions arrachées par la violence ou consenties par la peur; et comme la violence et la peur sont de tous les temps, les articles de la constitution sont de toutes les époques; aucun abus n'a été effacé que par obéissance à la nécessité, aucune amélioration n'a été introduite que comme une cession faite à la force. Alors que la minorité oppressive avait besoin de s'appuyer sur le plus grand nombre, elle consentait à retrancher quelque chose aux abus, à accorder quelque chose à l'amélioration; mais jamais ce ne fut dans un esprit de justice ou de désintéressement.

C'est ainsi qu'à la faveur des luttes entre les whigs et les tories, on est arrivé progressivement à la liberté de la presse, fondement de toutes les autres libertés. Mais cette liberté de la presse n'est pas dans nos institutions, n'est pas dans nos lois. Elle est même contraire à nos lois. En vertu de la loi, il n'y a pas en Angleterre plus de liberté de la presse qu'en Espagne et à Maroc. Ce n'est pas à la constitution, ce n'est pas à la force de la loi, c'est

à la faiblesse de la loi que nous en sommes rede-
vables. Ce ne sont pas les whigs qu'il faut en remercier, pas plus que les tories. Whigs et tories s'en
débarrasseraient également avec la même joie, s'ils
croyaient pouvoir s'en passer. Mais cela n'est pas en
leur pouvoir; et c'est à leur impuissance seule que
nous devons leur zèle pour la liberté de la presse.
Car sans cette arme ils ne pourraient se combattre
mutuellement; sans cet instrument ils ne pourraient
appeler le peuple à leur aide.

Notre constitution, bien loin d'être l'œuvre d'un
sage et vertueux législateur, n'est que l'œuvre des circonstances. Il suffit pour s'en convaincre de consulter l'histoire. Voyez comment s'est formée la chambre des communes, ce principe vital de notre constitution. Dans l'année 1265, la première assemblée
fut convoquée par Simon de Montfort, comte de
Leicester, un étranger et un rebelle. Dans ce premier appel au peuple, il n'y avait pas d'autre but
que d'y trouver appui pour la rebellion. Dans le
règne suivant, Edouard 1er, instruit par l'exemple,
trouva qu'il était plus commode de réunir des députés pour demander de l'argent que de le leur arracher par la violence; et il renouvela cette pratique.
Depuis ce temps, jusqu'au règne d'Henri VI, les
lois sont faites par les rois, tantôt avec le concours
des communes et des lords, tantôt sans consulter ni
les uns ni les autres. Mais à dater du règne de ce
prince, les communes prennent réellement part à
la législation : jusque-là, elles n'avaient formulé

aucune loi ; jusque-là, les lois n'étaient formulées qu'après leur dissolution. Ainsi donc, en l'année 1450, la chambre des communes, comme branche de la législature, était une innovation. Avant l'année 1450, il n'y avait donc pas de constitution : il n'y avait même pas de parlement ; car les députés des communes n'étaient considérés que comme des *pétitionnaires* [1]. On ne doit pas croire au surplus que cette conquête fut définitive et que ce droit fut constamment reconnu. Aucune loi ne déterminait la réunion des parlements, et la constitution serait encore restée une lettre morte, sans les besoins toujours pressants de la royauté, sans les aumônes officielles qui devaient alimenter le paupérisme royal.

Après les règnes sanglants d'Henri VIII et de Marie, après le règne trop court d'Edouard VI, vient Elisabeth, qui se faisait ouvertement gloire de gouverner sans le parlement. Les membres qui s'avisaient d'avoir une pensée à eux et de l'exprimer à la chambre, allaient expier leur audace dans une prison. Après les parlements que Jacques Ier et son fils sont obligés de rassembler pour se faire de l'argent, voici venir le long parlement. Où est maintenant la constitution ? Le roi ayant essayé de gouverner sans les communes et les lords, ne réussit pas : Les communes ayant arraché au roi l'acte qui les convertissait en une aristocratie perpétuelle, essayèrent de gouverner sans le roi et les lords, et elles

---

[1] *Voyez* le Dictionnaire politique, au mot *Bill.*

réussirent. Où est maintenant la constitution? La retrouverons-nous dans cet autre long parlement qui sous Charles II dura dix-sept années? De quelque côté que nous tournions nos regards, nous ne rencontrons nulle part cette glorieuse constitution de nos ancêtres, formulée par leur vertu et leur sagesse. Ce que nous voyons, c'est une suite d'actes plus ou moins légitimes donnant naissance à une suite d'articles plus ou moins obscurs, d'où résulte ce qu'on appelle une constitution. Ce que nous voyons, c'est une certaine classe d'hommes qui, sous le titre fictif de représentants du peuple, se réunissent pour lui imposer des taxes, et formuler des lois oppressives. Mais si au lieu d'une chambre des communes et d'une chambre des lords, il y avait deux chambres de lords et pas de communes, le résultat définitif serait absolument le même. S'il dépendait du vote d'un homme de sens de décider s'il y aurait une seconde chambre de lords pour remplacer la chambre actuelle des communes, je ne doute pas qu'il ne se prononçât pour l'affirmative. Car alors que les illusions seraient entièrement détruites, les choses auraient leur véritable nom, et la nation apparaîtrait aux yeux dans son état réel. Et l'on épargnerait ainsi tout le temps inutilement consumé dans des discussions qui n'ont plus d'autre but aujourd'hui que de prolonger de menteuses illusions.

Quant à la représentation nationale, il n'est aucun homme qui ait la hardiesse de soutenir qu'elle existe réellement. Mais quoiqu'il n'y ait pas de re-

présentation réelle, il y a, dit-on, une représentation *virtuelle;* et il suffit de cette absurde fiction pour
satisfaire ceux qui trouvent utile de prolonger les
illusions, et ceux qui feignent de les partager. Si du
moins les hommes qui se contentent de cette représentation virtuelle, voulaient aussi se contenter d'un
impôt virtuel et de recettes virtuelles, on pourrait
accepter leurs arguments. Malheureusement le paiement n'est que trop réel, tandis que la misérable
fiction sur laquelle repose la légalité de ce paiement
ne peut plus tromper ni ceux qui en vivent ni ceux
qui en souffrent.

## § IV. *Balance des pouvoirs.*

En général, ceux qui ont employé ces termes,
n'ont guère su quel en était le sens; ils ne se sont
même jamais embarrassé de les expliquer. Celui qui
voudra y trouver une signification réelle, sera conduit nécessairement aux conclusions suivantes : —
Parmi les trois branches de pouvoirs qui, selon la
constitution, composent le pouvoir général du gouvernement, il dépend d'un seul d'empêcher les deux
autres de faire quoi que ce soit, de suivre aucune
mesure proposée. Qu'un tel arrangement soit sus-
ceptible de produire du mal, c'est ce qu'il est aisé
de comprendre. Car un effet certain d'un tel état de
choses, c'est que toute mesure qui dans l'opinion
de l'un des trois pouvoirs sera contraire à son intérêt, ne sera pas adoptée. D'un autre côté, non-

obstant la garantie des intérêts qui se contrôlent, toute mesure qui semblera avantageuse à l'intérêt commun des trois, sera mise à exécution, quelque opposée qu'elle soit à l'intérêt général du peuple. Aucun abus dans lequel l'un des trois trouvera son profit, ne sera supprimé; aucune amélioration qui devra ôter quelque chose à l'un d'eux ne sera acceptée.

Ce qu'il est vrai de dire, c'est que dans toutes les occasions où ce mot de *balance* est employé, la phrase ne peut avoir de sens. Si nous prenons ce mot dans sa signification propre, nous verrons qu'il représente deux plateaux d'un égal poids. Si dans ces plateaux égaux, on met des poids inégaux, celui où se trouve le poids le plus lourd commence à se mouvoir : il descend, et en même temps l'autre plateau remonte. Dans ce cas, il n'y a pas équilibre, les deux forces ne se balancent pas. Mais si l'on veut qu'elles se balancent, on place dans le plateau qui a monté, un poids égal à celui que contient l'autre plateau ; ou ce qui revient au même, on ôte à celui-ci les poids qui le font descendre. Alors la balance est rétablie. Les deux plateaux sont de niveau, les deux forces sont égales. Mais dans quel but aura-t-on agi? Quel sera le résultat de cet équilibre : tout mouvement aura cessé.

Dans la balance politique, au lieu de deux forces, on en met trois qui, selon la théorie constitutionnelle, se combattent mutuellement. Ici, il y a encore dans la métaphore une absurdité encore plus grande que s'il s'agissait de deux forces. Rien ne peut la justifier, rien ne peut l'expliquer.

Aussi ce sophisme est-il obligé d'affecter une forme plus scientifique : « La constitution, dit-on, est composée de trois forces qui, opposées l'une à l'autre, contraignent le gouvernement à suivre une voie meilleure que s'il était dirigé par une seule ; et ses mesures ne sont que les résultats de l'influence commune des forces, chacune d'elles y contribuant dans une égale proportion. »

Cette nouvelle métaphore qui repose sur l'action des forces composées, n'est autre chose elle-même qu'une absurdité composée. Un gouvernement qui est bien dirigé ne peut avoir d'autre direction que celle qui tend au plus grand bonheur du plus grand nombre. Mais ici, voilà trois forces, chacune tendant à un certain but. Prenez une de ces forces : supposez qu'elle tende à ce but légitime de tout bon gouvernement; supposez qu'elle y tende seule, sans opposition, sans lutte, sans entraves, le but sera facilement atteint. Ajoutez-y alors une autre force : si cette autre force tend au même but, il sera également atteint. Mais qu'aurons-nous gagné avec ce nouvel auxiliaire ? Rien absolument. Ajoutez la troisième force, le résultat sera le même, ni plus ni moins. Mais si la seconde ou la troisième force, ou toutes deux agissent dans un sens opposé, plus ces forces s'éloignent du but légitime, plus loin elles entraîneront la première.

Et en effet, comment les voyons-nous agir dans

notre glorieuse constitution ? Bien loin de tendre ensemble vers le but légitime , elles s'en écartent chacune d'elles le plus loin possible.

Parlons maintenant sans métaphore. Voici deux classes d'hommes , et un seul individu plus puissant que les deux classes réunies ; voici enfin trois pouvoirs, dont chacun poursuit son propre intérêt , chaque intérêt étant différent des deux autres, et tous trois étant opposés à celui du plus grand nombre. Chacun de ces pouvoirs attire à lui et consomme le plus qu'il peut de la substance du peuple : chacun d'eux , s'il était seul , aurait une part plus grande de cette substance qu'il n'en a ; mais aujourd'hui , lorsqu'il essaie d'en prendre davantage , il se trouve combattu par les deux autres. En conséquence, chacun permet aux deux autres d'avoir leur force respective , afin de jouir tranquillement de la sienne , et c'est ainsi que l'harmonie est maintenue.

Mais, dit le sophiste, le peuple n'est pas oublié dans cette distribution des pouvoirs; car ces trois pouvoirs sont le pouvoir du monarque, le pouvoir des lords et le pouvoir du peuple. Même en admettant cette supposition, je vois le peuple pour un tiers dans les bénéfices de la constitution , et faisant pour sa part les deux tiers des sacrifices. Par exemple qu'on lève trois cents fr. sur le peuple , cent seraient appliqués à l'usage du peuple , et deux cents à l'usage des deux autres pouvoirs confédérés, le monarque et les lords.

Qu'y a-t-il , dans cet arrangement, de si avantageux à la majorité du peuple? qu'y a-t-il qui ressemble à un bon gouvernement ? Et cependant,
cela serait bien préférable encore à l'état réel des
choses ; car nous cherchons en vain la part du
peuple. Ce pouvoir, décoré du nom de pouvoir du
peuple, n'est autre chose que celui des monarques
et des lords, combiné avec celui du reste de l'aristocratie qui se cache sous ce nom.

§ V. *Notre glorieuse révolution.*

Ceci est le cri des whigs, toutes les fois qu'ils ont
besoin de paraître courageux et de solliciter l'appui
du peuple. Quoi donc! est-ce une révolution en faveur du peuple? Non : mais ce qui vaut mieux,
c'est une révolution en faveur des whigs , une révolution de 1688. Est-ce une révolution pour chasser les rois ? Non : c'est seulement une révolution
pour les changer. Dans les changements, les whigs
savent toujours gagner quelque chose. Lorsque
leurs ancêtres de 1688 changèrent Jacques II pour
Guillaume, le nouveau venu eut une bonne part
du gâteau, les whigs se partagèrent le reste. Si, au
lieu d'être simplement changés , les rois étaient
entièrement chassés, qu'y gagneraient les whigs?
Rien; mais ils ne perdraient pas peu. Ils perdraient
leurs sièges au parlement , à moins qu'ils n'y sié-
geassent réellement pour y faire leur besogne, et
alors ils perdraient leurs aises.

# CHAPITRE IV.

### IDOLES ALLÉGORIQUES. (*Ad imaginationem.*)

L'objet de ce sophisme est d'appeler sur les hommes en place une considération indépendante de leur bonne conduite. Ce n'est guère qu'une modification des généralités vagues qui ont été le sujet du chapitre précédent. On substitue à la dénomination réelle de l'homme en place, le nom de quelque entité fictive à laquelle l'opinion a continué d'attacher des idées de respect.

EXEMPLES : 1° *Le Gouvernement*, pour les membres du corps gouvernant. 2° *La Loi* pour les hommes de loi. 3° *L'Eglise* pour les prêtres.

I. *Le Gouvernement.* Pris dans son sens propre, le gouvernement exprime le fait le plus important pour l'homme social, la sécurité et la protection contre les ennemis intérieurs et extérieurs, contre le mal sous toutes ses formes.

II. *La loi.* Par l'exécution de la loi, l'homme est garanti contre toute atteinte à sa personne et à sa propriété. Ainsi, par les mots *gouvernement* et *loi*, on rappelle les plus dignes objets de respect et d'attachement qui puissent émouvoir l'homme ; puis aussitôt on en fait des entités fictives pour représenter ceux qui sont chargés de diriger le gouvernement et d'exécuter la loi. Au moyen de cette manœuvre, ils sont revêtus de toutes les belles qualités que ces entités rappellent, et dépouillés de tous les défauts que leur personnalité pourrait présenter. Aussi le mot *gouvernement* a-t-il pris depuis quelque temps une signification qui le rend singulièrement propre à favoriser le sophisme. *D'abstrait*, il est devenu *concret*. Au lieu de désigner le système pris dans son ensemble, il ne désigne que l'assemblage des individus employés à diriger le système, des individus qui, pour le moment, ont un caractère officiel, de ceux surtout qui appartiennent à la branche administrative.

Cette confusion de termes introduite et adoptée dans le langage politique, sert merveilleusement aux prévaricateurs officiels. Signalez ces abus, signalez tel ou tel individu qui fait son profit de ces abus, aussitôt s'élève un cri d'alarme : « Vous êtes l'ennemi du gouvernement; vous voulez détruire tout gouvernement. » Ainsi plus vous faites d'efforts pour rappeler le gouvernement à sa plus grande perfection, pour le rendre par conséquent fort et respecté, plus on soutiendra que votre intention est de le détruire.

III. *L'Église.* Ce mot est particulièrement bien adapté à l'usage du sophisme : aux élémens de confusion qu'il partage avec les termes *gouvernement* et *loi*, il en ajoute d'autres qui lui sont propres.

Voici les différentes significations qui sont attachées au mot *église* : 1° monument du culte; 2° officiers

inférieurs employés par le gouvernement pour accomplir les cérémonies du culte ; 3° tout le peuple
considéré comme prenant part au culte ; 4° les officiers supérieurs du gouvernement par lesquels les
inférieurs sont choisis et dirigés ; 5° les règles et
coutumes concernant les cérémonies.

L'utilité de ce sophisme, pour les hommes d'é-
glise, est de leur donner une portion du pouvoir
coercitif, tandis que leur unique fonction consistait,
dans l'origine, à servir d'instructeurs au peuple, à le
guider dans une branche de science qui est aujourd'hui beaucoup mieux apprise sans eux qu'avec
eux. Dans cette phrase : *l'Église et l'État*, les hommes
d'église sont représentés comme supérieurs à tous les
autres hommes. Dans celle-ci : *l'Église et le Roi*,
l'Église est représentée comme supérieure au Roi.
Fox et Norfolk furent rayés de la liste des conseillers
privés pour avoir bu *à la souveraineté du peuple*. Les
destitutions seraient bien plus nombreuses si l'on
rayait les noms de tous ceux qui boivent *à l'Église et
au Roi*. Selon le révérend évêque Warburton, le
peuple, réuni en communauté de fidèles, a consenti
l'abandon de la souveraineté entre les mains des
commentateurs du volume sacré (la Bible). Selon les
hommes de loi, seuls rivaux des hommes d'église,
cette doctrine est séditieuse ; mais il ne leur a pas été
permis de l'attaquer publiquement dans le barreau.
Dans les contrées catholiques, le clergé personnifie la
sainte Mère-Église sous l'image d'une femme ado-
rable qui gouverne le peuple dans le domaine spiri-

tuel auquel on mêle le plus qu'on peut du domaine temporel. Chez les protestants, la sainte Mère–Église a été appelée la prostituée de Babylone. Mais en Angleterre, la plupart des hommes d'église composent deux *almæ matres academiæ*. La mère-académie a remplacé la mère-église : le clergé n'y a rien perdu. L'objet de cette ingénuité est d'accorder protection à tous les abus et à toutes les imperfections qui sont attachés à cette partie de l'établissement officiel. L'église étant une si excellente chose, il n'y a qu'un *monstre* qui puisse être son ennemi ; c'est-à-dire il n'y a qu'un anarchiste, un jacobin, un niveleur, etc. A toute question ayant pour but une réforme ou une amélioration dans l'établissement, la réponse est la même : « Vous êtes un ennemi de l'Église. »

Posez, par exemple, quelques–unes des questions suivantes :

1° L'établissement officiel fait-il autre chose que de lire et expliquer un volume qui a déjà subi plus d'explications qu'on ne pourrait en lire pendant toute la durée de la vie la plus longue?

Réponse : Ennemi de l'Église !

2° Quant aux rapports entre le salaire et le service, les règles ne sont–elles pas les mêmes que pour les fonctions profanes? Le salaire sans service serait-il moins un abus *ici* que *là*? *Ici* plutôt que *là*, un homme peut–il remplir ses fonctions sans résider dans l'endroit où ces fonctions doivent être remplies? En Écosse, où le salaire est moins élevé, la *résidence* n'est-elle pas plus générale et le *service* plus efficace ?

Ennemi de l'Église !

5° En Écosse, résulte-t-il quelque mal de ce qu'il n'y ait pas d'évêques ? Dans la chambre des lords, résulte-t-il quelque bien de ce qu'il y en ait ?

Ennemi de l'Église !

4° En Irlande, quelle est l'utilité des prêtres protestants pour les catholiques qui ne veulent ni les voir ni les entendre, qui ne les considèrent que comme des oppresseurs ?

Ennemi de l'Église !

# CHAPITRE V.

### CLASSIFICATIONS ENTRAINANTES. ( *Ad judicium.* )

L'intention de ceux qui emploient ce genre de sophisme est d'attribuer à un individu ou à un objet tous les défauts d'un autre, uniquement parce qu'ils sont liés par une dénomination commune, sans autres rapports qui justifient le rapprochement.

Par sa nature. ce sophisme est également applicable à un éloge immérité comme à une censure injuste ; mais il est plus fréquemment employé comme moyen de censure, son efficacité étant plus grande dans cette direction.

PREMIER EXEMPLE : *Rois, crimes des Rois.* Dans la chaleur de la révolution française, lorsque Louis XVI était placé entre la vie et la mort, entr'autres moyens pour hâter la catastrophe qui termina le débat, on eut recours à la publication d'une multitude de pamphlets, dont l'un avait pour titre : *Crimes des Rois.*

Les rois étant des hommes, et tous les hommes étant exposés aux tentations qui conduisent au crime, les matériaux pour un tel ouvrage ne pouvaient manquer; et s'il est certains crimes auxquels des hommes ainsi haut placés soient moins exposés que le commun des hommes, il en est d'autres auxquels leur élévation même les exposent davantage.

Mais l'auteur qui publiait alors un livre sous ce titre avait un but évident, c'était d'arriver à cet argument sophistique : « Tous les criminels doivent être punis; or, les rois sont des criminels; or, Louis est roi, donc Louis doit être puni. »

Deuxième Exemple : *Catholiques; cruautés des catholiques.* Il n'y a pas longtemps, pendant qu'en Angleterre on agitait la question de savoir si cette portion de la nation qui est composée de catholiques, devait être tenue dans un état de dégradation sous la tyrannie de la secte dominante, un livre fut publié sous ce titre : *Cruautés des Catholiques.*

Quoique l'auteur de ce livre ne se proposât point, comme celui du livre précédent, d'appeler par là une vengeance directe sur tous les catholiques de l'Angleterre, cependant son but était à peu près le même. Il voulait leur disputer la justice à laquelle ils ont droit et leur interdire toute réclamation contre la tyrannie odieuse qu'ils subissent depuis si longtemps.

On ne peut faire entièrement justice de cet ar-

gument, qu'en examinant les conséquences pratiques auxquelles il conduit.

Quel que soit le caractère des catholiques présents
et futurs, toutes les cruautés, toutes les énormités
de ceux qui dans le passé ont porté le même nom,
demeureront toujours ce qu'elles ont été. Par conséquent, quelque dur que soit le traitement qu'on
fait subir aux catholiques d'aujourd'hui, ce traitement doit, selon le sophiste, être continué aussi
long-temps qu'il restera un seul individu qui con-
servera le même nom.

Après tout, les barbaries des anciens catholiques,
quelles qu'elles fussent, avaient leurs limites. Mais
la barbarie de cet ennemi des barbaries catholiques n'aura d'autres limites que celles du temps.
Après avoir entassé victimes sur victimes, il faudra
que son zèle multiplie éternellement les sacrifices,
jusqu'à ce que les forces lui manquent, et qu'il se
repose haletant comme le tigre du désert au milieu
d'un troupeau de cerfs égorgés.

Sans doute, si les catholiques en vertu d'une
doctrine authentique et généralement admise, se
croyaient dans l'obligation de persécuter tous ceux
qui professent une religion différente, si quelques
faits récents prouvaient leur adhésion à cette funeste doctrine, on serait justement fondé à prendre
des mesures de sûreté contre les effets de pareils
principes.

Mais bien loin que ces doctrines ressortent de la
religion catholique, tous les hommes sensés qui

professent ce culte, considèrent les cruautés de leurs devanciers comme une fausse interprétation de cette religion. Ils repoussent hautement la solidarité de ces faits dont le sophisme veut les rendre responsables.

En Irlande où ils forment plus des trois quarts de la population, il n'y a pas d'exemple de mémoire d'homme, qu'ils aient maltraité les protestants comme protestants, quoique dans ce même pays, il y ait, sous d'autres rapports, tant de causes d'hostilités entre les partisans de ces différents cultes. Mais, dira-t-on, s'ils ne l'ont pas fait, c'est qu'ils n'avaient pas en main le pouvoir de le faire avec impunité.

Il faut donc consulter les contrées où la religion catholique est dominante. Dans toutes celles où les barbaries, dont on fait tant de bruit, ont été exercées avec le zèle le plus outré, il n'en est pas une où l'on en trouvât aujourd'hui un seul exemple. Il ne faut donc pas arguer de faits passés à une époque où tous les faits historiques participent plus ou moins de la barbarie de peuples sans instruction.

# CHAPITRE VI.

### FAUSSES DISTINCTIONS. (*Ad judicium.*)

La nature de ce sophisme peut être expliquée en indiquant la manière de s'en servir.

Un certain état de choses étant trop visiblement mauvais pour pouvoir être défendu *in toto*, ou une réforme proposée étant trop visiblement utile pour être rejetée *in toto*; le bien et le mal étant nominativement distingués l'un de l'autre par deux termes opposés, eulogistiques et dislogistiques, mais de telle manière qu'à cette ligne nominale de distinction ne correspond aucune différence réelle et déterminée, déclarez d'abord votre approbation du bien par le nom eulogistique, en vous réservant ainsi l'avantage de pouvoir combattre la mesure par son nom dislogistique.

PREMIER EXEMPLE : *La presse : la liberté de la presse et la licence de la presse.*

La presse a deux usages distincts, l'un moral, l'autre politique. L'usage moral comprend tout ce qu'elle peut faire pour mettre un frein à la mauvaise conduite dans la vie privée; l'usage politique, tout ce qu'elle peut faire pour mettre un frein à la mauvaise conduite des hommes publics, ou de ceux qui aspirent à être employés comme hommes publics.

Si l'inconduite des hommes publics n'est pas soumise à ce genre de frein qu'il est dans la nature de la presse d'imposer, il s'ensuit que toutes les fautes qui ne se rangent pas dans la classe des faits punissables par la loi, resteront sans contrôle. Le résultat de cette impunité sera un pouvoir sans limites, un despotisme arbitraire dans les mains de ceux qui exerceront le pouvoir. Quand même d'ailleurs les faits d'inconduite rentreraient dans la classe des faits punissables par la loi, sans le contrôle de la publicité, le contrôle légal demeurerait sans effet, par les difficultés sans nombre que rencontrerait l'individu isolé qui tenterait d'en demander la punition.

D'un autre côté, la presse ne saurait être absolument libre; car sous prétexte de flétrir une inconduite réelle, elle pourrait supposer une inconduite qui n'existe pas.

En tant que cette imputation sera fausse, les effets de la liberté de la presse seront *un mal* pour celui qui en souffre, et tous ceux qui comprennent et sentent ce mal appelleront cette liberté par son nom dislogistique, *licence*.

Ici donc se présente le dilemne : un choix à faire entre deux maux. Qu'on laisse à la presse une entière liberté : avec les imputations justes qui sont les seules utiles, viendront les imputations injustes qui seront susceptibles de produire le mal.

Toutefois, pour celui qui désire réellement voir dominer une bonne morale et un bon gouvernement, le choix n'est pas si difficile qu'il peut d'abord le paraître.

Laissez toutes les imputations justes ensevelies dans le silence, qu'en résultera-t-il ? C'est que toute malversation dans le domaine moral comme dans le domaine politique, dans le domaine privé comme dans le domaine public, s'exercerait sans contrôle ou au moins sans le contrôle puissant de la publicité qui appartient à la presse seule. Le mal est donc certain.

Si au contraire on laisse un champ libre à toutes les imputations même injustes, le mal qui pourrait en résulter est bien loin d'être une certitude. Ouverte à l'accusation, la presse n'est pas moins ouverte à la défense. Celui donc qui aura la vérité de son côté, aura tout l'avantage qu'il est dans la nature de la vérité de donner.

En même temps, s'il est un moyen de prévenir les imputations injustes sans exclure les imputations justes, nous serions heureux de l'adopter.

Mais jusqu'à ce que ce moyen soit découvert et appliqué, l'effet de toute restriction sur la liberté de la presse ne pourrait être que pernicieux.

Pour fermer tout accès aux imputations injustes, en ouvrant toutes les voies aux imputations justes, il faudrait une définition claire, précise et complète du terme, quel qu'il soit, par lequel on désigne l'abus ou le mauvais usage de la presse.

Le soin de fixer cette définition n'appartient qu'à ceux-là seuls qui exercent dans l'état le pouvoir suprême.

Mais jamais ils n'ont donné cette définition, et jamais ils ne la donneront; car on ne peut raisonnablement l'attendre de leur part, puisqu'elle tendrait à restreindre leur pouvoir et à compromettre leurs intérêts.

Tant qu'ils laissent cette définition dans le vague, ils conservent toujours les moyens de continuer et d'accroître les différentes formes d'abus et d'inconduite qui sont le plus utile à leurs intérêts.

Jusqu'à ce que cette définition soit donnée, la *licence* de la presse est la révélation de tout abus dont ils profitent. Ils n'appellent *liberté* de la presse, que les publications qui ne dévoilent pas leurs manœuvres.

Si jamais la définition est donnée, si on trace clairement une ligne de démarcation entre les deux choses, alors seulement on pourra s'opposer à la *licence* de la presse, sans compromettre sa *liberté*

Après ces explications, on peut comprendre le mode d'action du sophisme qui nous occupe. Il consiste à employer la feinte approbation qu'on donne à la *liberté,* comme un masque ou un manteau, pour couvrir l'opposition réelle qu'on lui prépare sous le nom de *licence.*

DEUXIÈME EXEMPLE : *Réforme; tempérée et intempérée.*

Le langage ne fournit point de terme simple et

unique, pour désigner une espèce de réforme politique qu'on veut représenter comme dangereuse ; il
faut donc avoir recours à des qualifications ou
épithètes, telles, par exemple, que violente, intempérée, inopportune, etc.

Si, à la faveur du subterfuge que fournissent quelques-unes de ces épithètes dislogistiques, un homme
s'habitue à réprouver la réforme en termes aussi
vagues, sans désigner par quelque mot plus précis
l'espèce de réforme qu'il prétend blâmer, on peut
conclure, en général, que sa désapprobation réelle
ne se borne pas à tel degré, à telle circonstance de
la réforme ; mais qu'elle s'étend à toute espèce de
réforme qui aurait pour effet de détruire ou d'affaiblir les abus existants.

Car, entre tous les abus quelconques, il existe des
points de rapports ; entre tous ceux qui vivent
d'abus, il existe des alliances. On ne peut toucher
à l'un, sans menacer l'existence des autres.

Si, par conséquent, celui qui est décidé à empêcher l'adoption de toute réforme, juge nécessaire de
déguiser sa résolution sous un désir apparent de
contribuer à la réforme, il aura recours au sophisme des fausses distinctions. Il divisera la réforme
en deux espèces ; l'une sera un sujet d'éloge ; l'autre
un sujet de blâme. Celle qu'il aura destinée à être
vantée, recevra une appellation du genre eulogistique ; elle sera modérée, tempérée, praticable.
L'autre, qu'il aura réservée pour les attaques, sera

accompagnée d'une épithète dislogistique; elle sera violente, intempérée, extravagante, etc.

Ainsi, en apparence, il y aura pour lui deux espèces de réforme, l'une qu'il approuve, l'autre qu'il désapprouve. Mais l'espèce qu'il approuve est une espèce idéale, ne contenant et ne pouvant contenir aucune réalité individuelle.

L'espèce qu'il désapprouve est au contraire pleine de choses, féconde en principes, renfermant dans son sein tous les éléments de la réforme.

# CHAPITRE VII.

**CORRUPTION DU PEUPLE.** (*Ad superbiam.*)

On peut résumer ce sophisme en quelques mots : « Toute source de corruption est dans l'esprit du peuple; cette corruption est si profonde et si invétérée, qu'aucune réforme politique ne pourra la détruire. »

Tel a été le raisonnement d'un grand nombre d'honorables députés salariés par le pouvoir. A leur tête, nous signalerons Edmond Burke.

Ce sophisme consiste à donner au mot *corruption,* lorsqu'on l'applique au peuple, un sens indéterminé. Mais ce mot n'explique réellement qu'une chose, c'est l'hostilité de l'orateur envers les personnes dont il parle : il leur impute un défaut moral, mais sans rien préciser sur la nature de ce défaut.

Cette accusation ne peut résulter que d'une étrange confusion d'idées, soit réelle, soit calculée.

Dans une élection parlementaire, chaque électeur agit d'abord en son nom, ensuite comme tuteur de tous les autres membres de la communauté. Si par la manière dont son vote est reçu, par exemple, par le scrutin secret, on lui ôte la possibilité de servir ses propres intérêts aux dépens de l'intérêt général, le seul intérêt qu'il puisse protéger par son vote, sera sa part dans l'intérêt général. Pour atteindre ce but, il ne verra donc pas d'autre moyen que de contribuer par son vote à faire arriver à la représentation, le candidat qui paraît le plus disposé à défendre l'intérêt général.

Or, quelque petite que puisse lui paraître sa part dans l'intérêt général, cependant elle sera suffisante pour emporter la balance, lorsqu'il n'y aura rien dans le plateau opposé ; et il n'y aura rien dans ce plateau, si l'on obtient le vote au scrutin secret. Maintenant, en poursuivant le raisonnement, si la valeur de sa part dans l'intérêt général lui semble assez grande pour surmonter l'amour du repos et l'inconvénient d'un déplacement, il se rendra à l'endroit de l'élection et donnera son vote au candidat qui, selon lui, doit le mieux protéger l'intérêt général. Si la valeur de sa part ne lui semble pas mériter son attention, il s'abstiendra d'aller voter ; et quoiqu'il ne fasse aucun bien relativement à l'intérêt général, du moins il ne fait aucun mal.

Ainsi donc, le mot *corruption* appliqué à la multitude, appliqué au peuple, n'a aucun sens déterminé et intelligible. Mais pour la classe du petit nombre des gouvernants, il a une signification parfaitement claire. Se disant choisis par le grand nombre, ce qui est un premier mensonge, choisis ensuite l'un par l'autre, ils affectent le rôle de tuteurs du grand nombre, chargés de défendre les intérêts du grand nombre. Mais bien loin d'agir en cette qualité, ils se servent de l'argent du grand nombre pour se corrompre l'un et l'autre sous la direction du monarque; chacun protégeant en toutes choses son intérêt particulier, aux dépens de l'intérêt général. On peut donc, avec toute raison, leur appliquer les termes de *corrompus, corruption, corrupteurs, corruptionistes*, et chacun de ces termes sera certainement bien correct et bien intelligible.

Mais les appliquer au peuple qui souffre de cette corruption, qui est opprimé par cette corruption, et qui sera toujours opprimé tant que durera cette corruption, c'est là un des plus détestables sophismes qu'ait imaginés la fourberie politique.

Veut-on savoir la vérité en fait de corruption et d'incorruption, ou pour parler plus clairement, en fait de vice et de vertu? C'est que c'est chez le petit nombre de gouvernants que se trouve le plus de vice et de corruption, parce qu'il est en leur pouvoir de servir leurs intérêts particuliers aux dépens de l'intérêt général. C'est que c'est dans la masse des gouvernés que se trouve le moins de vice et de corruption, parce qu'ils n'ont pas eu le moyen de servir leurs intérêts privés, et qu'ils ont été ainsi libres de suivre la voie qui leur était tracée, tantôt par des hommes intéressés à leur donner une bonne direction, tantôt par des hommes intelligents et désintéressés, amis de leur pays et de l'humanité.

Il est d'autres arguments qui peuvent aller de pair avec ces déclamations sur la corruption du peuple. Ces arguments se résument assez bien dans les phrases suivantes : « Au lieu de réformer les autres, au lieu de réformer ceux qui valent mieux que vous, au lieu de réformer l'état, la constitution, l'église, tout ce qui est excellent, songez à vous réformer vous-mêmes ; que chaque homme regarde son intérieur ; il y trouvera de quoi exercer sa manie de réforme, et sur des choses à sa portée, au lieu de regarder si haut et d'aspirer à des choses hors de son atteinte. »

Ce langage est sans cesse dans la bouche des anti-réformistes, et toujours débité avec un air de triomphe, le triomphe de la sagesse supérieure sur la présomptueuse arrogance.

Il est certain que si le temps et les efforts de chaque homme étaient exclusivement employés à corriger ses propres imperfections, il ne lui en resterait plus pour essayer de corriger les imperfections et les abus du gouvernement. De cette manière, la masse des abus s'en irait toujours croissant avec les malheurs de ceux qui en souffrent, et les jouissances de ceux qui en profitent. Or, voilà tout ce que l'on demande.

<hr>

# CHAPITRE VIII.

OBSERVATIONS SUR LES SEPT SOPHISMES PRÉCÉDENTS.

Dans les sept sophismes précédents et autres de même nature, l'artifice employé consiste à éluder entièrement la question, et à substituer des termes généraux à des termes particuliers, des termes ambigus à des termes précis.

Dans d'autres sophismes, l'argument est toujours à côté de la question ; mais au moins il y a un argument. Dans ceux-ci, il n'y a point d'argument ; il n'y a que des mots. *Sunt verba et voces prœtereaque nihil.*

Afin de trouver le mot qui lui convient pour tromper, l'avocat de la corruption est obligé de prendre son essor vers la région des généralités vagues, jusqu'à ce qu'il rencontre une expression d'une signification si étendue qu'elle devienne pour l'esprit une source de confusion et d'obscurité.

Deux termes étant donnés, un terme générique et un terme spécifique qui y est contenu, si le terme spécifique est le seul propre, c'est-à-dire si la proposition qui sort de ce terme est vraie, et qu'on y substitue le terme générique, il y aura ambiguité et conséquent erreur et déception.

Le mode opposé à ce mode *aérien* de contestation est celui qu'on appelle *raisonnement serré.*

Plus le raisonnement d'un homme est serré, plus il s'attachera à n'employer que l'expression la plus particulière au sujet, celle qui contribuera le mieux à mettre en vue l'objet qu'il veut montrer et à écarter tout ce qui pourrait l'obscurcir.

L'homme qui désire contribuer en toute occasion au bien-être de la communauté, et qui possède en même temps l'habileté qu'il faut pour arriver directement et certainement à ce but, cherchera toujours pour chaque mesure le langage propre, et saura par une nomenclature et une classification correcte, faire connaître clairement sa pensée et juger sainement ses intentions.

Ainsi, en matière de délits (actes qui étant nuisibles au bien-être général, doivent être soumis à des prohibitions et, s'il est nécessaire, à des châtiments), il emploiera pour la désignation de chaque acte particulier, le genre d'expression qui indiquera les relations de cet acte particulier avec le terme générique sous lequel il est classé ; puis il déterminera les relations qu'il peut avoir avec d'autres délits, au moyen d'un terme plus général et plus étendu qui fasse connaître le *mode* et la classification du délit.

Voici comment il pourrait diviser ces délits : 1° Délits contre soi-même ; 2° délits contre un individu autre que soi , cet individu pouvant être désigné ; 3° délits contre une classe particulière de la communauté ; 4° délits contre toute la communauté.

Lorsqu'il s'agit d'individus , délits contre la personne, contre la réputation, contre la propriété, etc.

Par la raison contraire, l'homme qui, sans égard pour le bien-être général , désire servir ses intérêts personnels et privés, emploiera dans toute occasion une nomenclature et une classification obscures, au moyen desquelles les mesures qu'il se propose de faire passer , seront couvertes d'un voile épais , qui ne permettra ni de les comprendre , ni de les juger.

Dans la loi anglaise , les délits se trouvent jetés et confondus pêle-mêle, groupés sans ordre sous des dénominations classiques qui n'enseignent rien ni sur leur nature ni sur leur gravité. Les *trahisons,* les *félonies clergyables , les félonies non-clergyables , les præmunire, les misdemeanours.*

Les quatre premières dénominations, si elles indiquent quelque chose , indiquent non le délit en lui-même, mais la peine infligée au délinquant. La cinquième n'indique même pas cela : c'est une classe miscellanée qui comprend tous les délits non compris dans les autres [1].

---

[1] Nous aurons occasion d'expliquer plus amplement tous ces mots barbares, lorsque nous publierons les *Traités de législation et de morale.*

D'où viennent donc de si étranges confusions, des classifications aussi obscures que funestes?

Il faut les rapporter à deux causes : 1° la création de cette législation barbare ; 2° sa permanence.

Quant à la création, l'ignorance des temps suffit pour en rendre compte. La trahison et la félonie sont des importations normandes et féodales, dont l'origine se perd dans la nuit des âges. La religion chrétienne, pervertie par les passions humaines, donna naissance aux délits clergyables et non-clergyables ; et par une perversion encore plus grande, c'est au nom de cette même religion que, sous Bernard III, l'on imagina les *præmunire.*

Comme il est de l'intérêt des hommes de loi de maintenir l'obscurité dans la législation, ces termes ont été soigneusement conservés dans toute leur barbarie primitive. Sous ces dénominations en général et sous celle de félonie en particulier, on entassa tous les actes sans distinction, les faits sans connexité, les idées les plus dissemblables, et ce qui est plus odieux, les actions les plus innocentes.

Par cette méthode, ou plutôt par cette absence de toute méthode, la voie la plus large est ouverte à l'avidité des gens de loi, à l'arbitraire du juge.

C'est par analogie avec l'ancien système anglais (analogie conduisant aux mêmes résultats), que les législateurs de la France et leurs imitateurs forcés de l'Allemagne ont imaginé les divisions arbitraires de leur code pénal. *Faute, contravention, délit, crime,* voilà autant de classes ascendantes sur une échelle

de sévérité : dénominations vagues qui ne caractéri-
sent pas la nature de l'offense, qui n'indiquent ni
la qualité, ni la quantité du mal, et par conséquent
ne justifient pas la raison de la peine.

La source de toute cette confusion est, en Angleterre, l'alliance des hommes de procédure avec la
tyrannie politique; en France, la soumission des
hommes de procédure à la tyrannie politique.

En Angleterre, il est de l'intérêt de l'homme de
loi que les règles d'action continuent à être enve-
loppées d'obscurité, afin qu'il puisse en toute occasion se rendre nécessaire, afin qu'en prononçant de
certaines formules consacrées, il puisse, en sa qualité d'avocat et de conseiller, disposer de notre bourse;
en sa qualité de juge, disposer de notre réputation,
de notre bien-être et de notre vie.

En France, l'homme de loi n'est pas l'allié mais
il est l'esclave de l'homme politique; son intérêt
n'est donc pas de cacher ce que la loi *est*; mais son
intérêt est de cacher ce que la loi *devrait être*.

L'homme de loi français est un marchand d'esclaves qui vante sa marchandise et dissimule les imperfections.

L'homme de loi anglais est un sultan qui dérobe
à tous les yeux, sous un triple voile, la maîtresse
favorite dont il veut seul posséder les trésors.

Tous ces exemples de généralités vagues sont suffisamment frappants. Les auteurs de ces systèmes
ne veulent pas de termes précis; mais aussi ils ne
veulent pas être accusés de donner à ces délits des

dénominations qui ne leur seraient pas applicables. En conséquence, ils les rangent sous des genres si vagues, qu'ils peuvent embrasser toutes sortes d'actes qui n'ont rien de commun. Le mal fait à des individus par tel ou tel acte, le mal fait à soi-même, le mal fait à une classe de la communauté, le mal fait à la communauté, voilà des qualifications claires et distinctives, voilà des caractères qu'il n'est pas au pouvoir du despotisme de communiquer à un acte quelconque.

# CHAPITRE IX.

### SOPHISMES ANTI-RATIONNELS. (*Ad verecundiam.*)

Lorsque la raison est en opposition avec les intérêts d'un homme, ses efforts tendront naturellement à combattre la faculté même de raisonner, à en faire un objet de haine ou de mépris.

Tant que le gouvernement renfermera des abus dont profitent les membres du gouvernement, la raison étant contre ceux-ci, ils deviendront nécessairement ennemis de la raison.

Toutefois la raison étant un mot qui implique non-seulement la faculté de penser, mais aussi l'exercice logique de cette faculté, c'est contre la *pensée* elle-même qu'ils dirigeront leurs sarcasmes et toute l'artillerie de leurs sophismes.

1° Que l'on propose un plan qui n'entre pas dans leurs vues, ils s'épargnent bien facilement tout argument, en le gratifiant de *théorie spéculative*. Cette accusation rend dès-lors inutile toute discussion ; il n'est pas besoin de s'évertuer à trouver des objections sérieuses.

Ce mot *spéculatif* est souvent renforcé d'autres termes qui s'en rapprochent jusqu'à mériter l'épithète de synonymes. Le projet sera déclaré *visionnaire*, *chimérique, romanesque, utopien*.

2° Quelquefois une distinction est admise, et l'on se permet une concession. *Le projet est bon en théorie, mais il serait mauvais en pratique.*

3° D'autres fois, par un progrès nouveau dans l'art de l'irrationnalisme, le projet est déclaré *trop bon pour être praticable.* C'est sa perfection même qui le fait exclure.

4° Enfin, par un raffinement de logique à rebours, on en est venu au point que le mot *projet* a été sérieusement représenté comme une raison suffisante pour le faire rejeter. Toute mesure porte en elle-même sa propre condamnation.

« En considérant l'état actuel de la chambre des communes, dit un écrivain au sujet de la réforme électorale, mon intention est de signaler ses défauts *principaux*, et d'y porter remède *successivement*. Je ne veux proposer *aucun système, aucun grand projet,* ni rien qui ressemble à un *projet ;* je veux seulement proposer d'une manière *modérée et conciliante* un ou deux bills séparés ! ! »

Voilà dans quel langage M. Brougham était obligé de parler à ces hommes, en 1810 ! Voilà dans quel langage fut obligé de leur parler sir James Mackintosh, en 1819, en demandant la révision des lois pénales. Voilà dans quel langage tout homme sera toujours obligé de leur parler jusqu'à ce que, par une réforme radicale, la chambre soit purgée d'une classe d'hommes dont la présence semble un défi perpétuel à l'intelligence et à la probité.

Pour ne pas éveiller les terreurs réelles des uns, les terreurs simulées des autres, il faut complaisamment abjurer sa propre intelligence ; pour ne pas effrayer leur pudeur, il faut se faire eunuque.

Quoiqu'il y ait entre tous ces moyens de déception une connexité intime, il y a cependant entre eux des nuances assez distinctes pour les rendre susceptibles d'un examen séparé.

### § I<sup>er</sup>. *Abus des mots : spéculatif, visionnaire, etc.*

Ce qui constitue le sophisme, ce n'est pas l'usage de ces mots, mais leur abus. Or, il y a *abus* toutes les fois que dans une discussion sérieuse, sans alléguer aucune objection spécifique, on applique à une mesure une épithète de ce genre, comme raison concluante pour la faire rejeter.

Nous convenons, toutefois, que bien des mesures ont été proposées qui méritaient l'une de ces épithètes. Mais il faut que les idées d'un homme soient étrangement confuses, et son vocabulaire bien pauvre,

s'il ne sait combattre une mauvaise mesure que par
des épithètes qui ne prouvent rien, et qui ont si souvent servi à entraver la pensée elle–même dans ce
qu'elle a de plus pur.

La peur des théories est jusqu'à un certain point
fondée en raison. Il y a, de la part de ceux qui adoptent
une théorie, une propension commune à la pousser
trop loin, c'est-à-dire à mettre en avant telle proposition générale qui n'est vraie qu'alors qu'on en a
déduit certaines exceptions, à la mettre en avant,
sans tenir compte de ces exceptions, sans tenir
compte, par conséquent, des cas où la théorie est
fausse ou erronée.

Cette propension, à pousser les théories à l'ex-
trème, est à peu près universelle. Mais que doit-il en
résulter ? Faut-il pour cela rejeter en entier toute
proposition théorique ?* ou plutôt ne doit-on pas
rechercher en quoi elle peut être vraie, en quoi elle
peut être limitée ?

Les connaissances de chaque homme sont proportionnées à l'étendue et au nombre des propositions
générales dont la vérité lui semble démontrée : en
d'autres termes, l'étendue de ses théories forme
l'étendue de ses connaissances.

Si cependant ses théories sont fausses, ses erreurs
sont proportionnées à l'étendue de ces propositions.

Mais de ce qu'une proposition est théorique, conclure qu'elle est fausse, c'est conclure qu'un homme
qui parle ne dit que des paroles fausses.

On dirait que dans la pensée il y a quelque chose de dangereux et de funeste. Chacun met de l'amour-propre à la désavouer. « Je ne suis pas pour les théories; je ne m'abandonne pas aux recherches spéculatives. » Mais les théories, les recherches, qu'est-ce autre chose que la pensée? Un homme peut-il repousser les théories sans repousser la pensée? Il faudra donc, pour échapper à l'imputation d'être un théoriste, un homme dangereux, renoncer à tout ce qui place l'homme au-dessus des animaux?

Un projet tend-il à un but funeste? ou le but étant utile, les moyens sont-ils mauvais? Qu'on le dise franchement; qu'on le démontre. De pareilles objections ne sont-elles pas beaucoup plus sensées, plus honnêtes, plus concluantes que les vains reproches adressés aux idées spéculatives?

## § II. *Utopien.*

On pourrait à bon droit employer cette épithète pour signaler les mesures dont on promet les plus heureux effets, sans qu'elles renferment des moyens adéquats pour la production de ces effets.

Dans la conception romanesque de Thomas Morus, l'*utopie* représentait un état de choses fondé sur un bonheur imaginaire. En considérant le siècle où il vivait et la religion qu'il professait avec un zèle si honnête et si opiniâtre, on peut bien présumer que les institutions dont il faisait dériver de si heureux effets, étaient peu faites pour les produire.

Il n'en saurait guère être autrement avec toutes les théories des romans politiques. Le romancier disposant à son gré des causes et des effets, il ne trouve aucune difficulté à créer les événements heureux dont il a besoin pour appuyer ses élucubrations. Sous sa plume, les circonstances les plus indifférentes deviennent des sources de félicité ; les obstacles même peuvent devenir des causes.

Mais dans la réalité, dans cette triste réalité qui nous environne, n'y a-t-il aucune amélioration possible ? Toute réforme doit-elle être rangée parmi les utopies ? Tout abus doit-il durer à jamais protégé par cette épithète sophistique ? On n'oserait le soutenir ouvertement. Mais pour n'avoir pas la peine de combattre la vérité par des arguments sérieux, on la relègue dans les régions de la poésie, on la traite comme un vain caprice de l'imagination.

§ III. *Bon en théorie, mauvais en pratique.*

Même dans l'état actuel de la civilisation, il est rare que la marche du gouvernement soit dirigée d'après les principes de la raison. Cela s'explique par l'existence d'un si grand nombre d'institutions qui étant opposées au seul but légitime d'un gouvernement, le plus grand bonheur du plus grand nombre, sont maintenues parce qu'elles sont favorables aux intérêts du petit nombre privilégié. La routine, l'aveugle routine née de l'abus et protégeant l'abus, voilà le seul guide dans la plupart des opérations politiques. Dans les cas où l'intérêt du grand nombre semble à la minorité s'accorder avec ses propres intérêts, elle consent à en tenir compte ; dans tous les autres cas, l'intérêt du plus grand nombre a été négligé ou contrarié.

C'est pourquoi, dès que par hasard on met sur le tapis un plan quelconque qui tende au seul but légitime des gouvernements, si ce plan doit dévier un peu des routes battues, les hommes pratiques, les hommes de routine, ne savent plus que faire. L'utilité du projet, s'il est utile, ses dangers, s'il est dangereux, sont ce qui les occupent le moins. Quant à savoir si le projet tend au but légitime, ou même à un but quelconque, ils s'en inquiètent peu. Jamais, dans aucune mesure, ils n'ont songé au but ; ils ne songent qu'à la forme, et ils veulent que dans la forme elle soit semblable à ce qui s'est pratiqué jusque-là. Dès que la ressemblance n'est pas exacte, ils se laissent aller à d'étranges perplexités. Si la mesure est tellement bonne en elle-même, et si évidemment qu'il n'y a aucune raison plausible à lui opposer, ils se garderont bien de la combattre. Par voie de conciliation, ils admettront bien qu'elle est bonne, mais en théorie. Une fois cette concession faite, comme il est incontestable que la théorie est une chose, la pratique une autre, ils vous demanderont, en retour de leur concession, d'avouer qu'elle n'est pas bonne en pratique ; en un mot, que la mesure est bonne en théorie, mauvaise en pratique.

Nous ne voulons pas nier qu'il n'y ait eu beaucoup de projets qui, paraissant bons en théorie, aient été trouvés mauvais en pratique; mais ce que nous contestons, c'est qu'un projet qui serait essentiellement mauvais en pratique, pût jamais avec quelque logique être considéré comme bon en théorie.

Lorsque, dans le nombre des circonstances dont le concours réuni est nécessaire pour le succès d'une mesure, on en omet une dans le calcul des effets à produire, plus cette omission sera importante, plus la mesure se trouvera défectueuse en pratique. Mais d'où vient ce défaut? Du défaut de la théorie.

Ainsi, en économie politique, tous les plans qui ont été adoptés et suivis par le gouvernement, pour enrichir la communauté en avançant de l'argent à des individus, ont été mauvais en pratique. Pourquoi? Parce qu'ils étaient mauvais en théorie; ou bien parce que dans la théorie on avait omis quelque circonstance importante, et que cette omission rendait la chose impraticable : nous en avons vu un exemple assez singulier. Lorsque d'abord il fut parlé du projet d'éclairer nos rues par le gaz hydrogène, l'inventeur ou celui qui se proclamait tel, présentait dans ses chiffres des résultats pécuniaires tellement avantageux pour l'entreprise, que chacun en était séduit. Mais il se trouva qu'il avait oublié un des articles de dépense les plus considérables ; celui des tuyaux de conduite. Assurément cette omission rendait les conditions pratiques bien différentes ; mais n'était-ce pas la théorie qui s'était trompée, et n'est-ce pas une confirmation éclatante de ce que nous avons dit plus haut ? En effet, chaque fois que l'on rencontre dans la pratique des obstacles imprévus, c'est que la théorie est incomplète ; mais si l'on admet que la théorie est bonne, on ne peut raisonnablement s'opposer à la pratique.

### § IV. *Trop bon pour être praticable.*

Il y a un cas où l'on peut dire, dans un certain sens, qu'une chose est trop bonne pour être praticable : c'est lorsque la mesure proposée ne peut s'exécuter que par le sacrifice volontaire des intérêts personnels d'un ou de plusieurs individus, sans leur présenter une compensation adéquate pour les y déterminer. Si le sacrifice n'était demandé qu'à un seul individu ou à un très-petit nombre, le succès de la mesure ne serait pas hors de la sphère des possibilités morales ; car une disposition de cette nature, quoique très-rare, n'est pas cependant sans exemple. Des craintes ou des espérances religieuses, des sentiments de philanthropie, de secrètes ambitions, ont de temps à autre produit ces espèces de miracles. Mais quand il s'agit d'un corps politique, d'une multitude d'hommes pris au hasard, ce serait véritablement mériter le reproche d'*utopianisme,* que de compter sur un tel sacrifice.

. Dans ce cas, dire que c'est trop beau pour être

praticable, ce n'est pas sortir de la vérité ; mais ce n'est pas dans ce sens que cette observation est généralement faite. Les hommes qui d'habitude y ont recours, sont ceux qui, voyant une mesure contraire à leurs intérêts et ne pouvant l'attaquer sur le terrain de l'utilité, cherchent à en faire un objet de ridicule, afin d'empêcher qu'elle ne soit examinée sérieusement par ceux qui y seraient disposés. Ils la représentent comme impraticable, par la peur qu'ils ont de la voir mise en pratique.

S'opposer ouvertement à une mesure dont ils reconnaissent eux-mêmes l'utilité, ce serait encourir des accusations auxquelles ils ne sauraient que répondre. C'est donc par l'exagération des éloges, qu'ils tendent à la faire croire impraticable. Ils cherchent à faire naître dans les esprits superficiels l'idée d'une connexité naturelle, entre la bonté extraordinaire de la mesure et son impraticabilité.

« Sans doute, s'écrient-ils, au premier coup-d'œil, il y a là quelque chose de plausible qui pourrait, si vous n'étiez sur vos gardes, vous engager à un examen sérieux. Mais si vous preniez cette peine, vous verriez qu'au fond il n'y a rien là de praticable. Ce que vous avez donc de plus sage à faire, c'est de laisser ces rêveries de côté et de ne plus y penser ; car ce serait peine perdue. »

Il y a une espèce de grimace particulière, une grimace de triomphe malicieux et en même temps de terreur secrète, qui forme l'accompagnement naturel de ce sophisme, lorsqu'il est débité par quelques-uns de ces hommes voués à la défense des abus. Milton, au lieu d'entasser ses anges dégradés dans une école théologique, pour y disputer sur la prédestination, aurait dû en représenter au moins quelques-uns occupés à répéter cette grimace, avec le sophisme qu'elle accompagne.

Il y a une certaine classe de prophéties qui ont pour objet de contribuer à leur propre accomplissement ; parmi elles on peut ranger le sophisme dont nous parlons, lorsqu'il n'y a rien à dire contre l'utilité de la mesure, on a la ressource de l'impraticabilité. Par là, on peut écarter ceux mêmes qui sont convaincus de l'utilité de la mesure, et pour mieux tromper, on peut se couvrir de leur masque et se faire l'écho de leurs regrets.

Il est difficile de comprendre avec quel excès d'audace on fait servir ce sophisme à l'improbité politique, avec quelle impudence on sait se dépouiller du masque, lorsque vient l'occasion favorable, avec quelle incroyable confiance on compte sur la complicité ou l'imbécillité des auditeurs.

S'il paraît ridicule de dire qu'*une bonne chose est une bonne chose*, que penser de celui qui se lève pour dire sérieusement, que tenter une bonne chose est une mauvaise chose.

Nous l'avouerons, on ne l'a jamais dit en termes aussi clairs ; mais on a répété à satiété des propositions analogues, dont le sens est le même, dont la substance est identique. Toute idée de perfectionnement a été proclamée une idée folle ou dangereuse. Dire que l'homme a une tendance vers le progrès, c'est de l'imagination ; c'est plus, c'est de l'anarchie.

En vain voudriez-vous convaincre ces sophistes en leur rappelant les paroles du Christ. « Imitez la perfection de mon père dans les cieux. » Paroles qui attestaient non-seulement la perfectibilité, mais qui faisaient un devoir d'aspirer à la perfection. Vous pourrez peut-être pour un moment les réduire au silence ; mais vous ne les changerez pas ; un mort qui ressusciterait ne les convertirait pas.

Outre ceux qui sont dans le secret de la fraude, et qui trompent en connaissance de cause, ce sophisme a un attrait particulier pour trois classes d'hommes :

1° Les oisifs et les paresseux d'esprits qui occupent comme une propriété particulière, une place dans notre assemblée politique, dans cette assemblée où les votes des électeurs ne sont libres qu'en apparence, et à peine même en apparence ; où les votes achetés à prix d'argent sont encore les plus libres.

2° Les ignorants, c'est-à-dire tous ceux qui, à défaut d'études nécessaires, sont incapables de juger une question d'après son mérite, et cherchent avec avidité des arguments qui les dispensent de réfléchir.

3° Les intelligences faibles ; ceux qui ont peut-être lu, étudié, fait des recherches, mais qui n'ont rien appris, ni rien compris.

Quand on développe une série d'arguments, que dis-je? un seul argument qui contraigne à penser, qui amène un travail aussi difficile que la *pensée*, une expression de mépris accueille l'auteur de cette mesure perturbatrice, en punition de son audace à venir troubler les honorables loisirs des honorables représentants.

---

# CHAPITRE X.

### ASSERTIONS PARADOXALES. (*Ad judicium.*)

1° *Dangers du principe de l'utilité; 2° inutilité des classifications; 3° dangers des simplifications; 4° désintéressement devenu une preuve d'immoralité.*

1° *L'utilité.* Lorsque l'utilité d'une mesure est tellement incontestable, qu'elle défie tout argument, le rhétoricien qui voudrait s'y opposer parce qu'elle contrarie ses intérêts, ne s'arrête pas à combattre la mesure; il vise plus haut : il combat le principe de la mesure. Il ne dit pas qu'elle est inutile, il dit que le principe d'utilité est en lui-même funeste. Cette accusation a été portée par de hauts fonctionnaires, formulée par de savants journalistes, répétée par une foule d'apprentis philosophes.

Funeste, sans doute. Mais à qui? Aux inutilités

sociales que le principe d'utilité devrait réduire au néant. Aux hommes en place qu'il mettrait sans place. Aux écrivains amphibologiques qu'il condamnerait au silence. Aux représentants vendus qui ne pourraient plus se vendre, et au monarque corrupteur qui ne pourrait plus les corrompre.

Dans un gouvernement comme le nôtre, dont le premier principe est le bonheur du petit nombre aux dépens du bonheur du grand nombre, celui qui veut faire reposer toute la législation, toute la morale, toute la politique sur le plus grand bonheur du plus grand nombre, celui-là doit s'attendre à tous les sophismes en guise d'arguments, à toutes les calomnies en guise de raisons.

Ce qu'on doit reconnaître, c'est que pour faire une application convenable du principe d'utilité, il faut une réunion de qualités qui se rencontrent rarement dans les hautes régions, le discernement, l'intelligence, la sincérité : tandis que pour prononcer des décisions contre le principe, pour le condamner sans réflexion, il ne faut que de l'audace.

2° *Classification, une mauvaise chose; bonne méthode, une mauvaise chose.*

D'après les mêmes théories qui ont fait proclamer les dangers du principe d'utilité, certains hommes professent un mépris égal pour cette qualité dans les discours ou les écrits qu'on appelle *méthode* ou *classification.*

Lorsque le sujet traité par un auteur comporte

de certains développements, comme par exemple, les sciences morales ou législatives, la vérité ou la fausseté de ses propositions dépend beaucoup de la méthode qu'on y apporte. Si, par exemple, la neige et le charbon étaient classés sous le même nom, sans qu'aucun des deux objets eût un nom particulier, et qu'ensuite l'on vint demander si l'objet connu sous ce nom est noir ou blanc, il serait assez difficile de répondre à la question, soit par l'affirmative, soit par la négative.

Eh bien! le système de législation en Angleterre, renferme des classifications à peu près semblables. Les termes dont se servent les hommes de loi pour la classification des délits, sont de telle nature, qu'on serait aussi embarrassé que dans l'exemple précédent de répondre à une question analogue.

Le système entier de la loi pénale est un amalgame confus en opposition directe avec les intentions de la loi. Mais comme cette confusion fait la science de l'homme de loi, comme ses profits sont en proportion directe de cette confusion, il oppose une hostilité furieuse à tout ce qui ressemble à une classification.

Pour toutes les autres sciences, en médecine, en chimie, en histoire naturelle, les progrès faits dans chaque branche ont été en rapport avec les bonnes méthodes introduites dans les classifications. Mais aussi, jamais dans aucune de ces sciences, ne s'est rencontré un individu qui considérât une bonne méthode comme une chose inutile ou funeste. C'est qu'en effet, dans aucune de ces sciences il n'y a des individus dont les intérêts soient opposés aux progrès de la science, tandis que parmi les professeurs de la loi, il n'en est pas un seul dont l'intérêt ne soit pas contraire à l'avancement de la science, pas un pour qui cet avancement ne soit une perte ou un danger.

5° *Simplification.* C'est le vice opposé, c'est-à-dire la *complication* qui produit tous les maux de notre système de législation, l'incertitude de la loi, les délais de la procédure, les dépenses et les vexations de toute espèce. Par conséquent, tout homme qui désire voir disparaître la masse de ces maux, désire aussi voir introduire dans la loi et la procédure, les vertus de la simplification. Or, dans une occasion toute récente, il s'est trouvé dans la chambre un honorable député assez riche et assez franc pour ranger cette vertu parmi les vices les plus funestes. Il ne voyait dans la simplification qu'une tentative audacieuse du Jacobinisme.

Une pareille déclaration fut accueillie sans désapprobation par l'honorable chambre : n'est-ce pas une preuve suffisante à l'appui de ceux qui assurent que l'honorable chambre a besoin d'une prompte réforme?

4° *Désintéressement, une preuve d'immoralité.* Dans son écrit sur les fonctionnaires publics, Burke a proclamé sérieusement que de renoncer au salaire d'une fonction, c'était une marque de la plus profonde immoralité!!

Il serait beaucoup plus facile de démontrer que cette proposition elle-même est la plus forte preuve d'immoralité chez son auteur.

Le principal argument qu'elle renferme, c'est qu'aux yeux des hommes rien n'a autant de valeur que l'argent, rien n'est capable de diriger leurs actions et leurs pensées que l'argent ; que la soif de renommée et l'amour du pouvoir sont sans aucun effet sur le cœur humain.

Or, cette assertion est tellement contraire à la vérité, que moins un homme recevra d'argent pour une place, en supposant qu'il la remplisse avec habileté, plus il est à présumer qu'il y apporte de goût et d'aptitude ; puisqu'il aura pour l'accomplissement de ses devoirs, le mobile le plus puissant, le plaisir qu'il y trouve.

Tous les paradoxes que nous venons de passer en revue réussissent bien mieux dans un discours que dans un livre, et cela pour plusieurs raisons.

Le discours a pour effet de faire passer une mesure à l'instant même, et si la mesure est adoptée, on ne s'arrête pas aux moyens. On pourra bien par réflexion trouver le paradoxe étrange et dangereux; n'importe, la mesure est adoptée. La loi est passée, et cette loi est absurde et funeste : quelque jour on pourra bien proposer un remède au mal ; mais ce jour peut n'arriver que dans deux ou trois cents ans.

Dans un discours d'ailleurs, tout est profit. Vous pouvez l'emporter ou ne pas l'emporter, convaincre ou ne pas convaincre. Mais votre discours est bien fleuri, bien pompeux, bien éloquent : il a fait son effet, et votre réputation y gagne, quel que soit le résultat. On oublie le paradoxe pour ne se rappeler que la manière dont il est présenté. Si les termes du paradoxe sont ambigus, offrant deux sens dont l'un est dangereux, l'autre innocent, l'effet n'en sera que plus habilement calculé. A qui accepte toutes les paroles qui tombent de votre bouche admirera sans réfléchir; mais B qui réfléchit, voit le côté dangereux du paradoxe, et vous attaque avec vivacité : aussitôt se présente un de vos adhérents qui fait ressortir le sens innocent de l'équivoque, jure en votre nom que c'est là, que c'est bien là le fond de votre pensée, et il termine par une violente apostrophe contre B, atteint dès-lors et convaincu de calomnie.

On peut s'étonner que de pareils moyens réussissent. Mais que l'on songe à la faiblesse intellectuelle des races parlementaires, à l'état de servitude où les maintient l'autorité qui les sert et leur demande service, et l'on aura l'explication des succès inouis de ces insolentes argumentations. Plus l'intelligence est faible, moins la raison a de prise sur elle, et plus en a l'autorité fondée sur de spécieux paradoxes. C'est ainsi que dans les mœurs parlementaires, plus une absurdité est flagrante, plus est grande sa force persuasive. Pourquoi? parce que, disent-ils, il faut que cette persuasion soit bien fondée en raison, quand elle accepte comme vérité tout ce qui y ressemble le moins. Ils se font un argument de leur absurdité même.

Lorsque les terreurs et les espérances de la religion sont la cause et l'origine d'une conviction, on
ne doit pas s'étonner que cette conviction soit plus
forte. Il y a mérite à croire, et l'on s'efforce de
croire, et moins on peut expliquer la croyance, plus
il y a de mérite à croire. *Credo quia impossibile est*,
voilà l'expression la plus haute de la foi : elle ne
peut aller plus loin. Ici du moins, on n'a pas la prétention de s'adresser à l'entendement ou à la raison :
on agit sur la volonté par des craintes ou des espérances. Il ne faut seulement que bien choisir les
moyens.

Mais lorsqu'à la voix de certains hommes qui occupent certaines places, nous voyons des législateurs se laisser imposer les convictions les plus erronées, demeurer persuadés que dans le mensonge
est la vérité, que dans l'oppression est la justice ;
ce n'est plus la volonté qui est faible et opprimée,
c'est l'intelligence elle-même qui est égarée.

# CHAPITRE XI.

### NON CAUSA PRO CAUSA, OU L'OBSTACLE PRIS POUR LA CAUSE.
### (*Ad judicium.*)

Lorsque dans un système qui a quelques bons
côtés, vous n'avez à en défendre que les abus,
commencez par un éloge général du système, éten-

dez-vous sur les heureux effets qui en résultent et que personne ne conteste ; et de là, passant aux abus que vous avez à défendre, attribuez-leur en tout ou en partie l'existence de ces heureux effets. *Cum hoc, ergo propter hoc.*

Dans tout système politique qui existe depuis long-temps, qui, sans reposer sur un principe général, s'est formé peu à peu, à des époques différentes, selon les intérêts qui dominaient ; quels que soient les bons ou les mauvais effets qui, dans l'état actuel des choses, en ont résulté, on peut les rapporter à trois circonstances principales : 1° celles qui ont agi comme causes effectives ou promotives ; 2° celles qui ont agi comme causes préventives ou obstacles ; 5° celles qui ont été des incidents sans suite et sans influence.

Dans un tel système, quels que soient les abus et quels que soient les heureux résultats, ces heureux résultats auront rencontré, dans les abus, non autant de causes efficientes, mais autant d'obstacles ou de causes préventives.

Si vous parvenez à disposer vos arguments de manière à ce que les abus, au lieu d'être considérés comme des obstacles, passent pour être les causes efficientes, vous aurez obtenu le but que vous vous proposiez.

Si cependant vous ne pouvez faire attribuer les résultats heureux aux abus qui les ont entravés , ce que vous avez de mieux à faire est d'en attribuer la cause aux circonstances indifférentes, en tâchant de donner à ces circonstances une connexité quelconque, aux abus que vous voulez maintenir.

Dans tous les cas, vos efforts doivent tendre à rapporter les résultats heureux à toute autre cause qu'aux causes réelles ; car si on voit clairement les causes qui les ont amenés, on verra clairement aussi celles qui n'y sont pour rien.

Le vrai savoir étant votre plus dangereux adversaire, vous ne devez avoir d'autre but que d'obscurcir et d'entraver sa marche.

Le vrai savoir dépend beaucoup de l'habileté à distinguer, en toute occasion, les causes, les obstacles et les circonstances indifférentes ; votre étude constante doit donc être de toujours les confondre.

EXEMPLE, n° 1. *Bon gouvernement, obstacle pris pour la cause, influence de la couronne.*

Si avec la monarchie limitée, la supériorité de la constitution anglaise sur toutes les monarchies absolues ou moins limitées, est admise sans contestation, et que la différence qui sépare cette monarchie limitée des monarchies absolues, consiste dans la part d'influence de la masse du peuple, cette influence étant exercée par la volonté des élus du peuple sur la volonté des élus du roi, et par suite sur la volonté du roi lui-même, toute circonstance qui tend à diminuer cette influence, ne peut pas être comptée parmi les causes de cette supériorité, mais doit être rangée parmi les obstacles.

Ainsi, les membres de la chambre des communes, tous censés les élus du peuple, agissent comme s'ils étaient les élus du roi : ils sont appelés comme juges pour apprécier la conduite des agents du pouvoir, et ils reçoivent les impulsions de ces agents.

Assurément, on ne pourra nier que cette influence, exercée par les agents du pouvoir sur les élus de la nation, et par le monarque sur les agents du pouvoir, n'ait pour effet de détruire l'autorité de la chambre, et surtout, dans son caractère de juge suprême de la conduite des agents.

Dans ce cas, le sophisme consiste à représenter comme une cause des heureux résultats que l'on obtient, l'influence de la couronne ; tandis que cette influence, n'agissant que par la corruption, loin d'être une cause est un obstacle.

EXEMPLE, n° **2**. *De l'obstacle pris pour la cause, sièges des évêques à la chambre des lords.*

Pour contribuer aux bienfaits du gouvernement, soit en qualité d'évêque, soit en toute autre qualité, il faut prendre part aux travaux du gouvernement.

Dans cette branche de gouvernement que comprend la chambre des lords, un homme ne peut participer aux bienfaits qu'en proportion de la part qu'il prend aux débats, soit par la parole, soit par un vote silencieux.

Or, de toute la corporation des évêques parlementaires, y compris, depuis l'union, ceux de l'Irlande, il n'y en a pas un dixième qui assistent aux séances ; quant à faire entendre leur parole, si

par aventure cela leur arrive, ils ne font que con-
firmer davantage l'assertion de ceux qui prétendent
que les évêques ne devraient pas siéger.

En effet, d'où vient que le nombre de ceux qui
votent et surtout de ceux qui parlent, soit si petit?
De ce que le sentiment général reconnaît que les
affaires temporelles et politiques ne sont pas de
leur ressort. Dans cette guerre de personnalités,
qui fait le fond des débats dans l'une et l'autre
chambre, les hommes de cette classe sont plus vulnérables que d'autres. Et, d'abord, il faut avouer
qu'une assemblée législative n'est pas une place
convenable pour un homme qui n'a pas la liberté
de dire ce qu'il pense. Or, comment veut-on qu'un
évêque puisse invoquer même les principes les plus
élémentaires de la politique, lorsqu'on peut le réduire au silence par une citation empruntée à l'un
des trente-neuf articles, ou à un passage de l'ancien
ou du nouveau Testament.

Il est tant de choses auxquelles il faut qu'il pa-
raisse croire, quelque incroyables qu'elles soient;

Il est tant de choses qui ne peuvent se défendre
par la raison, et qu'il est obligé de défendre;

Il a tant de côtés vulnérables qui le gênent, sans
que ses adversaires en soient gênés;

Il a tant de chaînes qui l'embarrassent, sans que
ses adversaires en soient embarrassés, qu'il ne serait
ni généreux ni honorable de le combattre avec les
armes ordinaires.

Car s'il a le malheur d'entendre la voix de la raison, il a pour devoir de ne pas l'écouter.

En vain ces pieux dignitaires voudraient répondre, ainsi qu'on l'a fait tant de fois, que ni Jésus, ni les apôtres ne mettaient à leurs paroles le sens qu'on y attribue, que tout a besoin d'être expliqué et d'être expliqué avec soin. Des réponses de cette nature ne peuvent satisfaire que ceux qui veulent être satisfaits de tout, et dont la satisfaction ne peut être ni diminuée par des objections, ni accrue par des arguments.

Exemple, n° 5. *La vertu nationale, obstacle pris pour la cause, opulence du clergé.*

Nous avons plus d'une fois démontré que toutes les fois que l'argent est employé comme cause efficiente de services rendus ou à rendre, le degré d'efficacité dépend bien moins de l'importance des sommes que de la manière utile dont l'argent est distribué. Mais lorsqu'il s'agit du revenu public, il arrive assez fréquemment qu'au lieu d'être cause du bien, l'argent devient obstacle. Par exemple, si un homme auquel on demande du travail est payé également, soit qu'il travaille, soit qu'il ne travaille pas, il est impossible d'en attendre de lui, et ce serait folie d'en exiger. Si un homme est appelé à de certaines fonctions, et qu'on l'encourage par tous les moyens à ne pas remplir ces fonctions, tout l'argent qu'on lui donnera n'aura d'autre effet que de lui offrir des encouragements nouveaux pour le détourner de ses devoirs.

Or, si cela est vrai pour tous les hommes, cela doit être vrai pour chaque homme ; et cela ne sera pas moins vrai parce qu'un homme s'appelera curé, vicaire, évêque ou archevêque.

Il est un fait trop vrai, et qui n'a guère besoin de preuves, c'est qu'il ne faut attendre du clergé anglican aucun service qui tende à développer la morale publique.

Il est un fait non moins vrai, c'est que l'argent n'est d'aucun effet pour obtenir ce service. Car sans un sou de dépense, ce service est très-régulièrement rempli par les prédications mutuelles des hommes que nous appelons quakres. D'autres encore, qui s'appellent méthodistes, exercent leurs fonctions religieuses avec non moins de zèle et non moins de désintéressement, tandis que nous ne rencontrons que froideur, indifférence et paresse chez tous les membres, à tous les degrés de l'église établie et si richement dotée.

---

# CHAPITRE XII.

### SOPHISME DES DÉFENSEURS DE LA PARTIALITÉ.

« Il ne faut pas, dit-on, argumenter de l'abus contre l'usage. »

Cette proposition est absurde, quelque sens qu'on lui donne ; mais le degré d'absurdité dépend des conséquences qu'on veut en tirer.

Dans toute institution, les bons effets qui en résultent, constituent l'usage ; les mauvais effets qui en résultent, non par accident, mais par la volonté des hommes, constituent l'abus.

On voit de quelle utilité la confusion des deux termes peut devenir pour les arguments du paradoxe.

1° En rendant compte de l'institution, il faut omettre tous les mauvais effets, pour ne mettre en vue que les bons.

Voilà le premier sens du sophisme.

2° En faisant la balance des effets bons et mauvais, il ne faut pas conclure que l'institution soit entièrement mauvaise parce que quelques effets sont fâcheux.

Prise dans ce sens, la maxime présente une vérité incontestable ; et c'est précisément parce qu'on ne la conteste pas, que le sophiste veut en profiter pour empêcher tout examen, pour éloigner tout contrôle. A quoi sert de parler de l'abus ? Ne parlez que de l'usage. Pourquoi vous élever contre les mauvais effets ? Ne voyez que les bons.

Ce sophisme implique toujours le sentiment confus d'une mauvaise cause.

# CHAPITRE XIII.

**LA FIN JUSTIFIE LES MOYENS.** (*Ad judicium.*)

Voici l'un des plus dangereux sophismes que l'on puisse rencontrer en politique. Il a également servi aux cruautés des despotes et aux folies des anarchistes ; il est l'origine de toutes les guerres et de toutes les persécutions, le prétexte des excès les plus détestables et la pierre d'achoppement des causes les plus saintes.

La fin justifie les moyens, sans doute ; mais à trois conditions.

1° Que la fin soit bonne :

2° Que les moyens soient bons, ou que s'il y a du mauvais en eux, il y ait plus de bon que de mauvais ;

3° Qu'il y ait en eux plus de bon que dans tout autre moyen qui pourrait conduire à la même fin.

Si l'on néglige une seule de ces restrictions, on arrive à des conséquences absurdes ou funestes.

Dans la politique parlementaire, si l'on n'avoue pas toujours hautement la maxime, l'on agit d'après le principe.

Par la nature de la chose représentative, l'assemblée se trouve toujours divisée en deux camps, l'un qui renferme les hommes qui sont en place, et qui veulent y rester, l'autre qui renferme les hommes sans places et qui veulent en obtenir; d'un côté les *titulaires*, de l'autre les *aspirants*.

Pour les uns et les autres, cette maxime est une vérité; mais pour les uns et pour les autres, la fin n'est pas la même.

Pour les titulaires, la fin est la conservation des places; pour les aspirants la fin est la conquête des places.

Par conséquent pour les titulaires, les moyens seront tous les actes qui tendront à la conservation de leurs places; et la maxime sera la justification de tous les faits cruels ou corrupteurs exercés par ceux qui tiennent le pouvoir, dans le but de s'y maintenir.

Pour les aspirants, les moyens seront tous les discours et les actes qui tendront à les rapprocher du pouvoir, et la maxime sera la justification de tous les faits d'hypocrisie par lesquels ils voileront leur ambition personnelle sous de vaines protestations de dévoûment et d'amour pour le peuple.

Je n'écris pas ce livre pour en faire une œuvre de parti : je poursuis le sophisme partout où je le trouve. Whigs ou tories, ministère ou opposition, ont chacun leur méthode sophistique dont il faut également faire justice.

Il est même un sophisme particulier qui appartient à l'opposition et qui forme le sujet du chapitre suivant.

# CHAPITRE XIV.

### L'OPPOSITION QUAND MÊME. (*Ad invidiam.*)

Suivant les notions les plus simples de la morale, et surtout de cette morale qu'on appelle amour du vrai, il n'est pas loyal qu'un homme parle contre son opinion ; il n'est pas loyal que, trouvant une mesure bonne, il la combatte par haine pour ses auteurs, ou que, la trouvant mauvaise, il la soutienne parce qu'elle vient de ses amis.

C'est-là pourtant ce qui se voit trop souvent dans la chambre des communes, et surtout sur les bancs de l'opposition. Une mesure est-elle proposée par le ministère, on n'examine pas si elle est bonne **ou** mauvaise ; on convient même tout bas qu'elle pourrait être bonne, mais on la repousse, parce que la soutenir, serait soutenir le ministère. Une mesure est-elle proposée par un membre de l'opposition, on s'inquiète peu de son mérite ou de son démérite, **on** la défend avec fanatisme parce qu'elle est dirigée contre le ministère.

Ce ridicule sophisme était cependant l'aphorisme favori du fameux Charles Fox. « On ne doit pas, disait-il, considérer les mesures, mais leurs auteurs. »

Nous convenons volontiers que celui qui désire le

bien de son pays, et voit livrer ses destinées à des hommes qu'il considère comme funestes au pays, doit regretter de voir une mesure utile contribuer à leur donner une réputation qu'ils ne méritent pas. Mais on oublie que la seule preuve qu'on puisse avoir contre la probité résulterait de mauvaises mesures proposées par eux. Or, lorsqu'il s'agit précisément d'une bonne mesure, le moment est mal choisi pour les attaquer. S'ils sont vraiment de mauvais ministres, ils ne tarderont pas à provoquer de mauvaises mesures ; mais s'ils n'en provoquent pas de mauvaises, on n'aurait guère bonne grâce à leur adresser des reproches anticipés.

C'est une cruelle alternative, sans doute, pour un homme d'une probité reconnue, de voir une classe d'hommes fixés à un poste élevé et faisant un mal proportionné à leur élévation, ou bien d'être obligé, pour les chasser de leur poste, de faire de continuels efforts pour représenter comme funestes des mesures dont il reconnaît lui-même l'utilité.

C'est dans l'abomination des longs parlements soumis à une corruption régulière qu'il faut chercher la cause de cette fâcheuse alternative.

Lorsque tout le système des abus a sur le trône un patron avoué, et que ce patron n'a d'autre but, en choisissant ses ministres, que de façonner des défenseurs à ces abus, le mal peut tellement se généraliser, qu'aucune mesure particulière ne pourrait être signalée comme cause du mal. Pendant ce temps, il peut surgir quelque mesure très-louable en elle-même, et que l'on se croirait obligé de combattre pour avoir occasion d'attaquer le ministère.

Mais si le parlement avait moins de durée, si les éléments de corruption en étaient éloignés, on n'aurait point à redouter cette alternative. Tous les jours on aurait les moyens de délivrer le pays d'un ministère dangereux. Les questions de cabinet qui se renouvellent sans cesse dans des discussions frivoles, ne se présenteraient plus que dans des occasions sérieuses, et le gouvernement lui-même s'en trouverait raffermi. Car un des plus grands vices du régime actuel, c'est qu'un ministère ne soit jamais sûr de son lendemain.

# CHAPITRE XV.

**REJET AU LIEU D'AMENDEMENT.** (*Ad judicium.*)

Ce sophisme consiste à opposer comme objection concluante quelque considération qui, présentée comme amendement, n'aurait eu aucun effet.

Cette objection se fonde sur un inconvénient quelconque, réel ou imaginaire qui doit résulter de l'adoption de la mesure.

Voyons maintenant la valeur du sophisme. L'avantage de la mesure étant établi, l'inconvénient allégué sera prépondérant ou non prépondérant.

Par conséquent, il sera remédiable ou non remé-

diable. Si l'inconvénient est en même temps prépondérant et irrémédiable, alors seulement l'objection
pourra être concluante.

Mais s'il est remédiable, l'objection ne doit que
servir de base à un amendement.

Cette distinction est facile à saisir pour tout homme
intelligent et de bonne foi. Et pourtant le sophisme
se reproduit sans cesse dans les débats législatifs.

S'agit-il par exemple de la création de quelque
place nouvelle, il est rare que l'opposition veuille discuter le mérite de cette création et l'utilité de la place.
Mais négligeant les considérations supérieures, elle
se livre à des déclamations sur le *besoin d'économie,*
ou sur *le danger d'accroître l'influence de la couronne.*

Quand la mesure est vraiment utile, il faut avouer
que ces objections n'ont aucune valeur comme arguments concluants. S'en tenir à ces deux moyens d'attaquer, c'est moins combattre l'établissement proposé que reconnaître virtuellement son mérite. En
effet, celui qui aurait quelque objection spécifique à
présenter, ne se bornerait pas à celles-ci qui s'appliquent à tous les emplois existants, et qui, si on les
admettait, détruiraient le système entier du gouvernement. Et cependant il n'est peut-être pas d'argument qui soit plus souvent employé ; il n'en est pas
qui ait plus d'action sur la chambre et le public.

Il n'est pas difficile d'expliquer l'ascendant général de ce sophisme. L'envie qui dénonce est toujours sûre de plaire à l'envie qui écoute ; et souvent
l'on obéit à cette passion sans même en avoir la

conscience, tant il est rare qu'on ait le courage de s'examiner soi-même et de se rendre compte de la nature de ses pensées.

Au surplus, en parlant de cette passion, je ne prétends pas que dans ses effets elle soit de tous points pernicieuse; et cette observation pourrait bien s'appliquer à toutes les autres passions.

Le législateur qui se déterminerait à n'employer à son service que les motifs de pure bienveillance, trouverait bientôt ses lois sans force et sans effet. Le juge qui ne voudrait recevoir que des dénonciateurs animés par des motifs purs, serait bientôt sans emploi. S'il n'écoutait d'autres témoins que ceux qui lui seraient amenés par des motifs de pure bienveillance, il serait bientôt obligé d'abandonner son tribunal désert.

Les intérêts, les affections, les passions ne sont que le même objet psycologique, agissant sous différents caractères. Le législateur devra également s'en servir pour les faire tous concourir à ses vues.

Les intérêts agissant comme mobiles, sont purs ou sociaux, personnels ou anti-sociaux. Le premier objet du législateur sera non-seulement d'employer à son service les mobiles sociaux qui sont déjà en action, mais encore de les cultiver et de les fortifier. Quant aux mobiles personnels et anti-sociaux, quoique son étude doive être de les restreindre plutôt que de les encourager, toutes les fois qu'il les trouvera en action, il s'efforcera de maîtriser leur influence, et de les faire concourir au bien-être social.

# CINQUIÈME PARTIE.

## CHAPITRE Iᵉʳ.



Chaque sophisme a un caractère qui lui est particulier ; mais tous les sophismes ont des caractères qui leur sont communs. Ces caractères peuvent être ramenés aux divisions suivantes :

1. Quelle que soit la mesure proposée, les sophismes sont étrangers à la question.

2. Ils sont tous de telle nature, que l'emploi des arguments étrangers à la question, est une présomption de la faiblesse ou même de l'absence de tout argument sérieux.

3. Ils ont toujours pour résultats non-seulement des erreurs intellectuelles, mais de graves inconvénients politiques, en paralysant toute mesure qui tend à la destruction des abus et à l'amélioration du sort du plus grand nombre.

4. Par leur nature irritante, ils enveniment la discussion ; par leur nature illogique, ils l'obscurcissent.

5. Ils occasionnent toujours une perte considé-rable de temps, et retardent la marche de toutes les affaires utiles et sérieuses.

6. Chez ceux qui en font usage, ils indiquent ou l'improbité, ou l'inintelligence, ou un grand mé-pris pour les facultés morales de ceux auxquels ils s'adressent.

7. Chez ceux qui les acceptent, ils indiquent une profonde faiblesse intellectuelle.

Nous pouvons donc conclure de ce qui précède, qu'à mesure qu'on pourra empêcher l'usage des sophismes et en détruire les effets, l'intelligence publique se développera, la morale se fortifiera, et la marche du gouvernement sera perfectionnée.

# CHAPITRE II.

### DU MAL PRODUIT PAR LES SOPHISMES.

Le mal produit par un sophisme peut être spéci-fique ou général.

Le mal spécifique consiste dans cette tendance du sophisme, à empêcher l'adoption de telle ou telle mesure d'utilité.

Le mal général consiste dans cette dépravation intellectuelle et morale, que produisent des habi-tudes de mensonge et de faux raisonnement.

Ce dernier peut encore être divisé en mal produit à l'intérieur, et mal produit à l'extérieur.

Par le mal intérieur, nous voulons désigner les habitudes de déception qui s'introduisent au sein des assemblées législatives.

Par le mal extérieur, nous entendons l'action corruptive de ces leçons d'immoralité sur la masse de la communauté.

---

# CHAPITRE III.

## CAUSES GÉNÉRALES DES SOPHISMES.

Les causes générales des sophismes peuvent être classées de la manière suivante :

1° Un intérêt séducteur dont l'intéressé a conscience ;

2° Des préjugés fondés sur un intérêt qui agit à l'insu de l'intéressé ;

5° Des préjugés fondés sur l'autorité ;

4° La défense de soi-même, ou l'utilité supposée du sophisme.

### PREMIÈRE CAUSE.

*Intérêt séducteur dont l'intéressé a conscience.*

L'esprit de tout homme public est continuellement soumis à l'influence de deux intérêts distincts, l'intérêt général et l'intérêt privé.

L'intérêt général est constitué par la part qu'il a dans le bonheur et bien-être de toute la communauté ; l'intérêt privé, par la part qu'il a dans les avantages d'une fraction de la communauté. De cet intérêt réduit à sa plus simple expression sortira son intérêt personnel.

Dans le plus grand nombre de cas, ces deux intérêts ne sont pas seulement distincts, mais opposés, et tellement opposés, que si l'on s'attache exclusivement à la poursuite de l'un, il faut lui sacrifier l'autre.

Prenez pour exemple l'intérêt pécuniaire. L'homme public qui dispose des revenus de la communauté, trouverait son intérêt personnel à en conserver entre ses mains pour son profit particulier la part la plus grande possible : il est en même temps de l'intérêt général, y compris le sien comme membre de la communauté, qu'il en détourne le moins possible pour son avantage personnel.

A considérer la vie dans son ensemble, on peut affirmer qu'il n'existe point et qu'il ne peut exister un homme qui, autant que la chose dépend de lui, ne soit prêt à sacrifier à son intérêt personnel la part qu'il a dans l'intérêt général. Tout ce que peuvent les hommes attachés sincèrement au bien public, c'est-à-dire les hommes les plus vertueux, c'est de faire tout ce qui dépend d'eux pour que leurs intérêts personnels soient d'accord avec l'intérêt général, ou au moins qu'ils s'en éloignent le moins possible.

Que cette vérité soit ou non à déplorer, ce n'en est pas moins une vérité. Il existe toujours entre l'intérêt général et l'intérêt personnel une relation que rien ne saurait détruire. Le législateur lui-même n'échappe pas à cette loi ; le législateur trouve qu'il est de son intérêt personnel de s'occuper de l'intérêt général ; ce qui ne l'empêche pas de s'en occuper avec sagesse et activité.

Cependant, plus on se forme des idées justes et complètes à cet égard, plus on demeure convaincu que dans cet ascendant de l'intérêt personnel sur un intérêt plus étendu, il n'y a rien à déplorer. En effet, c'est de cet ascendant que dépend la conser-vation de l'espèce et de l'individu : supposez, pour un moment, un ordre de chose contraire, où cha-cun préférerait le public à lui-même, les consé-quences nécessaires seraient aussi ridicules à ima-giner, que désastreuses à réaliser.

Au surplus, ce n'est pas sur un autre principe que sont basées toutes les prévoyances des législa-tions ; ce n'est pas sur un autre principe que re-posent les théories des peines et des récompenses. La loi suppose que de la part de chaque individu dont elle veut régler la conduite, l'intérêt, et l'in-térêt privé, sera la cause déterminante de cette conduite. Bien plus, dans le cas où l'intérêt géné-ral serait en concurrence avec l'intérêt personnel, la loi suppose encore que c'est ce dernier qui se fera de préférence écouter.

Si l'on agissait d'après la supposition contraire, quelle en serait la conséquence? C'est que le bien et le mal ne seraient jamais sanctionnés par des récompenses ou des peines, et qu'au lieu de réquisitions appuyées sur la crainte ou l'espérance, tout le système des lois reposerait sur de simples conseils, de simples recommandations pour tout ce qui serait à faire ou à éviter.

Il suit de là que dans toutes les circonstances où une classe d'hommes est intéressée à la création ou à la conservation d'un système d'abus, quelque criant qu'il soit, on peut prédire en toute assurance que la conduite de cette classe d'hommes devra toujours tendre à perpétuer ce système ; et s'il se présente quelques moyens qui conduisent à cette fin, ces moyens seront employés, quelque opposés d'ailleurs qu'ils puissent être à la probité et surtout à la vérité.

Toutes les vertus, dit Cicéron, sont unies par un lien commun. Remplacez le mot *vertu* par le mot *abus*, l'observation ne sera pas moins vraie. Parmi les abus des gouvernements, outre le *commune vinculum* logique, qui est formé par la dénomination générale *abus*, il existe encore un *commune vinculum* moral, qui est formé par l'intérêt séducteur, dans lequel chacun des membres du gouvernement entre pour sa part.

Dès-lors, aussi long-temps que l'un d'eux conserve sa part dans cet intérêt séducteur, il conserve en même temps un sentiment fraternel pour tous ceux qui, placés comme lui, ont des intérêts analogues. Attaquez l'un d'eux, vous les attaquez tous; et chacun est prêt à défendre la part de tout autre confédéré, avec non moins de vivacité que la sienne.

Mais un des caractères de l'abus, est de ne pouvoir être défendu que par des sophismes. Il entre donc dans les intérêts des confédérés de donner un libre cours aux sophismes, et non-seulement à ceux qui peuvent servir à chaque individu, mais à ceux qui peuvent être d'une utilité générale. Ce qui leur importe surtout, c'est de tenir l'esprit humain dans un état d'imbécillité, qui l'empêche de distinguer la vérité de l'erreur.

Ce qui est surtout avantageux pour le petit nombre des gouvernants, c'est l'admission d'un principe général, à l'aide duquel on peut donner aux abus établis une extension illimitée.

Il n'y a pas plus d'un siècle qu'un principe de cette nature était en vigueur, et menaçait toutes les institutions et toutes les libertés : c'était le principe de l'*obéissance passive* ou de la *non résistance*.

Mais ce principe a aujourd'hui perdu beaucoup de sa force. Il a donc fallu renoncer à la création des abus; on s'occupe exclusivement de leur conservation.

Le système actuel se compose d'institutions, les unes bonnes, les autres mauvaises; les unes favorables au grand nombre comme au petit nombre, **les autres** favorables seulement au petit nombre. Celui qui les défend toutes sans discernement, défend les mauvaises aussi bien que les bonnes. Il faut donc de toute nécessité se guider d'après un principe général qui ne permette pas qu'on s'égare. Or, quel doit être le principe fondamental d'un bon gouvernement? Le plus grand bonheur du plus grand nombre. C'est donc cette maxime d'*utilité générale* qui servira de correctif à tous les abus, et d'argument contre tous les sophismes.

Aussi le principe qui rapporte tout à l'utilité générale réunit-il contre lui tous ceux qui ont quelque intérêt contraire au bien public.

Toutefois, comme il n'y a pas de raisonnement capable de contredire ce principe, ils lui opposent la coutume, l'aveugle coutume, les antécédents et les usages établis. Tout ce qui est, est bien ; tout ce qui a été, doit toujours être. Voilà les maximes du sophiste : voilà ce qu'il oppose aux arguments les plus solides de la raison.

La coutume devant donc être la seule règle politique, le principe de l'utilité sera représenté comme un principe *dangereux,* et la raison devra se taire devant l'autorité des précédents.

En un mot, tant qu'il existera des abus et des individus qui en profitent, ces individus seront toujours ennemis du raisonnement et de la raison, parce que le raisonnement et la raison seront préjudiciables à leurs intérêts.

# CHAPITRE IV.

**SECONDE CAUSE. — PRÉJUGÉS FONDÉS SUR UN INTÉRÊT QUI AGIT A L'INSU DE L'INTÉRESSÉ.**

Si un motif quelconque nous fait agir, ce motif est un intérêt. Si l'intérêt influe sur les actes de notre volonté, il influera également, d'une manière directe ou indirecte, sur les actes de notre intelligence. Toutefois cette influence n'est pas toujours aussi ma- . nifeste dans ce dernier cas que dans l'autre.

Mais comment, dira-t-on, les motifs qui agissent sur un homme pourraient-ils être un secret pour lui? Rien n'est plus aisé; rien n'est plus commun. Ce qui est rare, ce n'est pas qu'il les ignore, c'est qu'il les connaisse.

Il en est de l'anatomie et de la physiologie de l'âme, comme de l'anatomie et de la physiologie du corps. Il n'y a qu'un petit nombre d'hommes qui connaisse l'une ou l'autre.

La physiologie du corps a ses difficultés sans doute, mais comparées à celles qui obscurcissent l'étude de la physiologie de l'âme, ces difficultés sont bien peu de chose.

Entre deux individus vivant ensemble dans un état d'intimité, chacun d'eux démêle avec plus de netteté les motifs qui agissent sur l'âme de l'autre, que ceux qui agissent sur la sienne. Plus d'une femme a une connaissance plus exacte des causes déterminantes de la conduite de son mari, qu'il ne l'a lui-même.

Cela s'explique aisément. Il y a intérêt pour tout individu à bien discerner les motifs d'action qui dirigent la conduite de ceux auxquels son bonheur personnel est plus ou moins lié.

Mais en même temps, il y a intérêt pour lui à ne pas examiner de trop près les motifs d'action qui déterminent sa propre conduite. Il ne trouverait dans cet examen ni profit ni plaisir.

Une pareille étude pourrait même être pour lui plutôt une source de mortifications que de jouissances. En effet, il voit qu'en général les motifs personnels sont peu estimés, et que toute l'approbation des hommes est réservée pour les motifs sociaux ou semi-sociaux [1]. C'est là ce qui forme le texte des éloges pendant la vie, des panégyriques après la mort. Partout on vante le désintéressement ; partout on flétrit l'égoïsme. Or, plus il analyse attentivement les impulsions de son cœur, moins il y trouve de ces motifs désintéressés qui donnent aux hommes une réputation de dévoûment et de générosité. L'étude de son âme lui offre donc fort peu d'attraits, avec beaucoup de motifs de répulsion.

Quelques-uns, dans l'impuissance de mériter l'estime des autres et d'eux-mêmes par leurs qualités morales, la chercheront dans le développement

_________

[1] *Voyez* le Traité de législation et de morale.

de leurs qualités intellectuelles. « Tous ceux qui
« agissent par d'autres considérations que le *moi*
« sont des niais ; tous ceux qui rapportent tout au
« moi sont les sages ; je suis au nombre des sages. »

Il en est d'autres chez qui les motifs personnels
seront mêlés à une faible proportion de motifs sociaux. Ceux-là, toutes les fois qu'ils rechercheront
la source d'une action, seront portés à l'attribuer entièrement aux motifs généreux, aux motifs sociaux.
Toujours dans l'étude de leur physiologie mentale,
ce sera leur premier aperçu, et probablement leur
dernier. Pourquoi iraient-ils plus loin ? Pourquoi
prendraient-ils en main la sonde ? Pourquoi se dé-
tromperaient-ils en substituant l'entière vérité qui les
humilierait, à la demi-vérité qui les flatte ?

Mais plus sera grande la proportion des motifs
sociaux qui agissent sur la conduite générale d'un
individu, moins cette anatomie physiologique lui
deviendra répugnante. Ainsi plus l'homme sera
vertueux, plus il se plaira dans cette étude, seule véritablement digne de lui, l'étude du cœur humain.

# CHAPITRE V.

### TROISIÈME CAUSE. — PRÉJUGÉS FONDÉS SUR L'AUTORITÉ.

On appelle préjugé toute opinion adoptée sans un examen suffisant. C'est un jugement qui, étant prononcé avant toute preuve, demeure par conséquent sans preuve.

Quelle est donc la cause qui peut engager un homme à adopter une opinion sans examen, au risque d'être trompé et d'être entraîné par son erreur dans une ligne de conduite préjudiciable, soit à lui-même, soit aux autres.

La première cause est dans les embarras qui accompagnent le travail de l'examen. On accepte une opinion comme vraie, pour s'épargner la peine de rechercher si elle est fausse.

La seconde cause est dans la faiblesse et les bornes étroites de notre intelligence. La somme des idées que chaque individu peut acquérir par lui-même ou vérifier par son propre examen, est toujours très-petite en comparaison de celles qu'il accepte des autres et qu'il adopte sur leur autorité.

Pourtant, lorsqu'il s'agit d'un homme public, cette nécessité n'est pas une justification pour l'emploi et l'admission des sophismes et des erreurs.

Que les sophismes, en effet, soient ou non consacrés par l'autorité, ils n'en sont pas moins le fruit des intérêts séducteurs. Dans ce cas, appuyés sur l'intérêt de l'autorité, ils agiront de deux manières.

Un sophisme qui, dans la bouche de A, avait son origine dans un intérêt séducteur, obtient sur l'autorité de son nom ou de son talent un certain crédit parmi la multitude. Ayant ainsi pris racine dans les esprits, il forme une certaine masse d'autorité à la faveur de laquelle l'erreur se répète et se propage. De sorte que le sophisme fait autorité, et l'autorité perpétue le sophisme.

# CHAPITRE VI.

QUATRIÈME CAUSE. — LA DÉFENSE DE SOI-MÊME, OU L'UTILITÉ
SUPPOSÉE DU SOPHISME.

Ceux qui s'opposent à une mesure pernicieuse peuvent quelquefois être amenés à employer des sophismes, dans la persuasion qu'ils sont utiles pour repousser d'autres sophismes.

« Telle est la nature des hommes, disent-ils, que
« ces arguments fallacieux, tout faibles qu'ils soient,
« sont ceux qui produisent le plus d'effet sur l'esprit
« du peuple. La mesure que nous combattons est
« pernicieuse. Ce serait un crime de notre part de
« négliger des moyens qui peuvent contribuer à la
« faire rejeter. Si nous employons des voies que

« n'avouent peut-être ni la raison, ni la logique, ce
« n'est pas la faiblesse de notre cause, c'est la
« faiblesse de l'esprit public qui nous y oblige. »

Cette justification pourrait sans doute être admise
si les sophismes, au lieu d'être substitués à des arguments concluants, n'étaient employés que comme
auxiliaires, s'ils étaient introduits *à la suite* et non *à la
place* de ces arguments.

Mais dans ce cas même la sincérité de la discussion
exige que l'on remplisse deux conditions :

1° Que les arguments directs et pertinents soient
placés en première ligne ; qu'on les reconnaisse
comme les seuls concluants ;

2° Que tout en employant les sophismes à l'appui,
on leur assigne leur véritable caractère, on fasse
l'aveu de leur faiblesse intrinsèque, et qu'on témoigne
le regret qu'on éprouve d'être dans l'obligation d'y
avoir recours.

Si l'on néglige ces deux conditions, leur omission
sera une forte présomption d'improbité ou d'imbécillité ; d'imbécillité, si la faiblesse des arguments
sophistiques n'a pas été comprise par l'orateur ;
d'improbité, si, connaissant leur faiblesse et leur
tendance à pervertir les facultés intellectuelles et
morales de ses auditeurs, il cherche à leur donner
crédit et à les faire accepter comme des vérités.

# CHAPITRE VII.

### UTILITÉ DES SOPHISMES POUR CEUX QUI LES EMPLOIENT ET CEUX QUI LES ACCEPTENT.

A l'aspect de ces sophismes tous surchargés d'absurdités, et la plupart trahissant leur propre faiblesse, on se demande comment ils ont pu acquérir un si grand crédit, comment il s'est trouvé tant de gens pour en faire usage, tant d'autres pour les accueillir.

Se peut-il que ceux qui les emploient n'en aient pas reconnu la fausseté, que ceux qui les acceptent n'en aient pas senti le néant.

Non, une pareille supposition n'est pas admissible. Cet homme qui présente le sophisme comme un argument, comme un argument sur lequel se base sa conviction et se règle sa conduite, celui-là même a, mieux que tout autre, la conscience de ses mensonges.

Mais dans toutes les assemblées politiques où une portion du pouvoir s'exerce par des vôtes, il y a deux classes d'individus également intéressés à les faire prévaloir, les orateurs et les auditeurs.

D'abord quant à l'orateur, il est convenu qu'avant tout il lui faut un talent de forme, une habileté de diction, un éclat d'éloquence qui lui méritent les applaudissements des amis de l'art, plutôt que des amis de la raison. Il ne tient pas à la réputation de penseur, pourvu qu'il obtienne celle de beau diseur. Or, il est bien plus facile de faire de l'art avec des sophismes qu'avec de froides raisons. Il est bien plus facile de faire de l'éloquence en s'adressant aux passions, qu'en s'adressant à l'intelligence. Toutes ces phrases pompeuses où l'on invoque la sagesse des ancêtres, la grandeur des temps passés, tout ce vain fracas de mots avec lesquels on signale les dangers de l'innovation, les périls du changement, sont autant de ressources oratoires qui présentent au mensonge des expressions toujours variées, à la crédulité des terreurs toujours nouvelles. De cette manière, l'orateur se fait une réputation à bon marché, et comme il ne se contente pas de vaine gloire, il sait tirer parti de sa réputation. Le pouvoir corrupteur qu'il défend le fait participer aux avantages de la corruption, et il est appelé à profiter des abus dont il s'est fait l'éloquent interprète.

Le rôle de l'auditeur est toujours moins brillant que celui de l'orateur; mais il a aussi ses avantages. D'abord, en prêtant l'oreille aux sophismes, il devient capable de donner la raison de ses convictions. Il reçoit une provision d'arguments qui le justifient. Peu importe le vide de ces arguments pourvu qu'ils aient une apparence de raisonnement. Il ne lui faut qu'un prétexte pour voiler son ignorance, un motif pour justifier son vote.

Ainsi s'établit une connivence réciproque entre

des hommes qui veulent s'entendre et se ménager. Leur rôle consiste à se protéger les uns les autres contre l'imputation de n'agir que pour leur intérêt propre, sans aucun égard pour le bien public. C'est une assurance mutuelle contre de justes accusations ; c'est un échange de faussetés qui servent de voile à de coupables manœuvres. Ils donnent et reçoivent de faux arguments, comme on débite de la fausse monnaie, avec l'espoir qu'elle passera sans examen, ou que si elle est refusée, on supposera une erreur involontaire au lieu d'un dessein prémédité de tromper.

# CHAPITRE VIII.

### ENCOURAGEMENTS DONNÉS AUX SOPHISMES PAR LA CONSTITUTION ANGLAISE.

Plusieurs considérations servent à démontrer que la constitution britannique, telle qu'elle se comporte, ouvre une vaste carrière aux sophismes, et qu'il n'est aucun pays où ils se développent avec autant de force et de variété que dans le royaume uni de la Grande-Bretagne.

D'abord, une première condition nécessaire à l'existence du sophisme, est la liberté de la discussion, ou au moins une apparence de liberté.

S'il n'y avait aucune institution qui ressemblât à une assemblée populaire, prenant une part active au gouvernement, publiant ou laissant publier ses débats ; s'il n'y avait aucune discussion libre par la voie de la presse, il n'y aurait aucune occasion de recourir au sophisme. Le sophisme est une fraude, et la fraude est inutile, lorsque tout obéit à la force.

Il y a quelques mots à dire ici du gouvernement des États-Unis d'Amérique. En traversant l'Océan, les Anglo-Américains ont eu le bonheur de laisser derrière eux un grand nombre des abus qui désolent la mère-patrie ; et le nombre des abus dont ils ont été délivrés, a rendu inutiles le même nombre de sophismes. Ainsi, point de sophismes fondés sur l'autorité des précédents, point de culte des ancêtres, point de déclamations contre l'innovation, point de lois immuables, point de traditions appuyées sur d'antiques usages et sur une antique ignorance, et surtout point d'idolâtrie aristocratique et monarchique. Parmi tous les sophismes que nous avons énumérés, il en reste peu qui puissent être de quelque usage au congrès américain ; il en est peu, au contraire, dont puisse se passer cette auguste assemblée, qui s'appelle le parlement impérial de la Grande-Bretagne et de l'Irlande.

# CHAPITRE IX.

### COMMENT LES INTÉRÊTS PERSONNELS SONT LA CAUSE PREMIÈRE DES SOPHISMES.

Afin d'avoir une idée nette du but que se proposent les sophistes politiques, il est essentiel d'examiner la manière d'agir des gouvernements en général, leur tendance habituelle et leurs devoirs nécessaires, ce qu'ils ont été et ce qu'ils devraient être.

Il nous faut à cet effet énoncer une suite de propositions, dont la preuve exigerait de trop grands développements, mais dont la vérité nous semble incontestable. Dans tous les cas, ceux mêmes qui prétendraient les contredire, seront obligés d'avouer qu'elles méritent un examen sérieux.

1. L'objet de toute mesure politique doit être le plus grand bonheur du plus grand nombre.

2. Dans tous les états connus, excepté peut-être aux États-Unis d'Amérique, le bonheur du plus grand nombre a été à la disposition d'un seul individu, ou d'un petit nombre d'individus.

3. Dans tout cœur humain, à l'exception de quelques rares instants, l'intérêt personnel domine l'intérêt social ; l'intérêt de chaque individu l'emporte chez cet individu, sur l'intérêt de tous les autres pris ensemble.

4. Dans le petit nombre de cas où un individu sacrifie son intérêt personnel à l'intérêt d'un autre individu, c'est qu'il sera attaché à cet autre individu par quelque lien de sympathie domestique ou privée; mais il ne fera pas ce sacrifice à tous, ou à la majorité dont se compose la communauté politique.

5. Si, dans une communauté politique, il existe quelques individus qui d'habitude préfèrent les intérêts du plus grand nombre à leurs propres intérêts, ou aux intérêts de ceux qui leur sont attachés par quelque lien sympathique, ces individus dévoués seront en si petit nombre qu'on ne pourra en tenir compte dans la pratique générale des affaires.

6. Cet ascendant général de l'intérêt personnel sur l'intérêt social, considéré avec quelque attention, ne devra être ni un sujet de blâme, ni un sujet de contestation; car, sans cet ascendant, l'espèce humaine ne pourrait ni se conserver ni se perpétuer.

7. Il suit de là, qu'en vertu de la nature invariable de l'homme, dans toute communauté politique, ceux qui sont en possession du pouvoir sont toujours prêts à sacrifier, à leurs intérêts personnels, les intérêts de ceux sur qui ce pouvoir est exercé, toutes les fois que ces différents intérêts se trouvent en concurrence.

8. Cela étant, le but du législateur doit être de rendre impossible ce sacrifice des intérêts de tous aux intérêts de quelques-uns. Par conséquent, toute institution qui sacrifie les intérêts de tous aux inté-

rêts de quelques-uns, est une mauvaise institution.

9. Toute mauvaise institution établie et en vigueur, est ou peut être appelée un *abus*.

10. Dans tous les cas où il y a concurrence d'intérêts, le but constant des efforts du petit nombre de privilégiés, est de maintenir la masse des abus qui servent et protègent leurs intérêts ; ou du moins elle doit être leur tendance naturelle.

11. Dans cette masse générale d'abus, se trouve renfermée non-seulement cette portion dont chaque individu privilégié retire un profit direct, mais aussi cette portion dont quelques-uns seulement d'entre eux tirent profit. Or l'immoralité des abus dont tel individu profite ne peut être démontrée sans devenir un argument contre les abus dont profite tel autre. D'où il résulte que tous les hommes du pouvoir ont un intérêt commun à défendre toute la masse des abus, et à les maintenir sous quelque forme qu'ils se présentent.

12. Mais ce que les *titulaires* ont en possession, les *aspirants* l'ont en expectative. En ce sens, il n'y a pas de distinction entre les intérêts séducteurs des titulaires et ceux des aspirants, ni par conséquent entre les sophismes qu'ils emploient pour la défense de leurs intérêts respectifs.

13. Jusque-là les intérêts des aspirants coïncident avec ceux des titulaires ; mais il y a d'autres points où ces intérêts sont opposés. Pour se procurer toute la somme des avantages possédés par les titulaires, les aspirants n'ont qu'une seule méthode. Elle con-

siste à se procurer un ascendant de réputation politique, qui les place dans l'opinion au-dessus de leurs
rivaux. Pour obtenir cet ascendant, ils ont deux
moyens correspondants : l'un est d'exalter leur propre mérite, l'autre est de déprécier celui des titulaires.

14. Outre l'intérêt particulier et séducteur qui appartient aux titulaires en leur qualité de gouvernants,
ils ont aussi dans l'intérêt général leur portion d'intérêt en leur qualité de membres de la communauté.
En cette qualité, ils provoquent quelquefois des mesures qui à leurs yeux sont utiles pour le maintien
de l'intérêt général, pour cette part du bonheur universel, qui n'exige aucun sacrifice de leur propre intérêt. Ils cherchent même à l'accroître, non-seulement pour en retirer les avantages qui leur sont
communs avec tous les membres de la communauté,
mais aussi pour en recueillir un profit spécial dans
la bonne réputation que leur vaudront des mesures
utiles.

15. D'un autre côté, il est de l'intérêt des aspirants, non-seulement d'empêcher la réputation des
titulaires de s'accroître, mais aussi de la compromettre par tous les moyens qui sont en leur pouvoir. De sorte que les aspirants ont une tendance
continuelle à s'opposer à toutes les bonnes mesures
qui viennent des titulaires. Or, en général, plus une
mesure est utile, plus la réputation des promoteurs
de cette mesure devra grandir. Par conséquent, plus
une mesure proposée par les titulaires sera utile,

plus les aspirants auront intérêt à la faire repousser. Mais aussi, plus la mesure sera bonne en elle-même, plus il sera difficile de la combattre par des arguments solides, plus il faudra employer de sophismes. C'est ainsi que l'on peut distinguer, dans la somme des sophismes, ceux qui appartiennent plus spécialement à l'opposition.

16. A ne considérer que leur part d'intérêt dans l'intérêt général, toute mesure qui sera utile à cet intérêt sera en même temps utile à eux-mêmes ; et, par conséquent, le succès de leur opposition pourrait leur être sous quelques rapports préjudiciable. Dans ce cas, ils ont à examiner si leur part d'intérêt dans la mesure est inférieure ou supérieure à leur part d'intérêt dans le succès de leurs sophismes, soit en augmentant leur propre réputation, soit en dépréciant celle de leurs rivaux.

17. Quant aux mesures abusives que les titulaires ont intérêt à propager, parce qu'ils sont en possession du pouvoir, et que les aspirants ont un égal intérêt à conserver, parce qu'ils ont le pouvoir en expectative, la position de ces derniers est assez délicate. S'ils réussissent dans leur opposition, ils diminuent la somme des intérêts séducteurs dont ils espèrent bien profiter plus tard. Ils ont donc à opter entre ce désavantage et l'avantage qu'ils recueilleraient d'un accroissement de réputation. En même temps, comme ils savent bien que les réformes qu'ils proposent en leur qualité d'opposants devront être maintenues par eux, s'ils réussissent à prendre la

place des titulaires, ils ont soin que ces réformes soient incomplètes et illusoires, laissant subsister les abus les plus profitables, et ne détruisant que ceux dont l'absence n'ôtera que peu de chose aux avantages des places où ils comptent s'asseoir.

# CHAPITRE X.

### RÔLES DIVERS DES SOPHISTES.

Il en est de l'émission des sophismes comme de l'émission de la fausse monnaie. Il faut, pour leur donner cours, plusieurs actes qui constituent plusieurs fonctions différentes.

*Un fabricateur, un distributeur, un accepteur,* voilà les trois rôles nécessaires pour mettre en circulation un mauvais écu ou un mauvais argument.

Dans les deux cas, le fabricateur peut être aussi le distributeur; mais, dans les deux cas, le fabricateur, pour mieux cacher sa fraude, confie à un complice le rôle de distributeur, laissant aux niais et aux dupes celui d'accepteur; à moins toutefois que ce dernier, agissant en connaissance de cause, n'accepte la fausse pièce ou le faux argument que dans l'intention de les faire circuler à son tour, et ne semble se laisser tromper que pour mieux tromper les autres.

Aussi faut-il faire une distinction quant au degré de moralité entre chacun de ces personnages.

*Mauvaise foi, témérité, acte répréhensible, mais sans culpabilité*, voilà les différentes dénominations qui peuvent caractériser les deux faits.

En général, le fabricateur ne peut guère éviter le reproche de mauvaise foi. Qu'il s'agisse d'un faux écu ou d'un faux argument, on ne peut faire l'un ou l'autre sans se donner quelque peine, et l'on ne se donne cette peine que dans l'espoir d'en tirer quelque profit par la distribution. Lorsqu'il s'agit d'un faux écu, il est certain que le fabricateur sait qu'il est faux. Lorsqu'il s'agit d'un faux argument, il est plus ou moins probable qu'il le sait. Toutefois il est possible que la fausseté de l'argument n'ait pas été aperçue par lui, ou que ce faux argument ait été formulé sans intention de l'appliquer à des mesures funestes. Mais, en général, plus un homme est soumis à l'action d'un intérêt séducteur, plus il y a de motifs de l'accuser de mauvaise foi, lorsqu'il a la conscience de cet intérêt séducteur.

Toutefois l'influence de cet intérêt peut n'avoir pas été aperçue. Sans un certain degré d'attention, un homme ne voit pas plus ce qui se passe dans son esprit que ce qui se passe dans l'esprit des autres. Un livre peut être ouvert devant lui, ses yeux peuvent être fixés dessus, sans qu'il en lise une ligne, à moins que quelque circonstance n'appelle son attention sur le contenu.

L'influence d'un intérêt séducteur peut être *immédiate* ou *non immédiate*.

Immédiate, elle peut également être aperçue ou

inaperçue ; non immédiate, il est présumable qu'elle reste inaperçue.

Dans le premier cas, l'intérêt prend sa source en lui-même ; dans le second, il prend sa source dans un préjugé quelconque.

Ainsi, des trois opérations intimement liées, *la fabrication*, *la distribution* et *l'acceptation*, les deux premières peuvent être accompagnées de mauvaise foi. Quant à l'acceptation, il faut faire une distinction.

L'acceptation peut être *tacite* ou *expresse*. L'acceptation est tacite lorsque l'opinion fausse est simplement reçue comme vraie, sans manifestation extérieure de l'approbation qu'on lui donne. L'acceptation est expresse, lorsqu'il y a manifestation extérieure d'approbation.

Dans l'état ordinaire des choses, ces deux modes d'acceptation peuvent donc être simultanés ; mais ils peuvent aussi être séparés. Sensible à la force d'un argument, je puis paraître ne l'avoir pas sentie ; au contraire, sans en avoir reçu aucune impression, je puis en feindre une plus ou moins vive.

Il est évident que l'acceptation tacite ne saurait être accompagnée de mauvaise foi ; mais l'acceptation expresse peut l'être, et l'est dans tous les cas où elle n'est pas accompagnée de l'acceptation tacite.

Il résulte de ce qui précède que tout argument qui mérite le nom de sophisme peut, dans tous les actes qui lui sont applicables, c'est-à-dire la fabrication, la distribution et l'acceptation, être attribué à un défaut de probité ou à un défaut d'intelligence.

Jusque-là, ces distinctions sont claires et évidentes. Mais, en y regardant de plus près, on découvre un état mitoyen entre la mauvaise foi et l'erreur, entre l'improbité et l'inintelligence. C'est ce qui a lieu lorsque, dans la force persuasive de l'argument, il existe différents degrés. Ainsi, un argument agit avec un certain degré de force sur l'esprit de l'orateur, et il l'énonce comme si cet argument agissait sur lui avec une force beaucoup plus grande : ainsi, un homme trouve dans son opinion un certain degré de probabilité, et il l'exprime comme s'il y trouvait une certitude absolue. La persuasion qu'il manifeste n'est pas absolument fausse ; mais elle est exagérée, et par conséquent empreinte de fausseté.

Plus on s'accoutume à formuler des sophismes, plus on passe promptement de l'état de mauvaise foi à celui d'imbécillité, au moins relativement au sujet. On a dit des joueurs qu'ils commençaient par être dupes, et finissaient par être fripons. En ceci, on commence par tromper les autres, et l'on finit par se tromper soi-même.

Un phénomène bien connu, c'est que le menteur, à force de répéter son mensonge, arrive à se faire illusion lui-même, et croit dire la vérité.

Mais si cela peut avoir lieu par rapport à des faits fictifs dont chacun est contredit par quelque vérité déterminée, combien cette illusion sera plus facile et plus fréquente par rapport à ces impressions si fines et si délicates, à ces degrés de persuasion variés à l'infini, qui ne peuvent être distingués l'un de l'autre par aucun signe extérieur, pas même par les nuances de la parole.

Si l'on substitue de faux arguments à des arguments concluants, c'est un signe de mauvaise foi. Mais la mauvaise foi est bien plus évidente, si l'on substitue les influences sur la *volonté* aux influences sur *l'intelligence*, si en place de raisonnements on fait valoir des peines ou des récompenses.

Des arguments adressés à l'intelligence, peuvent, s'ils sont faux, être réfutés ; et s'ils tendent à produire quelque mal, on peut leur opposer d'autres arguments également adressés à l'intelligence.

Mais contre les arguments adressés à la volonté, il n'y a pas de réfutation possible, et le mal qu'ils produisent reste sans remède.

## CONCLUSION.

Dans le tableau général que nous avons tracé des sophismes de toute nature, rien n'a été omis pour démontrer la liaison intime qui existe entre l'intérêt personnel et la mauvaise foi des sophistes ; mais l'articulation seule de ces faux arguments n'est pas la principale cause des maux qui en résultent. Ce qui fait le mal c'est l'accueil qu'ils reçoivent.

Le but de l'auteur a donc été de verser le blâme non-seulement sur ceux qui emploient les sophismes, mais aussi sur ceux qui les acceptent, sous quelques formes qu'ils se présentent.

Car si le mensonge est un vice honteux, l'encouragement donné au mensonge est une faiblesse plus honteuse que le vice.

Tout ce qui tend à éclairer une assemblée d'hommes réunis pour délibérer sur les intérêts d'un pays, tend à donner à ces hommes une plus grande moralité. Tout ce qui tend à obscurcir leur intelligence, tend à corrompre leur moral.

C'est en ce sens que le tableau des sophismes parlementaires peut être de quelque utilité, en mettant au grand jour les moyens ténébreux de l'intrigue et de la corruption, et en signalant aux hommes honnêtes tous les pièges qui peuvent être tendus à leur bonne foi.

# SIXIÈME PARTIE.

## SOPHISMES ANARCHIQUES.

EXAMEN CRITIQUE

## DES DÉCLARATIONS DES DROITS

Promulgués à diverses époques

## PENDANT LA RÉVOLUTION FRANÇAISE.

### AVANT-PROPOS DU TRADUCTEUR.

A ne considérer la Déclaration des droits de l'homme que comme une œuvre de législation, elle mériterait sans doute la critique sévère que lui fait subir Bentham; et si l'on consentait à suivre le philosophe anglais dans l'analyse détaillée de chaque article, on trouverait peu de chose à répondre à sa foudroyante argumentation.

Mais ce n'est pas ainsi que doit être envisagée

l'œuvre de l'assemblée constituante ; ce n'est pas dans des mots isolés qu'il faut aller interroger la pensée de 1791, c'est à l'ensemble qu'il faut demander une signification ; ce n'est pas même à la logique des temps ordinaires qu'appartient une pareille analyse, c'est à la logique exceptionnelle du monde des révolutions.

La Déclaration des droits, pour être bien appréciée, ne peut se séparer de l'époque où elle fut proclamée. Il faut l'accepter moins comme une œuvre d'avenir que comme un défi jeté au passé ; moins comme une constitution que comme une protestation ; moins comme un monument législatif que comme un cri de guerre.

Voilà ce que Bentham n'a pas compris ; et ce défaut d'appréciation des hommes et des choses le fait égarer dans des discussions de détail où tout paraît vrai comme détail, où tout est faux comme ensemble. D'un monument politique, il fait une œuvre de droit abstrait ; d'un chapitre d'histoire, il fait un chapitre de procédure. Il ne tient compte ni des exigences, ni des besoins, ni des passions du moment, et devenu intolérant à force de logique, il prétend imposer au milieu des tempêtes les mêmes froideurs et les mêmes raisonnements qu'au sein d'une société sans nuages ; il demande aux agitations du forum le même calme qu'aux paisibles discussions des jardins de l'Académie.

Toutefois il est certains esprits qui tombent dans un excès opposé. Bentham oublie les faits qui ont motivé la Déclaration des droits, et cet oubli rend sa critique exagérée; d'autres oublient que ces faits n'existent plus, et conservent, pour cette œuvre du passé, une admiration virginale qui peut devenir aussi dangereuse qu'elle est naïve. C'est à ceux-là surtout que les enseignements de Bentham peuvent être profitables; sa vigoureuse logique devra les convaincre que le culte du passé est toujours sans avenir.

# CHAPITRE Ier.

## EXAMEN DE LA DÉCLARATION DES DROITS DE L'HOMME ET DU CITOYEN,

### DÉCRÉTÉE PAR L'ASSEMBLÉE CONSTITUANTE,

#### EN 1791.

### PRÉAMBULE.

« Les représentants du peuple français constitués en assemblée nationale, considérant que l'ignorance, l'oubli ou le mépris des droits de l'homme, sont les seules causes des malheurs publics, et de la corruption des gouvernements, ont résolu d'exposer dans une déclaration solennelle, les droits naturels, inaliénables et sacrés de l'homme, afin que cette déclaration, constamment présente à tous les membres du corps social, leur rappelle sans cesse leurs droits et leurs devoirs; afin que les actes du pouvoir législatif et ceux du pouvoir exécutif, pouvant être à chaque instant comparés avec le but de toute institution politique, en soient plus respectés; afin que les réclamations des citoyens, fondées désormais sur des principes simples et incontestables, tournent toujours au maintien de la constitution et du bonheur de tous. »

« En conséquence, l'assemblée nationale reconnaît et déclare, en présence et sous les auspices de l'Être suprême, les droits suivants de l'homme et du citoyen. »

De ce préambule, nous pouvons déduire les propositions suivantes :

1. Que la Déclaration des droits devrait renfermer la déclaration de tous les pouvoirs qui doivent subsister dans l'état, les limites de chaque pouvoir étant parfaitement déterminées, et chacun d'eux entièrement séparé de l'autre.

2. Que les articles qui auraient rapport à cette détermination des pouvoirs, au lieu d'être épars et disséminés, devraient être parfaitement liés entre eux, de manière à former un tout complet.

3. Que la Déclaration des droits de l'homme dans un état antérieur à la société politique, devrait précéder toute autre déclaration.

4. Qu'une idée claire de ces droits devrait être auparavant empreinte dans l'esprit de tous les hommes.

5. Que, par conséquent, l'objet principal de cet acte n'est pas d'apprendre aux hommes quelque chose de nouveau.

6. Mais que l'objet de cette Déclaration est l'acquiescement de l'assemblée à ces principes, déjà reconnus par tous.

7. Que cette solennelle adoption de ces principes a pour but de les faire servir de base à toutes les lois qui doivent être formulées par la suite.

8. Que c'est par la conformité des lois à ces principes, qu'on jugera le talent et la fidélité des législateurs.

9. Que, par conséquent, s'il surgissait quelque loi qui fut en opposition avec quelqu'un de ces articles fondamentaux, ce défaut de conformité tendrait à prouver deux choses, 1° le vice de cette loi; 2° l'erreur ou la culpabilité des auteurs de cette loi.

Ce n'est pas sans regret que je vois une assemblée aussi remarquable se laisser aller à de vagues illusions, que rien dans la nature des choses ne saurait justifier.

Un acte aussi solennel, au lieu de précéder la formation d'un corps complet de lois, suppose cette tâche accomplie, et n'attendant plus qu'une sanction obligatoire.

Nulle loi ne sera admise par l'assemblée, si elle est contraire à ces principes. Cela suppose que les différents articles de détail de la législation ont été formulés, rapprochés, confrontés avec ces articles fondamentaux, et qu'ils ne leur ont pas été trouvés contraires. En un mot, pour être suffisamment assuré que les différentes lois de détail supporteront l'épreuve de cette comparaison, il faut nécessairement une chose, c'est que la comparaison ait été faite.

Pour connaître les différentes lois qu'exigent les besoins de l'humanité, il faut avoir un aperçu complet de tous ces besoins. Pour obtenir cet aperçu, il n'y a qu'un moyen possible, c'est d'avoir un aperçu des lois déjà faites, auxquelles ces besoins ont donné naissance.

Par conséquent, pour formuler l'acte fondamental, deux qualités importantes sont requises : la connaissance parfaite de la loi, telle qu'elle est, et le génie clairvoyant de la métaphysique ; et il faut que ces deux qualités soient réunies chez la même personne.

En recherchant quels sont les motifs qui ressortent de cet acte intitulé Déclaration des droits, j'en trouve quatre principaux : 1° limiter l'autorité de la couronne ; 2° limiter l'autorité du pouvoir législatif ; 3° formuler un ensemble d'instructions générales qui pussent guider l'assemblée nationale elle-même, dans la composition des lois de détail ; 4° accorder satisfaction au peuple.

Ce dernier motif peut être considéré comme le but principal de l'acte ; les autres ne sont que des moyens. La moralité du but est un point incontestable. Il nous reste seulement à examiner l'efficacité des moyens ; or cette efficacité ne me paraît nullement démontrée.

Signalons d'abord quelques particularités assez remarquables dans cette Déclaration. Ce n'est pas aux Français seulement que s'adresse cet appel solennel, c'est à tous les citoyens, à tous les hommes. Par citoyens, il semble que nous devions entendre les hommes réunis en sociétés politiques ; par hommes, les individus qui ne sont pas en société, mais qui sont encore à l'état de nature.

Cet acte est donc d'autant plus digne de notre attention, que les droits qu'il proclame sont considérés comme les droits communs à tous les hommes de toute nation. En conséquence, je me sens d'autant plus vivement entraîné à l'examiner, que mes droits doivent y être compris, non moins que ceux du peuple auquel il est destiné.

Je remarque cependant que dans le langage de l'assemblée nationale, le mot homme est toujours accompagné du mot de citoyen. Je crois donc ne devoir faire aucune distinction entre les deux termes, et je considérerai cet acte, ainsi que l'a fait Turgot, comme la déclaration des droits de tous les hommes, qui sont à l'état de cité ou de société politique.

Je reviens aux trois points de vue dont j'ai parlé plus haut.

1° La Déclaration peut-elle servir à limiter le pouvoir de la couronne? Non; car c'est là l'objet particulier du code constitutionnel lui-même, duquel ces préliminaires semblent détachés par avance.

2° Peut-elle servir à limiter le pouvoir du corps législatif? Non; cette délimitation est inutile. On se propose, et très-sagement selon moi, d'appeler à l'exercice de la souveraineté tout le corps du peuple, de lui donner le pouvoir et l'influence qui lui appartiennent de droit, enfin de lui offrir tous les moyens de faire connaître ses véritables sentiments. Par conséquent, la limite du pouvoir législatif sera la volonté du peuple, et non la Déclaration des droits.

En effet, que l'assemblée nationale décrète une loi contraire aux sentiments du peuple, celui-ci n'ira pas examiner si cette loi est conforme ou non à la Déclaration des droits ; mais il manifestera sa désapprobation d'après ce qu'il éprouve, et rien ne pourra l'en empêcher.

Quand vous avez pris toutes vos précautions pour que la législature suprême ne pût jamais rien entreprendre contre l'opinion générale du peuple , que voulez-vous de plus ? Que sert-il d'essayer de vous lier vous-même par des phrases de votre invention? La volonté du peuple, voilà votre seul frein ; et comme rien ne peut remplacer ce frein , rien non plus ne peut y ajouter de la force.

Par rapport aux droits eux-mêmes qui sont déclarés, ou on les énoncera en faisant réserve des exceptions et des modifications qui pourront y être introduites par la loi, ou bien on les énoncera sans réserve ni exception. Dans le premier cas, la Déclaration est sans objet ; car elle ne limite en rien le pouvoir législatif ; dans le second cas, la Déclaration ne pourra plus être observée, car chaque loi de détail en sera une violation flagrante. Supposez une Déclaration ainsi conçue : « La liberté de chaque homme devra être conservée entière et sans restriction ; » toute loi ultérieure sera une contradiction manifeste avec cette proposition extravagante. Supposez que l'on dise : « La liberté de chaque homme devra être conservée entière et sans restriction , excepté dans les cas où elle sera restreinte par la loi. »

Ce sera ne rien dire ; car la loi demeure aussi illimitée qu'auparavant.

Voilà les deux écueils entre lesquels est placé le législateur. Mais c'est surtout contre le premier qu'il doit se tenir en garde. Le second n'est pas autant à craindre, et présente bien moins de dangers.

3° Enfin cette Déclaration n'est pas plus propre à remplir son troisième objet, celui de servir de guide au législateur pour la rédaction des lois en détail.

La méprise a sa source dans cette logique vulgaire qui confond deux ordres de choses très-distinctes, la démonstration d'une vérité et son invention. Les principes, dit-on, doivent précéder les conséquences : les premiers une fois posés, les autres suivront d'elles-mêmes. Qu'entend-on ici par principes? Des propositions générales et de la plus grande étendue. Qu'entend-on par conséquences? Des propositions particulières renfermées dans les propositions générales.

Que cet ordre de logique soit favorable à la démonstration, si par démonstration on entend un débat ou une argumentation, c'est ce qui est incontestable. Car si une fois vous obtenez qu'on admette la proposition générale, on ne saurait sans encourir le reproche de contradiction, rejeter la proposition particulière qui s'y trouve renfermée.

Mais il est également incontestable que cet ordre n'est pas celui de la conception, de la recherche, de l'invention. Ici les propositions particulières précèdent toujours les propositions générales. L'assentiment donné aux dernières n'est fondé que sur l'assentiment donné aux premières. Si nous prouvons les conséquences par le principe, nous ne pouvons arriver au principe que par les conséquences.

Appliquons ceci aux lois. Dans l'acte dont il est ici question, le premier objet est de proclamer des principes, des lois fondamentales ; puis de ces principes on fera sortir des lois en détail. Or, je soutiens que c'est une méthode vicieuse. Ce n'est qu'après avoir rédigé et comparé entre elles les lois en détail, que les lois fondamentales peuvent être formulées et servir à quelque chose. Si une proposition générale est vraie, c'est parce que toutes les propositions particulières qui y sont renfermées, sont vraies. Comment donc faut-il s'assurer de la vérité d'une proposition générale ? En ayant sous les yeux toutes les propositions particulières qu'elle contient. Ainsi la véritable méthode pour formuler une proposition générale, consiste à prendre un certain nombre de propositions particulières, à trouver les points où elles s'accordent, et ces points d'union trouvés, à s'élever à une proposition plus étendue qui les renferme toutes. De cette manière on s'avance sur un terrain sûr, et l'on sait où l'on va. Dans la route opposée, on marche au hasard, et à chaque pas l'on rencontre des dangers.

Aucune loi n'est bonne si elle n'ajoute à la félicité générale plus qu'elle ne lui ôte. Aucune loi ne devrait être proposée si elle n'ajoute à la félicité générale plus qu'elle ne lui ôte. Aucune loi ne peut être faite, sans ôter quelque chose à la liberté ; excepté toutefois ces lois qui suppriment d'autres lois qui ôtaient quelque chose à la liberté. Ainsi toutes les lois peuvent être rangées sous deux classes : la loi dont l'action immédiate est de retrancher quelque chose à la liberté , et les lois qui détruisent en tout ou en partie l'action des premières. Cette classification semble d'abord obscure et difficile à déterminer ; mais par des observations répétées , je suis parvenu à y ramener toutes les lois sans exception.

Que s'en suit-il ? c'est que la vraie méthode consiste à former d'abord les lois en détail, et puis à en déduire par abstraction les principes fondamentaux.

Quelle est donc la source de cette impatience prématurée à établir des lois fondamentales ? C'est cette antique présomption de se montrer plus sage que la postérité , cette éternelle vanité qui prétend régenter la postérité , ce ridicule orgueil qui veut imposer des chaînes aux âges à venir. Dans le cas d'une loi spéciale , l'absurdité de cette prétention est facile à reconnaître, et cependant elle est moins dangereuse. Le sens d'une loi particulière est entièrement compris , les conséquences sont aussitôt aperçues ; cela devient pour une loi générale d'autant plus difficile que cette généralité sera plus vaste. Par une loi dont vous voyez clairement l'étendue, vous ne tenterez pas de lier les législateurs à venir ; la loi que vous choisissez de préférence pour cet objet, est celle dont vous ne pouvez juger l'étendue.

Mais, dira-t-on, ne faut-il donc formuler des propositions générales qu'après la rédaction d'un code complet? Ce n'est pas là ma pensée. Sans généralité, on ne peut rien faire, pas plus en morale qu'en physique. Mais avant d'être formulées, les propositions ont besoin d'être bien expérimentées ; et ce n'est qu'après une suite de formules et d'expériences vérifiées l'une par l'autre, qu'on peut se permettre de les livrer au public en forme de lois. Mais surtout, si l'on se propose d'enchaîner le législateur, il faut que toutes les lois sans exception soient contenues dans le code, puisque l'interdiction est illimitée. Il ne doit jamais proposer aucune loi qui ne soit pas conforme au modèle qu'on lui impose.

Un acte aussi indigeste et aussi prématuré révèle, d'une part, la faiblesse de l'intelligence, de l'autre la violence des passions : la faiblesse de l'intelligence, en ce qu'on ne voit pas les insurmontables contradictions que nous avons signalées ; la violence des passions, en ce qu'on veut faire fléchir tyranniquement toute opposition, en donnant à l'opinion personnelle de tout homme qui accepte cet acte, un poids supérieur à sa valeur réelle et intrinsèque.

Comme les passions sont contagieuses et que la masse des hommes se laisse plutôt guider par l'opinion des autres que par une opinion à elle, une forte dose d'assurance avec une faible dose d'arguments mènera beaucoup plus loin que tous les arguments du monde sans assurance. C'est ainsi que les termes aventureux que contient cette Déclaration doivent leur influence à leur témérité, et sont accueillis avec faveur parce qu'ils s'expriment avec audace. Si les raisons que nous avons données ci-dessus ont quelque valeur, nul doute que cette Déclaration ne tombe dans un profond discrédit, et pour hâter cet heureux moment, il n'y a pas de meilleure méthode que de soumettre à une analyse sévère chacun de ses articles.

Qu'on ne s'y trompe pas, cependant. Rien n'est plus éloigné de ma pensée, que de faire de cette question de principes une question de personnes. Des reproches qui tombent sur tout le monde ne blessent personne ; et des erreurs communes, si elles ne produisent pas des droits communs, méritent cependant une commune indulgence.

## OBSERVATIONS PRÉLIMINAIRES.

Si l'on considère ce manifeste sous le point de vue logique, on y rencontre un continuel abus de mots, des mots à sens multiples lorsqu'il faut des mots à sens bien déterminés, les mêmes mots employés dans divers sens à la même page, des mots employés dans un sens impropre, des mots et des propositions du sens le plus illimité, jetés au hasard sans réserve, sans les exceptions qui auraient pu les circonscrire dans le domaine du vrai, la même inattention, la même inexactitude à formuler des axiômes d'où dépendent les destinées des nations, que s'il s'agissait d'un conte oriental ou d'une allégorie poétique ; des épigrammes usées à la place de distinctions nécessaires, des expressions figurées au lieu de termes précis, des naïvetés sentimentales au lieu d'enseignements sérieux, de frivoles ornements de rhétorique au lieu de la majestueuse simplicité du bon sens, et les actes du sénat surchargés et défigurés par une friperie de théâtre.

Dans un roman ou une comédie, un mot impropre n'est qu'un mot, et cette impropriété n'entraîne aucunes conséquences. Dans un corps de lois, surtout de lois constitutionnelles et fondamentales, un mot impropre peut devenir une calamité nationale, et avoir pour conséquences la guerre civile. D'un seul mot mal entendu peuvent surgir des milliers de poignards.

Ces imputations peuvent paraître ou déclamatoires ou trop générales : ce serait à bon droit si elles n'étaient pas justifiées à satiété par les détails qui vont suivre.

Dans l'examen successif de chaque article, je signalerai d'abord les erreurs qu'il contient en théorie, et en second lieu les maux qu'il prépare par sa mise en pratique.

« Mais c'est une critique de mots! » fort bien : que pourrait-ce être autre chose? Des mots, et des mots vides de sens, ou d'un sens tellement faux qu'ils ne résistent pas à l'analyse, voilà la matière première de ce fameux manifeste. Attachez-vous à la lettre, vous n'y trouverez que des erreurs; voyez au-delà de la lettre, vous n'y trouverez rien.

**ARTICLE PREMIER.**

*Les hommes naissent libres et égaux en droits. Les distinctions sociales ne peuvent être fondées que sur l'utilité commune.*

Cet article renferme, grammaticalement parlant, deux phrases distinctes. La première est pleine d'erreur, la seconde d'ambiguité.

Dans la première sont contenues quatre propositions distinctes, toutes fausses, toutes radicalement fausses.

1° Tous les hommes naissent libres.
2° Tous les hommes demeurent libres.
3° Tous les hommes naissent égaux en droits.
4° Tous les hommes demeurent égaux en droits.

*Tous les hommes naissent libres. Tous les hommes demeurent libres.* Non; pas un seul homme; pas un seul de ceux qui ont été, qui sont ou qui seront. Tous les hommes au contraire sont nés dans la dépendance; dans une dépendance complète. Et ce n'est pas seulement dans ces premiers moments d'impuissance absolue où l'enfant ne pourrait vivre sans le secours d'autrui. Il reste encore dans cette dépendance durant de longues années ; et cette dépendance est nécessaire pour l'existence de l'espèce comme de l'individu.

A quel état de choses s'applique l'existence de ces droits supposés? Est-ce à un état de choses antérieur à l'existence de tout gouvernement, ou à un état de choses postérieur à l'existence d'un gouvernement? Si c'est à un état de choses antérieur au gouvernement, que servirait l'existence de ces droits dans une contrée où il y aurait un gouvernement? Si c'est à un état de choses postérieur à l'existence d'un gouvernement, je défie qu'on me montre un seul exemple, l'exemple d'un seul gouvernement où cette proposition soit vraie.

Tous les hommes naissent libres ! absurde et misérable exagération ! Lorsque partout on se plaint que tant d'hommes naissent esclaves. « Oh ! mais, lorsque nous reconnaissons que des hommes naissent esclaves, nous reconnaissons qu'en fait, les lois qui les font esclaves étant contraires aux lois naturelles qui sont les causes efficientes des droits que nous proclamons, ces hommes sont libres en un sens quoique esclaves dans l'autre, libres et esclaves en même temps, libres par rapport aux lois de la nature, esclaves par rapport aux lois humaines, qu'on appelle en vain des lois, et qui ne sont pas telles puisqu'elles sont contraires aux lois de la nature !!

Ce sont là de pauvres subtilités, et c'est jouer sur des mots pour nier ce qui est. Et voilà précisément la grande différence qui existe entre une critique rationnelle des lois et la violence qui ne les reconnaît pas. Le véritable réformateur avoue l'existence des lois qu'il combat, et c'est pour cela qu'il en demande la réforme; l'anarchiste nie la loi et ne connait d'autre argument que l'insurrection.

*Tout ce qui est, est,* disait Descartes, et sur cette naïveté philosophique il prétendait bâtir tout un système. La maxime de l'anarchiste est bien autrement hardie : *Tout ce qui est, n'est pas*, dit-il; et pour arriver à la subversion des lois, il torture non-seulement les mots de la loi, mais même le fond de la langue.

*Tous les hommes naissent égaux en droits.* Les droits de l'héritier de la famille indigente sont égaux aux droits de l'héritier de l'opulence! Je ne parle pas des *dignités ni* des *pouvoirs* héréditaires. Des inégalités de cette nature étant proscrites par le gouvernement français, en France, sont par conséquent interdites par ce gouvernement à tous les autres gouvernements, et n'ont d'existence nulle part; car l'assujettissement total de tout gouvernement au gouvernement français, tel est le principe fondamental de cette loi d'indépendance universelle. Et cependant cet axiôme n'était pas vrai au moment de la promulgation de ce manifeste, et l'on ne comptait pas qu'il le serait plus tard. L'article 13 est fondé sur une supposition contraire ; car, parmi les autres attributs de cette Déclaration, il faut compter la versatilité. Destinée à être hostile à toutes les autres lois, elle se combat sans cesse elle-même.

*Tous les hommes demeurent égaux en droits.* Tous

les hommes, c'est-à-dire, sans doute tous les êtres
de l'espèce humaine. Ainsi l'apprenti est égal en
droits à son maître ; il est dans les mêmes rapports
de liberté avec son maître que son maître avec lui ; il
a le même droit de commander et de punir. Il est,
non moins que son maître, maître de la maison de
son maître. Le cas est le même entre le pupille et son
tuteur, entre la femme et le mari. Le fou a le même
droit d'enfermer les autres, que les autres de l'enfermer. L'idiot a le même droit de gouverner la société, que la société de le gouverner. Le médecin n'a
pas plus le droit d'empêcher un malade en délire de
se jeter par la fenêtre, que n'a le malade de jeter
par la fenêtre le médecin. Tout ceci est pleinement
et incontestablement renfermé dans cet article de la
Déclaration des droits. Voilà son véritable sens, ou
bien il n'a pas de sens.

*Les distinctions sociales ne peuvent être fondées que
sur l'utilité commune.* Cette proposition renferme deux
ou trois sens. Selon l'un, elle est notoirement fausse ;
selon l'autre, elle est en contradiction avec les quatre propositions précédentes.

Qu'entend-on par *distinctions sociales?* qu'entend-on
par *ne peuvent?* qu'entend-on par *fondées?*

Parlons d'abord des *distinctions sociales.* Sont-ce
des distinctions hors du régime de l'égalité? alors il
ne faut pas s'en occuper. Sont-ce des distinctions
dans le régime de l'égalité? mais, suivant les propositions précédentes, ces distinctions ne peuvent exis-

ter ; or, n'existant pas, elles ne peuvent être fondées sur rien.

Que signifie *ne peuvent être fondées que sur l'utilité commune?* Veut-on parler des distinctions qui sont établies, ou de celles qui doivent être établies? Veut-on dire qu'aucune distinction sociale que celle fondée sur l'utilité n'existe nulle part, ou bien que nulle distinction ne devrait exister nulle part? ou bien, que si l'établissement ou le maintien de ces distinctions sont réglés quelque part par des lois, ces lois doivent être regardées comme nulles et non avenues, et par conséquent que l'on doit y résister. Car voilà l'inconvénient d'opposer comme frein à une loi ces termes vagues, *peuvent* et *ne peuvent pas*. Or ces termes contiennent trois significations parfaitement distinctes. Dans la première, la proposition est une question de fait, un appel à l'observation ; dans la seconde, la proposition est un appel à l'approbation des autres sur la même question de fait; dans la troisième, il n'y a appel à personne ni à rien ; c'est un attentat contre toute liberté d'opinion, c'est une intimidation anarchique, une contrainte en faveur de l'insurrection.

Dans le premier cas, la proposition est parfaitement innocente ; mais elle est si évidemment fausse, qu'il est démontré pour tout le monde qu'elle ne peut avoir ce sens.

Dans le second cas, elle peut être vraie ou fausse ; mais elle est également innocente. Aussi ne remplit-elle pas le but qu'on se propose ; car une opinion qui laisse aux autres la liberté de ne pas l'accepter n'est pas celle que proclame la passion ; et, si tel en eût été le sens, on l'aurait exprimé d'une manière claire et précise, au lieu de recourir à une phraséologie équivoque.

Dans le troisième cas, la proposition peut être appelée *menaçante ;* car elle est destinée à être présentée aux faibles pour les intimider. Les mots *peuvent* et *ne peuvent pas*, appliqués non aux actes des individus, mais à la force et à l'effet de la loi, non aux actes d'une autorité subordonnée, mais aux actes du gouvernement suprême, sont d'un danger immense. Ils ressemblent à ces instruments qui ne présentent à l'extérieur rien d'offensif, mais qui dans leur innocente enveloppe cachent un poignard. De même, ces expressions renferment des poignards : il ne reste plus qu'à s'en servir.

Quant à moi, je vois bien des mauvaises lois dont la réforme ou l'abrogation seraient, selon mon pauvre jugement, un bonheur public. J'en vois bien quelques-unes auxquelles, dans des cas exceptionnels et bien rares, je serais disposé à faire résistance, si je pensais que la majorité fût disposée comme moi. Mais parler de ce que la loi, la suprême législature de la nation ne *peut* pas faire, parler d'une loi *nulle et non avenue,* comme on parlerait d'un simple jugement ou d'un ordre indifférent, c'est une profonde ineptie ou un crime de trahison : trahison, non contre une certaine branche de la souveraineté, mais contre la souveraineté elle-même;

non contre une certaine forme de gouvernement,
mais contre tout gouvernement.

### ART. 2.

*Le but de toute association politique est la conserva-
tion des droits naturels et imprescriptibles de l'homme.
Ces droits sont la liberté, la propriété, la sûreté et la résistance à l'oppression.*

*Le but de toute association politique est la conservation
des droits naturels et imprescriptibles de l'homme.* Confusion et non sens, voilà ce que présente cette première
phrase. Cependant, comme les législateurs de l'as—
semblée nationale attachaient à ces mots quelque
signification, j'ai cru, en cherchant bien , pouvoir
en déduire les propositions suivantes :

1• Qu'il y a des droits antérieurs à l'établissement
des gouvernements ; c'est la seule chose qu'on puisse
entendre par les mots *droits naturels* , destinés sans
doute à être mis en opposition avec les mots *droits
civils* ou *droits légaux.*

2° Que ces droits ne peuvent pas être abrogés par
le gouvernement ; c'est l'unique sens que l'on puisse
donner au mot *imprescriptible.* Et voilà encore un
mot-poignard.

5° Que les gouvernements qui existent dérivent leur
origine d'une association formelle, association résul-
tant d'un contrat, faite à jour fixe, dans un but dé—
terminé , et construisant un gouvernement là où il
n'y avait aucune espèce de gouvernement la veille.

D'où il résulte implicitement que tout gouvernement qui n'aurait pas cette origine est illégal , n'est pas un gouvernement. On ne lui doit ni respect ni obéissance.

Telles sont les notions qui ressortent de cette première partie de l'article.

Maintenant, si l'on examine la nature des choses, l'on verra qu'il n'y a rien chez l'homme qui ressemble à des droits naturels, à des droits antérieurs à l'institution des gouvernements. L'expression est purement figurée , et quand on veut lui donner un sens littéral , on tombe dans l'erreur et dans une erreur pleine de dangers.

Nous savons ce que c'est que de vivre sans gouvernement. Nous pouvons le voir parmi quelques tribus des sauvages et principalement parmi les sauvages de la Nouvelle-Galles du sud , dont les habitudes nous sont bien connues. Là, point d'obéissance, point de gouvernement, point de lois , et par conséquent rien qui ressemble à des droits ; aucune sûreté , aucune propriété ; liberté entière , et tant qu'elle n'est pas limitée légitimement par un gouvernement ; mais absence de toute liberté par l'oppression continuelle du plus fort. A en juger par analogie , nous , les habitants de l'Europe, nous avons été dans le même état : point de gouvernement, par conséquent point de droits, point de propriété , point de sûreté personnelle ; moins de sûreté pour l'homme que pour la brute , avec un plus grand sentiment de son impuissance.

Sans doute, le malheur qui résulterait de l'absence de droits, devait faire désirer l'existence de ces droits ; mais des raisons pour désirer l'établissement des droits ; ne sont pas des droits. Les besoins ne sont pas les moyens : la faim n'est pas l'aliment.

Ce qui n'a pas d'existence ne peut pas être détruit ; ce qui ne peut pas être détruit, n'a pas besoin d'être conservé. Parler de *droits naturels*, c'est une niaiserie simple ; parler de *droits naturels et imprescriptibles*, c'est une niaiserie compliquée de rhétorique ; mais la niaiserie se complique de dangers lorsqu'on déroule une liste de ces prétendus droits naturels dont aucun gouvernement ne *peut* dans aucune occasion abroger la plus petite particule.

Le langage de la raison et du bon sens serait tout autre. Tout ce qui est avantageux au plus grand nombre, constitue les droits utiles ; voilà les droits qu'il faut établir et maintenir. Mais il n'existe aucun droit qui ne doive être abrogé dès qu'il cesse d'être avantageux au plus grand nombre ; car il cesse alors d'être un droit. Or, pour bien savoir quand il est utile à la société de maintenir ou d'abolir tel droit, le droit lui-même doit être clairement déterminé, et non pas confondu sans distinction dans une multitude d'autres droits, sous les noms vagues de propriété, liberté et autres de même espèce.

Mais si l'on ne dit rien quand on parle de droits

naturels, qu'est-ce donc quand on invoque des droits imprescriptibles? Je ne vois dans ces termes qu'une protestation ouverte contre le pouvoir de toute loi, un appel continu à l'insurrection. Que peut être, en effet, le but de cette déclaration de droits imprescriptibles sans qu'il soit spécifié aucun signe auquel ils puissent être reconnus? Il n'y a pas d'autre but de la part des législateurs que d'exciter et de maintenir un esprit de résistance à toute loi, un esprit d'insurrection contre tout gouvernement, contre les gouvernements des autres nations, contre le gouvernement de leur propre nation, même contre le gouvernement qu'ils prétendaient établir, aussitôt que leur règne serait fini. « En nous réside la perfection de la vertu et de la sagesse; chez tous les autres se trouvent concentrées la méchanceté et la folie. Notre volonté doit donc régner sans contrôle et pour toujours, régner pendant notre vie, régner encore après notre mort. Toutes les nations, tous les âges futurs sont destinés à subir notre volonté. Les gouvernements futurs n'auront pas assez de probité pour qu'on puisse leur confier le soin de déterminer les droits qu'on peut maintenir ou abroger, les lois qu'on peut adopter ou repousser. Les citoyens futurs n'auront pas assez de sens pour comprendre s'ils doivent obéir à leur gouvernement ou lui résister. Gouvernements, citoyens, tous doivent recevoir de nous des prescriptions éternelles. »

Telles sont les maximes de ces constituants; car

ce n'est qu'avec de telles maximes que peut être soutenue la doctrine des droits imprescriptibles.

Quant aux gouvernements nés d'un contrat, c'est là une pure fiction, ou en d'autres termes, une fausseté .C'est une source d'erreur et de confusion qui a souvent produit du mal, et jamais fait aucun bien.

Tous les gouvernements ont été graduellement établis, par l'habitude, après avoir été formés par la force; à moins qu'on n'en excepte les gouvernements formés par des peuples qui se sont émancipés, et qui acceptent toujours plus ou moins les traditions des gouvernements dont ils se sont séparés.

Que signifie d'ailleurs cette question de l'origine des gouvernements. Cette origine, quelle qu'elle soit, ne change rien au but, qui doit toujours être le plus grand bonheur du plus grand nombre.

Comment ensuite le gouvernement pourrait-il être lié par un contrat, quand c'est lui seul qui fait la sanction des contrats. Point de contrats sans gouvernement; mais point de gouvernement en vertu d'un contrat.

Passons à la seconde partie de l'article.

*Ces droits* (naturels et imprescriptibles) *sont la liberté, la propriété, la sûreté et la résistance à l'oppression.*

Remarquez l'extension de ces prétendus droits, chacun d'eux appartenant à chaque individu, et tous sans aucune limite. Liberté illimitée, c'est-à-dire la liberté de faire et de ne pas faire en toute occasion ce que l'on veut; propriété illimitée, c'est-à-dire le droit de disposer de chaque chose à son gré; sûreté illimitée, c'est-à-dire des garanties pour sa liberté, pour sa propriété, pour sa personne, sans aucune défalcation sous quelque rapport que ce puisse être; résistance illimitée à l'oppression, c'est-à-dire l'exercice illimité de la faculté de se garantir contre toute circonstance que ses passions ou son imagination peut concevoir comme oppression.

La nature, dit-on, a donné à tout homme des droits à toute chose. C'est absolument comme si l'on disait : La nature n'a donné aucun droit à aucun homme. Car en fait de droits, les droits qui appartiennent à tous, n'appartiennent à personne.

La nature a donné à tout homme des droits à toute chose. Eh bien, soit : voilà justement ce qui rend nécessaires un gouvernement civil et des lois civiles, pour fixer et déterminer les droits de chacun, sans quoi il n'y aurait plus de droits possibles. La nature a donné à tout homme des droits sur toute chose avant l'existence des lois et à défaut de loi. Cette universalité nominale et cette non-entité réelle, l'oracle révolutionnaire s'en empare, et la perpétue par la loi et en dépit de la loi.

Mais, dira-t-on, quoiqu'aucune limite n'ait été assignée à chacun de ces droits, cependant il est tacitement convenu que chacun d'eux sera limité par des lois positives. Je réponds que cette réserve est illusoire et tardive. Elle est en contradiction formelle avec toute la teneur de l'article; elle est en contradiction avec elle-même; car en même temps qu'on déclare l'existence de ces droits, on les déclare imprescriptibles, c'est-à-dire inaltérables et au-dessus de l'intervention des lois.

En effet, c'est contre les lois et contre les lois seules que cette Déclaration est dirigée. C'est contre les entreprises des législateurs qu'elle se met en garde. C'est en vue de tous les dangers, de tous les envahissements de la législation qu'elle s'environne de garanties. Or, quelle garantie auraient, contre des législateurs, ces droits illimités, si l'étendue de ces droits devait dépendre de la volonté de ces mêmes législateurs.

Théorie absurde ou illusoire! il n'y a pas d'alternative, mais dans les deux cas également dangereuse.

Voilà pour tous ces droits imprescriptibles en masse; maintenant en les examinant l'un après l'autre, nous allons voir qu'ils ne s'accordent pas plus entre eux, pris séparément, qu'ils ne s'accordent pris tous ensemble avec l'existence d'un gouvernement quelconque.

*La liberté* donc est imprescriptible, c'est-à-dire qu'aucun gouvernement n'a le droit d'en rien retrancher, d'en rien modifier. Car il n'est fait aucune distinction, aucune exception, aucune réserve. Or, ce que ces gouverneurs du genre humain ne paraissent pas savoir, c'est que tous les droits sont établis aux dépens de la liberté, ainsi que toutes les lois par lesquelles des droits sont créés et confirmés. Il n'y a pas de droit sans une obligation correspondante. Aussi toutes les lois sont-elles coercitives, à l'exception des lois constitutionnelles et de celles qui révoquent des lois coercitives. Par conséquent, toutes les lois sont contraires au droit naturel, c'est-à-dire nulles et pouvant être combattues par la résistance et l'insurrection.

*La propriété.* Les lois constitutives de la propriété sont frappées du même anathème. Car la propriété n'est donnée à un homme qu'en restreignant la liberté d'un autre. Comment votre maison est-elle votre propriété? En empêchant tout autre d'y avoir droit. Et pourtant la propriété est aussi rangée parmi ces droits naturels et imprescriptibles que l'homme ne doit pas aux lois, et que les lois ne peuvent lui ôter. L'homme a un droit de propriété. Fort bien; mais pour que ce droit ait quelque sens, il faut qu'il soit relatif à un objet sur lequel il s'exerce. Car si un droit ne s'exerce sur rien, il n'a pas beaucoup de valeur, et ce n'est guère la peine de le proclamer si solennellement. En vain toutes les lois du monde assureraient-elles que j'ai droit à quelque chose; si c'est là tout ce qu'elles font pour moi, il faut que je prenne sans droit ce dont j'ai besoin, ou que je meure de faim. Déclarer un droit de propriété sur toutes choses, sans spécifier un objet en relation avec ce droit, c'est dire que tout appartient à tous, c'est-à-dire que rien n'appartient à personne : en sorte, que l'effet de cet article ne serait pas d'établir la propriété, mais

de l'abolir. Et voilà un des droits déclarés imprescriptibles.

Mais de l'absurdité même de ces conséquences
on voudrait peut-être conclure que ce n'est pas là
ce que les législateurs français avaient en vue. D'a-
près cette manière de raisonner, tout sens que ces
mêmes mots seraient susceptibles de renfermer,
serait également repoussé. D'ailleurs, si ce n'est pas
là le sens, faites-le moi connaître : mais quelque
sens que vous donniez, il est également absurde,
également dangereux. Pour justifier l'article de cette
dernière imputation, il n'y a qu'une seule voie, c'est
de reconnaître qu'il n'a aucun sens.

*La sûreté* vient en troisième sur cette liste de droits
naturels et imprescriptibles que les lois n'ont pas
donnés, et qu'elles ne peuvent ôter. Dans ce terme
*sûreté*, auraient pu être comprises la liberté et la
propriété, puisque la garantie de liberté, c'est-à-
dire la jouissance de la liberté, peut être considérée
comme une branche de la sûreté ; la garantie de propriété, c'est-à-dire la jouissance de la propriété,
comme une autre. C'est donc la sûreté relativement
à la personne dont il est ici question ; sûreté pour la
personne contre toutes attaques et dommages, comme
perte de la vie, perte des membres, blessures, coups,
etc. Par conséquent, sont nulles toutes lois qui exposent de manière ou d'autre quelque personne à ces
risques, toutes lois qui li rent un homme à une peine
corporelle, qui l'exposent à un hasard personnel,
en exigeant de lui du service comme militaire contre

les ennemis, comme officier de paix contre les délinquants. Nous n'avons pas besoin de multiplier les exemples pour démontrer toute l'absurdité de la proposition.

*La résistance à l'oppression.* Voilà le quatrième et dernier droit naturel et imprescriptible qui figure sur la liste. Il aurait fallu dire, en bonne logique, le droit de résister à l'oppression. Mais ne nous montrons pas trop difficiles.

Qu'est-ce que l'oppression ? c'est le pouvoir agissant injustement au préjudice d'un individu. Mais, contre tout ce qui peut arriver sous le caractère d'oppression, toutes les précautions ont déjà été prises par la reconnaissance des trois droits précédents ; car aucune oppression ne peut atteindre un homme qu'elle ne soit une violation de ses droits, soit en ce qui concerne sa liberté, ou sa propriété, ou sa sûreté. Pourquoi donc cette quatrième clause, après les trois autres? Le voici : le mal qu'on cherche à éviter, les droits qu'on cherche à établir, sont les mêmes ; la différence consiste dans la nature du remède à employer. Pour empêcher le mal, le but des trois clauses précédentes était de lier les mains des législateurs ; le but de cette quatrième clause est d'armer la main de chaque individu.

Quand l'oppression vous menace, vous avez droit de résister à l'oppression ; quand vous jugez qu'on vous opprime, vous jugez que vous avez le droit de résister, et vous résistez. Toutes les fois qu'une loi de quelque nature, qu'un acte quelconque du pouvoir suprême ou subordonné, législatif, administratif ou judiciaire, cause du désagrément à un individu, et qu'en vertu de ce désagrément cet individu juge que cet acte du pouvoir ne devrait pas être accompli, il le considère comme oppressif, et il a le droit d'y résister. Ne vous soumettez donc à aucun décret, à aucun acte du pouvoir, dont la justice ne vous est pas parfaitement démontrée. Si un constable vous appelle à servir dans la milice, tuez le constable et non pas l'ennemi; si un huissier vous tourmente, jetez-le par la fenêtre; si un juge vous condamne à l'emprisonnement, faites feu sur le juge.

ART. 5.

*Le principe de toute souveraineté réside essentiellement dans la nation. Nul corps, nul individu, ne peut exercer d'autorité qui n'en dérive expressément.*

Des deux propositions que renferme cet article, la première est parfaitement vraie et parfaitement insignifiante. Gouvernement et obéissance sont deux termes corrélatifs. Quand il n'y a pas obéissance, il n'y a pas gouvernement. Ainsi, la souveraineté ne s'exerce qu'autant que la nation veut se soumettre. C'est là une vérité aussi triviale sous la démocratie la plus illimitée que sous la monarchie la plus absolue.

L'autorité peut dériver de la nation, si la nation s'y soumet, même tacitement. Mais ce n'est pas là ce qu'on a en vue, comme il est facile de s'en convaincre par ce qui suit. La première phrase est une proposition placée en avant pour servir de base à la proposition suivante : *Nul corps, nul individu ne peut exercer d'autorité qui n'en dérive expressément.* C'est dans ce dernier mot *expressément* qu'il faut chercher le sens de tout l'article. Cela veut dire que toute autorité qui n'a pas été accordée par une élection populaire, par une élection à laquelle est appelée la nation entière, est nulle de toute nullité.

Et au milieu de cette phrase se retrouve encore ce mot ambigu, à force d'être téméraire, *ne peut*.

Mais, si par le fait il exerce cette autorité, dira-t-on qu'il ne peut l'exercer? S'il l'exerce, et que le peuple s'y soumette, non pas expressément, mais tacitement, continuera-t-on à soutenir qu'il *ne le peut*.

Ajoutons que cette proposition est énoncée non-seulement en ce qui regarde la France, le gouvernement de la France, mais tout gouvernement de toute nation. En conséquence, tous les actes de tout gouvernement, excepté peut-être dans deux ou trois cantons suisses, sont nuls; les hommes qui possèdent le pouvoir sont des usurpateurs, la résistance et l'insurrection sont des actes de vertu.

Mais le gouvernement français lui-même n'est pas excepté. Dériver de la nation, cela veut dire de la nation entière, car aucune réserve n'est faite. Les femmes par conséquent et les enfants sont compris; car, si les femmes et les enfants ne sont pas une partie de la nation, que sont-ils? des troupeaux? En effet, comment peut-on exclure un seul individu, lorsque tous les hommes, toutes les créatures humaines, sont et doivent être égaux en droits, sans aucune espèce de réserve ou d'exception.

## ART. 4.

*La liberté consiste à pouvoir faire tout ce qui ne nuit pas à autrui : ainsi, l'exercice des droits naturels de chaque homme n'a de bornes que celles qui assurent aux autres membres de la société la jouissance de ces mêmes droits. Ces bornes ne peuvent être déterminées que par la loi.*

Cet article renferme trois propositions :

1° *La liberté consiste à pouvoir faire tout ce qui ne nuit pas à autrui.*

Quoi ! en cela seulement, et rien de plus ! Est-ce que la liberté de faire du mal n'est pas de la liberté ? Si ce n'est pas de la liberté, qu'est-ce donc, et à quel mot faut-il avoir recours pour en parler ? quelle puérilité ! quel renversement d'idées dans cette confusion de langage ! Pourquoi renfermer un mot d'un usage général et bien connu dans des limites que personne n'accepte et n'acceptera ? Ainsi donc, je ne saurai jamais si j'ai la liberté de faire ou de ne pas faire un acte, jusqu'à ce que je sache si cet acte doit ou non nuire à autrui, jusqu'à ce que je voie par avance toutes les conséquences de cet acte ? Si telle action me paraissait devoir nuire à un seul individu, me fût-elle même permise et ordonnée par la loi, je ne serais pas libre de la faire ? Je suis un officier de justice chargé de surveiller l'exécution des arrêts de la justice. Si l'on m'ordonne d'infliger une peine à un voleur, pour savoir si je suis libre de faire exécuter la sentence, il faut que je sache si la peine ne peut pas nuire au voleur. Voilà pourtant l'absurdité renfermée dans cette définition. Qu'on ne dise pas que les phrases suivantes servent d'explication et de correctif. Une définition doit tout dire par elle-même.

*2° Ainsi, l'exercice des droits naturels de chaque homme n'a de bornes que celles qui assurent aux autres membres de la société la jouissance de ces mêmes droits.*

Quelle est donc la nation où cela soit vrai? quel est le gouvernement où les droits naturels n'aient pas d'autres bornes? S'il en est un, la législation, dans ce gouvernement, est à un état de perfection absolue. S'il n'en existe pas, alors il faut avouer qu'il n'y a aucune nation sur terre où cette définition soit conforme à la vérité.

*3° Ces bornes ne peuvent être déterminées que par la loi.*

Surcroit de confusion ! surcroit de contradiction ! Quoi donc ! cette liberté, ce droit, l'un des quatre droits qui existaient avant toute loi, et qui existeront en dépit de toutes les lois, recevra des bornes de la loi, sera redevable à la loi de tout son développement ? Ainsi, jusqu'à ce que vous sachiez ce que la loi vous en laisse, vous ne savez pas où commence, où finit la liberté; et pourtant elle existait, elle était en pleine vigueur avant qu'il y eût rien qui ressemblât à des lois ; et pourtant elle doit continuer d'exister en dépit de toutes les lois. Voilà les conséquences de cette étrange logomachie , où l'on suppose comme existant ce que l'on conçoit devoir exister.

Que dit au contraire le bon sens et la vérité ?

« La liberté que la loi *doit* accorder sans contrôle et sans bornes est celle qui concerne les actes dont l'exercice ne cause aucun préjudice à la communauté , ou au moins aucun préjudice qui ne puisse être compensé par un avantage égal.

« Par conséquent, l'exercice des droits accordés à chaque individu ne *doit* avoir d'autres bornes légales que celles qui sont nécessaires pour maintenir chaque individu dans la possession et l'exercice des droits que peut lui permettre le plus grand bien de la communauté

« Le droit de déterminer ces bornes ne *doit* appartenir qu'au législateur, c'est-à-dire à celui ou à ceux qui sont investis du pouvoir souverain ; il ne doit donc pas être abandonné à la déclaration arbitraire d'un individu quelconque , quelque part qu'il possède dans l'autorité subordonnée. »

Nous devons en outre signaler le mot *autrui* comme un terme vague qui ne fait aucune distinction entre la communauté et les individus. Il semble d'après la construction de la phrase que le législateur n'ait pas le droit d'enlever aux individus la liberté de se nuire à eux-mêmes. Il ne pourrait protéger ni homme, ni femme, ni enfant contre leur faiblesse., leur ignorance ou leur imprudence.

**ART. 5.**

*La loi n'a le droit de défendre que les actions nui-*
*sibles à la société. Tout ce qui n'est pas défendu par la*
*loi ne peut être empêché ; et nul ne peut être contraint*
*à faire ce qu'elle n'ordonne pas.*

1° *La loi n'a le droit.* Ce n'est plus *la loi ne peut*
*pas.* Ici au moins il n'y a plus d'ambiguité ; le
masque est ôté. L'objet avoué de cette clause est de
prêcher l'insurrection permanente. Prenez une action, quelle qu'elle soit, si la loi n'a pas le droit
de la défendre, la loi qui la défend est nulle ; toute
tentative pour l'exécuter est de l'oppression, la résistance à cette tentative, l'insurrection comme moyen
de résistance est une chose légale, justifiable, ré-
commandable.

Dire que la loi ne *devrait* défendre que les actions nuisibles à la société, c'eût été sans doute un
peu mieux poser la question. Mais encore cette
maxime, toute belle qu'elle soit, eût été d'une application impossible. En effet, un gouvernement qui
serait conforme à cette maxime aurait atteint à la
perfection. Mais où se trouve ce gouvernement, où
se trouvera-t-il jamais, tant que les hommes ne
seront pas des anges ? Vouloir combattre les gouvernements qui sont en dehors de ces conditions,
c'est donc vouloir combattre tout gouvernement.

2° *Tout ce qui n'est pas défendu par la loi ne peut*

*être empêché. Nul ne peut être contraint à faire ce que la loi n'ordonne pas.*

Cette phrase, absolue, sans restriction, sans commentaires, aurait pour effet d'anéantir toute autorité privée, tout pouvoir dont l'exercice se manifeste dans des circonstances particulières, pouvoir domestique, pouvoir de police, pouvoir militaire, etc.

Dans l'état actuel des choses, sous tout autre gouvernement que celui que l'on prétend ici organiser, tout ce qui est ordonné ou défendu en vertu d'un pouvoir que la loi a sanctionné, est reconnu, est virtuellement ordonné et reconnu par la loi. Mais tous ces autres gouvernements étant fondamentalement contraires aux droits de l'homme, sont considérés comme nuls et non avenus; par conséquent, ils ne peuvent servir à combler cette lacune du code nouveau. D'ailleurs, ce droit de pouvoir faire tout ce que la loi ne défend pas et de ne pouvoir être contraint à faire ce qu'elle n'ordonne pas, est un de ces droits naturels, sacrés et imprescriptibles qui sont antérieurs aux lois et au-dessus d'elles; comment donc la loi peut-elle y rien changer?

Supposons cependant que la création de ces pouvoirs particuliers soit sinon dans la lettre, au moins dans l'esprit de cet article. Alors il devient aussi insignifiant qu'il est peu dangereux. En effet, son but alors serait sans doute de protéger les individus contre l'oppression qu'ils pourraient redouter de la part de ceux qui exerceraient ces pouvoirs créés par la loi. Mais si ces pouvoirs sont laissés à la détermination des législateurs futurs qui pourront à leur gré en augmenter l'étendue, quelle sera donc la valeur de cette protection, et que deviennent les restrictions que l'on veut imposer à l'avenir par cette fameuse Déclaration? Dangereux ou frivole, c'est toujours l'alternative de cet article comme de tous les autres.

### Art. 6.

*La loi est l'expression de la volonté générale. Tous les citoyens ont le droit de concourir personnellement ou par leurs représentants à sa formation. Elle doit être la même pour tous, soit qu'elle protège, soit qu'elle punisse. Tous les citoyens étant égaux à ses yeux sont également admissibles à toutes dignités, places et emplois publics, selon leur capacité et sans autre distinction que celle de leurs vertus et de leurs talents.*

Cet article est un *pot-pourri* de propositions diverses qui n'ont entre elles aucune espèce de liens. Lois constitutionnelles, lois civiles, lois pénales, tout y est mêlé et confondu.

PREMIÈRE PROPOSITION. *La loi est l'expression de la volonté générale.* La loi! quelle loi? dans quel pays? à quelle époque? Il n'est point de loi, point de pays, point d'époque, où cette assertion puisse être justifiée. Non; pas même dans la France, qui fait cette déclaration. Comment, en effet, la loi peut-elle être l'expression de la volonté générale du peuple, quand la plus grande partie du peuple n'a jamais eu de volonté, ou même songé à en avoir. Cette définition ne saurait donc être appliquée aux lois d'aucun pays. Mais qu'importe, puisque l'objet favori de cette effusion de bienveillance universelle est de déclarer tous les gouvernements dissous, et de le persuader à tous les peuples.

DEUXIÈME PROPOSITION. *Tous les citoyens ont le droit de concourir personnellement ou par leurs représentants à sa formation.*

Ici le langage change. Ce n'est plus l'énonciation d'un fait supposé ; c'est l'énonciation d'un droit. Mais pourquoi donc ce changement ? Après avoir étourdiment déclaré qu'il n'y avait aucune loi, nulle part, qui ne fût l'expression de la volonté de chaque membre de la communauté, qui empêchait de suivre la même logique et de dire que chacun y concourt, et participe à la formation de la loi ? Toutefois, comme au moins, dans cette seconde phrase, l'idée de droit se trouve introduite, l'ambiguité disparait, et il est désormais décidé que toute loi à laquelle n'aurait pas concouru un seul citoyen, soit personnellement, soit par ses représentants, est nulle et de nul effet.

Il est à regretter, en outre, de voir les novateurs français choisir, au lieu du mot *députés*, ce mot vague et équivoque de *représentants*. Le roi de la Grande-Bretagne est considéré comme le représentant de la nation, lorsqu'il traite avec les puissances étrangères; et cependant la nation s'assemble-t-elle jamais pour lui déléguer cette autorité? Il représente la nation; mais est-il député par la nation? Non, sans doute. Les électeurs parlementaires sont censés représenter les non électeurs, et les membres du parlement les représenter tous; mais a-t-on jamais prétendu que les membres ou les électeurs fussent députés par les non électeurs? En employant ce terme impropre de *représentants*, au lieu du terme propre de *députés*, les Français auraient pu accepter la constitution britannique; car rien, dans cette clause, n'aurait pu les protéger contre un aussi triste choix.

Il est vrai que le mot *représentants* sonne mieux que celui de *députés*, et les hommes qui sont gouvernés par des sons sacrifient tout à cette harmonie conventionnelle.

TROISIÈME PROPOSITION. *La loi doit être la même pour tous, soit qu'elle protège, soit qu'elle punisse.*

Cette clause ne paraît pas déraisonnable sous un point de vue général; pourtant elle admet certaines exceptions, qu'il fallait au moins laisser pressentir.

La loi anglaise inflige certaines pénalités qui consistent à être privé de la protection de la loi. Pour ma part, je n'approuve pas ces pénalités, mais il est probable qu'elles sont approuvées par ceux qui, ayant le pouvoir de les abroger, les laissent subsister. En France, je suppose aussi qu'on les approuve, puisqu'on les a appliquées d'une manière bien plus sévère qu'en Angleterre. Et pourtant cette espèce de pénalité est à jamais interdite au moins par la lettre de cette clause. Quant à l'esprit, on chercherait en vain à y découvrir un sens.

Nos lois accordent aussi de plus grands dédommagements aux ministres de la justice, dans le cas de poursuites mal fondées, pour de prétendues injures à des individus, qu'on n'en accorderait à de simples particuliers pour les mêmes griefs. On a présumé que les officiers publics, n'ayant pas le même intérêt à défendre les droits du public que les individus auraient à défendre leurs propres droits, pourraient se laisser détourner de leurs devoirs, si on ne leur offrait de plus grands encouragements qu'aux hommes privés.

Ces exemples, que nous pourrions multiplier, suffisent pour faire naître un doute raisonnable, à savoir si, même dans le cas de protection, le mot flatteur d'*égalité* n'est pas incompatible avec le principe général d'utilité qui doit toujours être l'objet du législateur.

Quant aux peines, la seule règle qui soit d'accord avec le principe de l'utilité, est qu'il ne faut jamais en appliquer de plus grandes qu'il n'est nécessaire pour atteindre le but qu'on se propose. Comme entre deux individus la mesure de sensibilité est presque toujours différente, il s'ensuit qu'une peine, qui serait nominalement la même dans la loi, serait en fait étrangement différente. Cinquante coups de fouet peuvent, aux yeux de la loi, être égaux à cinquante coups de fouet; mais nul homme ne prétendra que ce châtiment, appliqué à un robuste laboureur, puisse avoir une égale intensité que lorsqu'il fut appliqué à la comtesse Lapuchin, jusqu'alors la favorite de l'impératrice de Russie, et l'un des plus beaux ornements de sa cour. Un bannissement peut être, aux yeux de la loi, l'équivalent d'un bannissement ; mais tout le monde conviendra que la peine ne serait pas la même pour un fonctionnaire public, qui n'a d'autres ressources que les appointements de sa place, et pour un ouvrier mécanicien qui trouverait dans tout pays des travaux et des ressources.

Si l'on s'avisait cependant d'introduire ces distinctions dans la loi, nul doute que suivant les principes de la Déclaration, il ne s'élevât un cri général d'insurrection.

Quatrième proposition. *Tous les citoyens étant égaux à ses yeux, sont également admissibles à toutes dignités, places et emplois publics, selon leur capacité, et sans autre distinction que celle de leurs vertus et de leurs talents.*

Voici une de ces clauses rares, pour ne pas dire la seule, contre laquelle il n'y a point d'objection sérieuse, au moins quant à son sens général ; car il y a encore quelque chose à dire sur les termes de la rédaction.

Il serait sans doute à désirer qu'aucune classe d'homme ne fut exclue du droit de concourir à la formation des lois, et il n'y a aucun argument de quelque force en faveur de ces incapacités héréditaires qui provoquèrent la rédaction de cet article. Toutefois dans la constitution présente des gouvernements et dans l'état actuel des opinions, il y a des cas où certaines espèces d'incapacité sembleraient admissibles sans trop d'injustice. Il n'est pas bien logique, par exemple, qu'un juif concourre à la nomination d'un curé chrétien, qu'un catholique choisisse un ministre protestant, ou qu'un protestant soit pour quelque chose dans le choix d'un évêque catholique. Il est vrai que le principe d'élection enlève quelque chose aux inconvénients qui pourraient résulter de cette confusion de croyances et d'intérêts divers.

Cette clause est d'ailleurs tellement absolue, qu'elle n'exclut des emplois et des dignités pas même les aliénés et les criminels. Il est vrai aussi que les nominations se faisant par l'élection, il n'est guère à craindre qu'on fasse de pareils choix. Mais enfin, ils ne sont pas frappés d'incapacité. Et en effet, si ce droit comme tous les autres est un don de la Déesse Nature, il est au-dessus de la loi, et ne peut recevoir de la loi aucune restriction. Sans doute on nous parle de vertus et de talents, et cette précaution oratoire semble virtuellement exclure les aliénés et les criminels. Mais encore les vertus et les talents ne figurent-ils que comme des motifs de libre préférence, et nullement comme des clauses d'exclusion pour ceux qui en seraient dépourvus. C'est une distinction et non une exception. Enfin, si par hasard un criminel ou un aliéné se trouvait nommé à cet emploi, on ne pourrait l'en exclure sans violer les droits naturels et imprescriptibles qui sont proclamés dans cette clause.

Ce qui d'ailleurs ne permet aucune équivoque, c'est que cette seconde partie de la proposition n'est que la conséquence de la première, où l'on déclare l'égalité parfaite et inaliénable de tous : « tous les citoyens étant égaux à ses yeux, tous sont également admissibles, etc. » Ainsi comme la proposition générale n'admet aucune exception, la proposition particulière qui en est la conséquence, n'en peut admettre. Les vertus et les talents sonnent bien à l'oreille, et flattent l'imagination ; mais en fait de clarté la clause eut beaucoup gagné si elle s'était terminée aux mots *places et emplois publics*, et si l'on n'avait rien dit sur la capacité, la distinction, les vertus et les talents.

### Art. 7.

*Nul homme ne peut être accusé, arrêté ni détenu que dans les cas déterminés par la loi, et selon les formes qu'elle a prescrites. Ceux qui sollicitent, expédient ou font exécuter des ordres arbitraires, doivent être pnis; mais tout citoyen appelé ou saisi en vertu de la loi, doit obéir à l'instant : il se rend coupable par la résistance.*

1° *Nul homme ne peut être accusé, arrêté ni détenu que dans les cas déterminés par la loi, et selon les formes qu'elle a prescrites.*

Voici encore la même impropriété d'expression que nous avons déjà signalée, *ne peut* au lieu de *ne doit.* Mais au moins le pouvoir de la loi est reconnu, et n'est pas mis en question. Cette clause n'est donc ni dangereuse ni absurde ; elle n'est que futile et passe à côté du but. L'objet avoué de toute la Déclaration est de fixer des limites à la loi, en proclamant des droits au-dessus de la loi, la liberté, le droit de jouir de la liberté, etc., et voici que cette liberté est livrée à la merci et au bon plaisir de la loi ! Il n'y a rien dans cet article qui ne puisse être accepté dans les codes constitutionnels de la Prusse, du Danemarck, de la Russie ou du Maroc. En effet, dans ces pays, la loi, c'est la volonté du monarque, par conséquent, tout homme peut être arrêté ou détenu par les agents de cette volonté, et dans les formes que prescrit cette volonté. On rend donc ici à la loi l'arbitraire qu'on lui avait ôté, et l'on reste soumis à toutes les tyrannies d'un pouvoir qui voudrait donner le nom de loi à ses plus futiles caprices.

Si cependant il faut accepter seulement comme définition de la loi le précédent article, qui la déclare l'expression de la volonté générale, on se trouve, il est vrai, avoir des garanties. Mais tous les autres peuples se trouvent, en vertu de la Déclaration française, placés hors la loi, tous les autres gouvernements se trouvent annulés, toutes les autres nations devront être regardées en pitié, si elles ne veulent subir le despotisme de la fraternité universelle que leur offrent les législateurs de l'assemblée nationale.

*2° Ceux qui sollicitent, expédient ou font exécuter des ordres arbitraires, doivent être punis.*

Oui, dit un mollah du Maroc, après l'introduction de cet article dans le code marocain ; oui, si un ordre donné au préjudice de la liberté d'un sujet est illégal, c'est un ordre arbitraire, et comme tel, il doit être puni. Si un chien d'infidèle s'avise d'arrêter ou de détenir un autre chien d'infidèle, c'est un acte arbitraire, et rien ne peut être plus raisonnable que ce qu'ordonne la loi, savoir que ce chien présomptueux reçoive la bastonnade. Mais si l'un des fidèles qui tous ont reçu de notre sublime empereur un droit de suprématie sur les infidèles, juge à propos d'enfermer un de ces chiens dans un chenil, il n'y a rien d'arbitraire dans cet acte. La loi l'autorise, la loi vivante qui tombe de la bouche céleste de notre empereur.

Tout ce que nous avons dit sur le paragraphe précédent pourrait se répéter ici.

*3° Tout citoyen appelé ou saisi en vertu de la loi, doit obéir à l'instant. Il se rend coupable par la résistance.*

Cette clause est parfaitement bonne en elle-même. Malheureusement elle se trouve ici tout-à-fait déplacée. Le titre de ce manifeste est une déclaration de *droits*, et son objet constant est de déclarer tous les droits réels ou supposés qu'elle croit rencontrer dans la nature de l'homme. Or, ici se trouve énoncé un *devoir* : c'est sans doute une inadvertance. Et pourtant, s'il est quelque chose qu'il faille avant tout rappeler au peuple , c'est sans doute ses devoirs ; car pour ses droits, il saura toujours les réclamer. Mais ce n'est que par accident et comme par hasard qu'on apprend à la masse des citoyens qu'il existe des obligations sous le nom de devoirs.

*Le citoyen qui résiste se rend coupable.* Oui , sans doute ; à moins cependant que la loi ne soit oppressive ; car l'on a proclamé plus haut que la résistance à l'oppression était un des droits de l'homme. Auquel de ces deux articles faut-il croire , ou de celui qui déclare la résistance un crime, ou de celui qui déclare la résistance un droit ?

## Art. 8.

*La loi ne doit établir que des peines strictement et évidemment nécessaires ; et, nul ne peut être puni qu'en vertu d'une loi établie antérieurement au délit , et légalement appliquée.*

*1° La loi ne doit établir que des peines strictement et évidemment nécessaires.*

L'instruction donnée par cette clause est bien stérile. On veut guider les législateurs futurs , et on ne leur indique aucun moyen d'arriver au but ; en sorte qu'ils peuvent s'en rapprocher ou s'en éloigner à leur gré. Il est fort heureux en vérité que les lois pénales qui ne seraient pas conformes à ces conditions, ne soient pas comprises dans ces sentences de nullité dont on a été si prodigue. Car il serait difficile de trouver nulle part une loi pénale qui put subir l'épreuve de cet article, quelle que soit sa source, pure ou impure, démocratique, aristocratique ou monarchique.

Jamais on n'a jusqu'ici établi d'une manière satisfaisante une proportion exacte entre les délits et les peines, et aucune théorie de cette nature n'entrait certainement dans les projets des auteurs de cette Déclaration. Mais en supposant que ces règles fussent établies avec le plus grand degré de précision auquel on put atteindre, jamais on ne pourrait trouver une peine si bien adaptée à un délit, qu'elle dùt être considérée comme strictement et évidemment nécessaire, à l'exclusion de toute autre.

Comme mesure de précaution pour rappeler ce qui semble convenable de faire, cette clause serait utile; mais comme instruction pour déterminer catégoriquement ce qu'il faut faire, elle est vide et superflue. Elle est même erronée et mensongère, car elle affirme au moins implicitement qu'il serait possible de trouver pour chaque délit une peine dont la stricte nécessité serait évidente pour tous, ce qui n'est pas vrai. Il n'y a qu'une chose évidente ; c'est qu'il n'y avait rien de strict dans la logique des rédacteurs de cet article qu'ils prétendent sans façon transmettre à la postérité. Ils consultaient plutôt le jargon des clubs de Paris, que les éléments du sujet qu'ils traitaient, c'est-à-dire la liste de toutes les peines opposée à la liste de tous les délits. Celui qui écrit ces lignes a fait à ce sujet plus de recherches que qui que ce soit avant lui, et quoiqu'il ait grandement réduit la somme des disproportions qui existent dans tous les codes entre les peines et et les délits, le résultat le plus évident de ses recherches, c'est qu'une proportion strictement exacte est une impossibilité.

2° *Nul ne peut être puni qu'en vertu d'une loi établie antérieurement au délit et légalement appliquée.*

Si, au lieu du mot insurrectionnel *ne peut*, on eût employé le mot *ne doit* comme dans la clause précédente, il y aurait peu de chose à dire sur ce paragraphe. Tel qu'il est, d'un côté, il établit l'insurrection en permanence; de l'autre, il laisse subsister en grande partie tous les dangers qu'il est destiné à combattre.

Dans beaucoup d'occasions, des souffrances aussi grandes que celles qui sont infligées comme peines peuvent être appliquées sans intention de pénalité. Tous ces cas devaient être spécifiés par le législateur, afin d'en déterminer les limites et d'en empêcher les abus. Mettre un embargo, par exemple, équivaut à une peine, et souvent même à une peine très-sévère ; et cependant, si la prévoyance du législateur autorise par une loi générale l'autorité exécutive à mettre un embargo dans certains cas, la proposition d'une loi spéciale, au moment où quelque incident surviendrait pour la nécessiter, serait parfaitement justifiable.

Le bannissement peut, dans un certain sens, être considéré comme une pénalité égale, soit qu'on l'inflige par voie de châtiment ou par voie de précaution, comme mesure préventive ou comme mesure répressive. Or, pourrait-on soutenir que dans aucun cas le gouvernement suprême d'un pays ne devrait être investi du pouvoir d'éloigner, pour un temps ou pour toujours, les individus dont il aurait à redouter des entreprises nuisibles à la paix générale? Il en est de même pour le cas d'emprisonnement qui, selon les circonstances, peut être une peine plus ou moins sévère que le bannissement.

Sans doute, cette précaution de ne pas admettre l'effet rétroactif de la loi est fondée en raison et en justice ; mais la clause formulée avec ces mots *ne peut*, et sans les explications nécessaires pour en empêcher les fausses applications, expose le pays à deux dangers différents. D'abord une mesure purement préventive pourrait provoquer l'insurrection, sous prétexte qu'elle rentre dans les prohibitions contenues dans cet article ; ensuite beaucoup de mesures salutaires seraient repoussées par le législateur, dans la crainte de provoquer une résistance insurrectionnelle.

Quant à ces derniers mots *et légalement appliquée,* on aurait pu se les épargner sans faire grand tort à l'article. Si la loi que l'on invoque pour justifier un acte du pouvoir n'a pas été légalement appliquée dans l'exercice de cet acte, l'acte lui-même n'a pas été exercé en vertu de la loi.

## Art. 9.

*Tout homme étant présumé innocent jusqu'à ce qu'il*

*ait été déclaré coupable, s'il est jugé indispensable de l'arrêter, toute rigueur, qui ne serait pas nécessaire pour s'assurer de sa personne, doit être sévèrement réprimée par la loi.*

Cet article est louable dans son objet, quoique le sens pût en être exprimé avec plus de précision.

La première maxime, quoique essentiellement triviale, n'en est pas plus conforme à la raison et au principe d'utilité ; elle est surtout entièrement opposée au règlement qu'elle est destinée à justifier. Dire qu'un homme *est présumé innocent* jusqu'à ce qu'il ait été déclaré ou jugé coupable, c'est dire une absurdité. En effet, s'il n'y a pas d'accusation portée contre lui, c'est une vérité niaise à force d'être triviale ; s'il y a accusation, ou plutôt s'il y a des circonstances qui fassent présumer qu'il mérite d'être accusé, il y a certes bien présomption qu'il peut être coupable. Cette maxime devient surtout absurde dans le cas où l'on juge qu'il y a des indices suffisants pour l'arrêter. Car, s'il est présumé innocent, l'atteinte portée à sa liberté ne saurait être justifiée. Ce qu'il y a de vrai à ce sujet, c'est que le seul motif rationnel, pour permettre l'arrestation d'un homme, vient de ce que l'on doute également de sa culpabilité et de son innocence. Supposez-le coupable, il doit être puni ; supposez-le innocent, il ne doit pas être arrêté.

Quant à ces expressions, *doit être sévèrement réprimée,* elles ont un cachet de violence peu convenable

à un code d'instruction : la réparation et le châti-
mentdoivent être proportionnés au dommage causé.
Pourquoi, par ce terme vague *sévèrement*, donner à
la pénalité une extension illimitée.

### Art. 10.

*Nul ne doit être inquiété pour ses opinions, même*
*religieuses, pourvu que leur manifestation ne trouble*
*pas l'ordre public établi par la loi.*

La liberté de publier ses opinions sous certaines
réserves est sans doute une liberté qu'il est convenable d'établir. Mais cet article ne lui donnerait
qu'une existence bien précaire. *Troubler l'ordre pu-*
*blic*, qu'est-ce que cela signifie? Louis XIV n'aurait
pas hésité à admettre dans son code un article ainsi
formulé. L'ordre public consistait alors à ne permettre l'exercice d'aucune autre religion que la religion catholique. Par conséquent, la publication de
tout écrit en faveur des doctrines de Luther ou de
Calvin devait troubler l'ordre public établi par la loi.

Telle est la misérable sauve-garde accordée à la
liberté des opinions ; tel est le faible bouclier opposé aux ennemis de cette liberté.

On voit que je suis loin de blâmer les législateurs français d'avoir voulu offrir des garanties à la
liberté : ce que je blâme, c'est l'inutilité, la pauvreté
de ces garanties.

Que fallait-il donc dire? réplique-t-on. Ce n'est
pas là ce que j'examine dans ce moment ; car dans

cette critique je ne me suis occupé que de ce qu'il ne fallait pas dire, et malheureusement je n'ai vu que trop de choses à reprendre. Cependant s'il faut manifester une opinion à ce sujet, je dirai que toutes les opinions doivent pouvoir être émises sans crainte d'une pénalité ; qu'aucune publication ne doit devenir un sujet ou un prétexte de châtiment, lorsqu'elle reste dans le cercle des opinions. Mais en même temps, j'ajouterai que la manifestation d'une opinion ne doit pas tendre à la provocation d'actes de violence ou de tout acte que la législature a rangé dans la classe des délits.

Toutefois, bien que le gouvernement ait le droit de prévenir les actes qui troubleraient la paix publique, et punir les écrits qui provoqueraient ces actes, il y a non-seulement absurdité, mais péril à vouloir lier les mains des gouvernements futurs, dans cette branche de la législation aussi bien que dans toutes les autres.

Quelque désir que j'aie de voir la liberté garantie, et garantie pour toujours, je demeure convaincu qu'il n'y a pas une seule mesure tendante à ce but qui doive être imposée à tous les législateurs à venir. Quand même l'on me donnerait le choix de formuler la loi, je ne voudrais jamais y attacher une condition de perpétuité. Je vais plus loin, et j'aimerais mieux voir promulguer une loi faite par tout autre, quelque mauvaise qu'elle fût, pourvu qu'on n'y attachât pas cette condition, que de voir adopter une loi faite par moi, quelque excellente que je l'estimasse, si elle devait être accompagnée de pareilles clauses.

ART. 11.

*La libre communication des pensées et des opinions est un des droits les plus précieux de l'homme : tout citoyen peut donc parler, écrire, imprimer librement, sauf à répondre de l'abus de cette liberté dans les cas déterminés par la loi.*

La logique de cette composition est en tout d'accord avec sa politique. Quand vous rencontrez un *donc*, quand vous rencontrez une conséquence annoncée comme ressortant de la proposition qui la précède, soit que cette proposition soit vraie ou fausse, vous pouvez être assuré que la conséquence est en contradiction directe avec la proposition antécédente, ou qu'il n'y a rien de commun entre eux.

La liberté de communiquer les opinions est une branche de la liberté, et la liberté est un des quatre droits naturels de l'homme, sur lesquels les lois humaines n'ont pas de pouvoir. Il y a deux manières de violer cette liberté par la répression physique et par la répression morale; l'une s'exerce par prohibition, avant qu'on fasse usage de la liberté, l'autre sous forme de peine après qu'on s'en est servi.

Quelle faveur cet article vient-il offrir à la liberté? Il la garantit de toute prohibition, mais il la laisse exposée à toute punition. Dira-t-on qu'il ne

livre au châtiment que l'abus de la liberté, soit ;
mais la liberté ne consiste-t-elle pas aussi bien dans
l'abus que dans l'usage? Un homme exerce-t-il moins
sa liberté quand il fait usage de la propriété d'un
autre, que lorsqu'il s'interdit la jouissance de toute
autre propriété que la sienne? Alors liberté et interdiction sont synonymes.

Qu'est-ce d'ailleurs que l'abus de la liberté? Ce
n'est autre chose qu'un certain exercice de la liberté
que désapprouve tel homme qui lui donne le nom
d'abus.

Or, chaque abus de cette liberté est exposé à la
punition, et on laisse aux législateurs futurs à déterminer ce qui doit être regardé comme un abus.
Que deviennent donc les garanties que l'on donne
aux individus contre les envahissements des gouvernements? Que signifie cette barrière opposée aux
gouvernements, quand on les charge d'en fixer l'em-
placement? Qu'on ne s'y trompe pas : ce que je blâme ce n'est pas que ces faiseurs de constitution aient
omis de lier assez fortement les mains des pouvoirs
futurs, mais je les blâme de ce qu'ils aient conçu
une idée aussi folle que de vouloir les lier en aucune
façon.

La notion commune par rapport aux délits, c'est
qu'il vaut mieux *prévenir* que *punir*. Ici on repousse
la prévention et l'on proclame la punition. Encore
une fois qu'on ne s'y trompe pas. Dans le cas
particulier de la liberté d'opinion, il peut y avoir de
bonnes raisons pour renoncer à la prévention, et

pour borner l'action répressive du législateur à l'application de la peine ; ce qui n'a pas lieu pour les autres délits. Quelques mots à ce sujet, destinés à expliquer cette apparente contradiction, eussent été beaucoup plus instructifs que toutes ces doctrines vagues, dont les auteurs de cette constitution ont été si prodigues.

Et non-seulement la conséquence de ces deux propositions est en contradiction avec ses antécédents, mais encore elle a une extension beaucoup plus grande que le principe général dont elle est une déduction. La libre communication des opinions, dit l'antécédent, est un des droits les plus précieux de l'homme, un de ses droits inaliénables. Que dit le conséquent? que l'homme a le droit de publier ce qu'il veut sans qu'on puisse l'en empêcher, c'est-à-dire des fausses allégations de toute nature, des mensonges de toute espèce, contre le public, contre les particuliers, contre les lois, contre les gouvernements, et cela par toutes voies, par écrit, par parole, par impression. On a beau ajouter que c'est sauf à répondre des abus. Dès qu'on n'a pas déterminé ce qu'il fallait entendre par abus, cette restriction reste sans valeur.

Quant à ce mot *pensées*, en le voyant placé sur la même ligne que le mot *opinions*, je serais bien aise de trouver quelqu'un qui m'expliquât la différence qui existe entre les deux termes.

Il serait sans doute à désirer que des mesures convenables fussent prises par l'autorité, pour tracer une ligne exacte de démarcation entre la protection due à la liberté et la restriction à opposer à la licence de la presse. Mais que pourrait faire le législateur en face de cette Déclaration de droits sacrés, inviolables et imprescriptibles ?

## ART. 12.

*La garantie des droits de l'homme et du citoyen nécessite une force publique : cette force est donc instituée pour l'avantage de tous, et non pour l'utilité particulière de ceux auxquels elle est confiée.*

Cet article a au moins le mérite d'être exempt des dangers que renferment tous les autres. Mais aussi est-il complètement insignifiant. C'est un modèle de naïveté législative. Changez un peu les termes, vous en ferez un lieu commun aussi insipide qu'irréprochable ; savoir, que la force publique, entretenue aux dépens du public, doit avoir pour objet l'avantage général du public, et non l'avantage exclusif de quelques particuliers.

Cet article se compose de deux propositions distinctes. La première, si on en retranche les idées confuses et obscures sur la garantie des droits de l'homme, contient une Déclaration claire et intelligible sur la nécessité d'une force publique ; mais aussitôt on y ajoute, comme conclusion logique, une assertion qui porte sur un fait, affirmant que ce fait existe, et non pas qu'il doit exister ; confondant ce qui *est* avec ce qui *doit être.* Ainsi les rédacteurs de

20

cet article prononcent sans exception que, dans toutes les communautés sociales, l'établissement de la force publique n'a d'autre objet que l'avantage de tous, ce qui semble déclarer que cela a toujours été.

Si cependant ils n'ont voulu dire autre chose, sinon que cela devrait être, pourquoi ne pas être plus correct dans les termes? pourquoi ne pas dire ce que l'on veut dire? Assurément ils n'auraient, dans ce cas, rencontré aucune contradiction. Sans doute, une force publique est nécessaire; sans doute, elle ne devrait être employée que pour l'avantage du public. Ces deux propositions sont de nature à ne soulever aucune objection sérieuse; et, considéré sous ce point de vue, l'article est vrai en tous points. Il fallait seulement mettre un peu plus de logique dans les termes.

## ART. 13.

*Pour l'entretien de la force publique et pour les dépenses d'administration, une contribution commune est indispensable : elle doit être également répartie entre tous les citoyens, en raison de leurs facultés.*

Deux propositions sont contenues dans la première partie de cet article. L'une déclare qu'une contribution commune est indispensable pour l'entretien de la force publique. Si par là on entend qu'il est convenable de lever des impôts sur tous, pour le salaire de ceux dont les forces individuelles constituent la force publique , je ne vois aucune objection à y opposer ; mais , si l'on prétend que ce soit la seule manière d'entretenir une force publique , cette proposition n'est pas vraie. Dans le système féodal , ceux dont les forces individuelles constituaient la force publique n'étaient pas entretenus aux frais de la communauté , mais à leurs propres frais.

D'après l'autre proposition , une contribution commune est indispensable pour les dépenses de l'administration. Indispensable ? oui , sans doute , quand il s'agit des branches de l'administration qui sont elles-mêmes indispensables. Mais c'est là justement qu'est la question. Quelles sont ces dépenses sans nom et sans indication qui peuvent comprendre les abus les plus criants ? Il y a plus d'un danger à reconnaître des principes aussi vagues , qui peuvent prêter à toutes les interprétations. En effet , en acceptant cette proposition telle qu'elle est rédigée , ne semblerait-il pas que l'un des droits sacrés et imprescriptibles de l'homme, consiste dans l'obligation de contribuer indéfiniment à une masse inconnue de dépenses portant au hasard sur des objets indéterminés ?

*Elle doit être également répartie entre tous les citoyens, en raison de leurs facultés.*

Par le premier article de la Déclaration, les hommes sont et doivent être tous sur un pied d'égalité parfaite, relativement à tous les droits. Par le second article, la propriété est au nombre de ces droits. Par les deux articles pris ensemble, tous les hommes doivent être sur un même pied d'égalité relativement à la propriété. Mais, si l'on consulte les faits, l'on voit qu'au moment où se formulait l'article, aucune égalité de cette nature n'existait, aucune mesure n'était prise pour l'établir. Cela étant, auquel de ces deux états de choses se rapporte l'article dont nous nous occupons? Est-ce à l'antique et réelle inégalité, ou à la nouvelle et imaginaire égalité? Dans le premier cas, la conclusion est en contradiction avec la proposition principale, dans le second, elle est superflue et tautologique. Je dis que, dans le premier cas, la conclusion est en contradiction avec la proposition principale. En effet, que demande celle-ci? que la contribution soit *également* répartie entre tous les citoyens. Que demande la conclusion? que la contribution soit répartie en raison des facultés, c'est-à-dire *inégalement*.

Dans le second cas, c'est-à-dire en supposant l'égalité relativement à la propriété, l'égalité de contribution sera sans contredit la conséquence nécessaire. Mais alors la conclusion *en raison de leurs facultés* devient, comme nous l'avons dit, superflue, et non-seulement superflue, mais aussi ambiguë et embarrassante ; car une proportion n'est pas d'accord avec l'égalité, et en fait ni l'une ni l'autre n'était d'accord avec l'état de choses existant alors.

Et puis que veut dire ce mot, *leurs facultés?* Certes il aurait fallu en déterminer le sens avant de pouvoir mettre cette théorie en pratique. En évaluant les fa-

cultés de tous les hommes, entend-on tenir compte
de leurs possessions seulement, ou de leurs besoins
respectifs, ou de leurs ressources et moyens? Dans le
premier cas, quelle injustice! dans le second, quel
travail impraticable! Dans les deux, quelle tyrannie!
Il faut, pour exécuter ce plan, organiser l'inquisition sur tous les besoins et les ressources de chaque
homme; inquisition qui, pour être efficace, doit
être perpétuelle; qui, pour être exacte, doit surveiller tous les changements, toutes les modifications
qui peuvent s'introduire au sein de chaque famille.

Et encore si les contributions étaient assises sur
les objets de consommation, ou mieux sur les su-
perfluités, chaque individu se trouverait appelé ap-
proximativement à contribuer selon ses facultés ;
parce que la mesure de sa dépense est assez communément la mesure de sa fortune. Mais ce n'est pas
ainsi que l'entendent les législateurs de l'assemblée
constituante. Ils rejettent toutes les contributions sur
les objets de consommation, les seules que l'on puisse
appeler contributions volontaires, les seules qui se
proportionnent d'elles-mêmes aux facultés des individus. Grossièrement trompés par des métaphysi-
ciens politiques, ils ont proscrit toutes les taxes sur
la consommation, en les appelant faussement *indirectes*, tandis qu'il n'y en a pas de plus directes. De
sorte que, dans ce pays de parfaite liberté, le mode
de taxation est un mode d'inquisition qui soumet
tout homme ayant quelque propriété aux interro-

gatoires, aux vexations et aux mesures tyranniques de chaque collecteur d'impôt.

### Art. 14.

*Tous les citoyens ont le droit de constater par eux-mêmes ou par leurs représentants la nécessité de la contribution publique, de la consentir librement, d'en suivre l'emploi, et d'en déterminer la quotité, l'assiette, le recouvrement et la durée.*

Supposez que l'auteur de cet article fut un ennemi de l'Etat, et que son projet fut de troubler le cours des affaires publiques, et de mettre tous les citoyens aux prises entre eux, rien ne pourrait être plus heureusement adapté à ce but; mais supposez que ce fut un ami de l'Etat, avec l'intention de donner d'utiles instructions ou de salutaires moyens de contrôle, on ne saurait rien imaginer de plus puéril.

Et d'abord, qu'entend-on par *tous les citoyens?* Entend-on tous les citoyens agissant collectivement et en corps? ou chaque citoyen pris individuellement? Ce droit qui m'appartient, est-ce un droit que je puisse exercer par moi-même, quand il me plaît, sans le concours d'aucun autre? Ou bien ne puis-je l'exercer qu'alors que j'aurais obtenu de tous les autres, ou de la majeure partie des autres, de l'exercer avec moi? La différence pratique est énorme; mais elle paraît à peine soupçonnée par les rédacteurs de cette Déclaration, qui emploient indistinctement et au hasard les termes exprimant l'aggrégation et ceux exprimant la disjonction.

Si je possède ce droit conjointement avec tous les autres, je le possède déjà en vertu de l'article 6. Les lois qui déterminent les contributions sont des lois; et j'ai déjà reçu le droit de concourir à la formation de toutes les lois quelconques : que me donne-t-on de plus par ce droit de concourir à la formation d'une classe particulière de lois? Si c'était une application particulière du principe général, rien de mieux; mais c'est un principe distinct, un article séparé. Ce qui ajoute encore à la confusion, c'est que l'on place sur la même ligne des actes de législation avec des actes d'une autre nature, le droit d'examiner, la nécessité de l'opération et le droit de suivre l'opération, le droit de surveiller la manière dont s'exercent les pouvoirs du gouvernement et le droit de prendre part à l'exercice de ces pouvoirs.

Mais si je puis exercer ce droit comme individu, en ma capacité individuelle, j'ai donc le droit d'aller quand il me plaît dans tous les bureaux du département des finances, d'interroger les employés, de me faire apporter tous les livres, tous les documents qui peuvent m'éclairer, enfin d'arrêter toutes les affaires en vertu de ma volonté privée. Sur ces entrefaites, mon voisin qui est aussi bien citoyen que moi, par conséquent investi des mêmes droits, vient exercer ces droits en même temps que moi et dans le même bureau. Il veut être écouté; je veux l'être aussi. Auquel obéira-t-on. A celui-là sans doute qui aura les poumons les plus forts, et si cela ne suffit pas, le bras le plus solide. Ainsi donc, ces belles déclamations sur les principes du gouvernement, n'auraient d'autre résultat que de détruire tout gouvernement.

*Le droit de consentir!* Singulière expression pour signifier le droit d'accepter ou de rejeter ! Il est assez étrange que des législateurs qui prétendent fixer les mots, fixer les idées, fixer les lois, fixer toutes choses et pour toute éternité, choisissent une expression pareille, et mettent le droit de consentir au lieu du droit de voter, au lieu du droit de signifier son approbation ou sa désapprobation.

## Art. 15.

*La société a le droit de demander compte à tout agent public de son administration.*

*La société!* Quel est ce nouveau mot? Quel en est le sens? Quel en est le but? Des expressions différentes quand elles devraient être identiques, identiques quand elles devraient être différentes, toujours vagues, toujours indéterminées, confondues ensemble lorsque pour la précision et l'intelligence il faudrait les séparer avec soin, telle est la logique habituelle de cette composition constitutionnelle !

Veut-on dire que les supérieurs en office ont droit de demander compte à leurs surbordonnés ?

N'avoir pas ce droit, ce serait n'être pas supérieur. N'être pas soumis à cette obligation, ce serait n'être pas subordonné. En ce sens, la proposition est parfaitement innocente, mais également futile.

Veut-on dire que tous les hommes qui ne sont pas en office peuvent exercer ce droit sur ceux qui sont en office? Dès-lors se représentent les mêmes questions que dans le précédent article. Est-ce dans leur capacité individuelle ou dans leur capacité collective. Si c'est dans leur capacité collective, cet article ne leur accorde rien de plus que ce qu'ils avaient déjà; si c'est dans leur capacité individuelle, alors revient l'anarchie.

*Le droit de demander compte!* Que veut-on dire par là? Est-ce simplement le droit de demander compte, ou celui de se faire rendre compte? Dans le premier cas, le droit ne sera pas de grande valeur; dans le second, celui qui possède le droit, en supposant qu'il ne soit pas fonctionnaire, le deviendra par ce seul fait. Or, comme tout le monde aura le même droit, tout le monde deviendra fonctionnaire, et ceux qui commandent à tous recevront des ordres de chacun.

## ART. 16.

*Toute société dans laquelle la garantie des droits n'est pas assurée, ni la séparation des pouvoirs déterminée, n'a point de constitution.*

Ici nous avons un échantillon de vanité législative, de vanité poussée jusqu'au délire. Le législateur s'interrompt dans son œuvre pour s'applaudir et lancer l'anathème contre tous les autres gouvernements. Il se repose auprès de l'édifice inachevé de sa constitution, pour élever un monument à sa louange.

La constitution, l'admirable constitution dont cette Déclaration forme la base, est non-seulement la première constitution du monde; c'est encore la seule constitution qui existe : les autres pays n'en ont pas.

Je ne parle pas de l'absurdité du style; une *garantie assurée*, c'est-à-dire *une garantie garantie*. Ce sont là choses légères. Mais je me demande si le pays auquel j'appartiens a une constitution. Pour le savoir, je cherche s'il possède une déclaration des droits semblable à celle de la France ; j'examine si la garantie des droits est garantie. Or, comme nous n'avons en tête de la collection de nos lois aucune déclaration de droits, il s'ensuit que nous n'avons pas de constitution.

Quant à cette idée, passablement obscure et absolument absurde, sur *la séparation des pouvoirs*, elle ne semble être qu'une pauvre contrefaçon d'une ancienne maxime politique *divide et impera*. Les gouvernés doivent maintenir les gouvernants sous leur gouvernement, en les divisant entre eux. Mais une maxime encore plus ancienne et à mon avis plus sûre, c'est que toute maison divisée contre elle-même ne saurait subsister.

Toutefois, il faut convenir que l'existence de deux et même trois souverainetés en lutte n'empêcherait pas qu'il n'y eut une constitution, quand même elle ne serait pas précédée d'une Déclaration de droits. Voyez la Grande-Bretagne. Assurément je ne prétends pas offrir sa constitution comme un modèle à suivre ; mais enfin elle existe, malgré toutes les dénégations contraires et en dépit de la pompeuse affirmation de l'assemblée constituante.

D'après le sens général, le mot *constitution* indique quelque chose d'*établi*, quelque chose ayant une certaine *stabilité,* et offrant des preuves de cette stabilité. Que dirions-nous donc si cette magnifique vanterie des législateurs français était directement en opposition avec la vérité, si la France, bien loin d'être le seul pays qui eut une constitution, était précisément le seul qui n'en eût pas! En effet, si tout gouvernement repose sur l'obéissance, et la stabilité du gouvernement sur une disposition permanente à l'obéissance, et la permanence de cette disposition sur l'habitude de l'obéissance, l'on peut affirmer qu'au moment de la Déclaration des droits la France n'avait ni gouvernement, ni constitution.

## ART. 17.

*La propriété étant un droit inviolable et sacré, nul ne peut en être privé, si ce n'est lorsque la nécessité publique, légalement constatée, l'exige évidemment, et sous la condition d'une juste et préalable indemnité.*

Ici se présente la dernière pièce de cet amas de

contradictions, et elle est digne de couronner l'œuvre.

Par le premier article, tous les hommes sont égaux par rapport à toutes sortes de droits, et demeurent tels de toute éternité, en dépit de tout ce que les lois peuvent faire. Par le second article, la propriété est mise au nombre de ces droits. Par le dix-septième et dernier, aucun homme ne peut être privé de sa propriété, non pas même d'un atome de sa propriété, sans un exact équivalent. Et encore, cet équivalent doit-il être payé d'avance (*préalable*). Tous les hommes sont égaux en droits, c'est-à-dire en propriété, quoique Pierre possède un million de revenu et que Jean ne possède rien. Tous les hommes doivent être égaux en propriété, et cela pour toujours ; et en même temps, celui qui a une propriété mille fois supérieure à celle de mille autres réunies ensemble, ne doit pas être privé d'un seul denier, sans avoir reçu d'avance un équivalent.

Folie et contradiction à part, le sujet de cet article tient à une de ces questions de détail qui demandent à être fixées, et qui ne peuvent être fixées que par des considérations d'utilité appréciables pour tous les esprits sages et réfléchis. Mais de pareilles considérations ne sont pas dignes d'arrêter l'attention de ces créateurs des droits de l'homme.

Il y a une distinction à faire entre les propriétés susceptibles d'évaluation et celles qui n'en sont pas susceptibles. Il en est qui ont une *valeur d'affection*, ou si l'on veut même une *valeur de fantaisie*. Or, si on se borne à en payer la valeur intrinsèque ou matérielle, le propriétaire ne recevrait point un équivalent : il serait en perte. Il est des cas où un équivalent satisfaisant pour un individu, en soumettrait un autre à un dommage réel. Toutes ces questions sont capables de recevoir une solution pour tout homme qui veut prendre la peine de comparer les intérêts de toutes les parties, au lieu de les résoudre au hasard par des phrases et des épithètes déclamatoires.

*La nécessité publique!* Qu'entend-on par la *néces-sité?* La nécessité ordonne-telle de faire de nouvelles rues, de nouvelles routes, de nouveaux ponts, de nouveaux canaux? Lorsqu'une nation a existé pendant plusieurs siècles avec les rivières navigables telles que la nature les a faites, considèrent-elle comme une *nécessité* de son existence, de construire artificiellement de nouvelles routes d'eau ? Si ce n'est pas *nécessaire*, il faut mettre fin à toutes ces améliorations. Dans tout changement, il y a avantage d'un côté, désavantage de l'autre. Mais que sont tous les avantages du monde, si on les met en opposition avec les droits sacrés et inviolables que l'homme a reçus des lois imprescriptibles de la nature?

## CONCLUSION.

Voilà sur les principes fondamentaux du gouvernement quelle triste rapsodie ont produit les hommes d'élite de la France.

En chimie, cette même nation avait peu d'années auparavant formulé un système nouveau qui avait été accueilli par toute l'Europe, avec admiration et reconnaissance.

Et pourtant, la chimie est considérée, non sans raison comme une des sciences humaines les plus difficiles.

En chimie, les français se sont élevés bien au-dessus des plus sublimes connaissances des temps passés ; en législation, ils sont descendus au-dessous de l'ignorance la plus vulgaire. Toute l'intelligence réunie des hommes les plus éminents n'a pu créer qu'un acte incohérent, bien inférieur à la constitution Britannique, faite de toutes pièces et selon le hasard des circonstances.

La chimie, n'occupe qu'un petit nombre d'hommes choisis ; la législation exerce les esprits d'un grand nombre.

En chimie, point de passions qui viennent troubler et obscurcir l'intelligence ; en législation, c'est le contraire.

Qu'aurait-on dit, si pour décider plus sûrement quelques-unes des questions importantes de la chimie, l'académie des sciences eût fait un appel aux assemblées primaires ?

Si une collection de propositions générales mises ensemble, propositions de la plus haute importance, embrassant tout le domaine de la législation, si une telle collection, dis-je, pouvait être de quelque utilité, ce n'est qu'autant que ces propositions

seraient déduites par voie d'abréviation, d'un assemblage déjà existant de propositions moins générales constituant le corps des lois. La partie générale, quoique placée en premier comme introduction, aurait dû être rédigée en dernier. Pour formuler ces propositions, il y a eu défaut de temps,
de connaissance, de génie et de patience. Tout cela
a été remplacé par la passion, l'impatience et la
vanité. Cet acte au lieu d'être fait par voie d'abréviation, a été fait par voie d'anticipation. Quant aux
propositions particulières qui devraient en être la
conséquence, c'est ce dont on s'occupait le moins.

Ce que je prétends attaquer, ce n'est pas les citoyens de telle ou telle contrée, ce n'est pas tel ou
citoyen, ce n'est pas le citoyen Siéyès ou tout autre
citoyen ; ce que je veux attaquer de toutes mes
forces, c'est tous ces prétendus droits de l'homme
antérieurs à la loi et au-dessus de la loi ; c'est
toute Déclaration passée ou future de ces prétendus
droits.

Il ne faut pas s'étonner que le but de cette Déclaration soit complètement manqué par l'emploi du
même mot dans plusieurs sens différents ; car il
est impossible de formuler une pareille Déclaration
sans tomber dans ces abus de mots. Que l'homme
le plus intelligent essaie de bien déterminer le sens
de chaque mot, qu'il en fasse une classification
bien nette, bien tranchée, et même après cela
qu'il entreprenne de formuler sa déclaration, il ne
pourra éviter de se heurter contre de telles absurdités,

qu'elles devront arrêter sa plume , s'il n'a pas perdu la raison.

*Ex uno , disce omnes.* De cette Déclaration des droits on peut augurer ce que seront toutes les autres Déclarations de droits. Il n'en sortira jamais autre chose que les droits de l'anarchie , l'ordre du chaos.

C'est en Angleterre plutôt qu'en France que cette sublime découverte *des droits de l'homme* aurait dû être faite ; nous y avons, nous autres Anglais, plus de *droits* que nos voisins. C'est dans la langue anglaise que ce mot peut offrir le plus d'obscurité et de double entente. C'est en Angleterre plus encore qu'en France que nous pouvons changer le sens sans changer le mot, et comme Don Quichotte sur son cheval enchanté , voyager jusqu'à la lune sans quitter notre selle,

En anglais le mot *droit* ( *right* ) se prend comme adjectif et comme substantif. Comme adjectif, il signifie *convenable , utile.* Comme substantif, il a le même sens qu'en français , c'est-à-dire un sens vague qui prête à tous les sens et à tous les abus. Ainsi , il y a le *droit* que donne la loi , et le *droit* qui est au-dessus de la loi. Par conséquent, il y a le *droit légal* et le *droit extra-légal* ou *anti-légal.* J'appellerai l'un le droit réel , l'autre le droit imaginaire.

Le droit réel est le produit de la loi ; le droit imaginaire est le produit d'une métaphore inventée par les poètes , les rhéteurs et autres débitants de poisons moraux et intellectuels. Et c'est ainsi que , des droits légaux créés par la loi et amis de la paix, l'on a fait sortir violemment les droits anti-légaux, ennemis de la loi, du gouvernement et de toute sécurité.

Hélas ! combien les opinions dépendent des mots ! Qui pourra briser les chaînes qui les tiennent attachés ? Quelle force pourra dissoudre ces funestes associations entre des mots et des idées ? Associations qui naissent dans le berceau, que tout livre, que toute conversation resserrent plus étroitement ! Quelle autorité pourra corriger ce vice originel dans la structure du langage ? Comment extirper un mot qui a pris racine dans les entrailles de la langue ? Comment ôter à un mot dont on se sert continuellement la moitié de sa signification ? Le langage du simple bon sens est difficile à apprendre ; le langage du sens figuré est séduisant et facile. Le premier exige une force d'attention qui résiste au courant de l'imitation et de l'exemple. Le second ne demande que de s'abandonner au courant et de se laisser entraîner.

C'est à l'éducation à faire ce qui peut être fait ; et c'est dans l'éducation qu'est la ressource la plus assurée, quoique malheureusement la plus lente. La reconnaissance du néant des lois naturelles et des droits de l'homme fondés sur ces lois, est aussi importante que l'étude des lois positives.

Je ne sais si cet antidote des poisons versés par la France peut avoir quelque effet; je ne sais si ce préservatif de l'intelligence contre les fascinations des vains sons sera goûté par quelques lèvres. Mais je croirai avoir rendu un véritable service au public, en lui signalant le langage auquel on peut reconnaître l'anarchiste.

Il parle d'abord de *droits naturels et imprescriptibles*, et reconnaît en même temps que ces droits ne sont pas avoués par le gouvernement.

Au lieu de dire *la loi doit* ou *ne doit pas*, il dit *la loi peut* ou *ne peut pas*, *est* ou *n'est pas*.

Dans les temps antérieurs, dans les temps de Grotius et de Puffendorf, ces expressions n'étaient guère que des impropriétés de langage, contraires seulement aux progrès de la science. Mais aujourd'hui, depuis la Déclaration des droits formulés par les Français, depuis les commentaires pratiques de cette Déclaration, l'emploi de ces termes est par lui-même un *crime moral*, et mérite d'être déclaré un crime légal, comme attentatoire à la paix publique.

# CHAPITRE II.

### DÉCLARATION DES DROITS ET DES DEVOIRS DE L'HOMME ET DU CITOYEN,

#### FAITE PAR LA CONVENTION NATIONALE,

#### en 1795.

#### DROITS.

#### ARTICLE PREMIER.

*Les droits de l'homme en société sont la liberté, l'égalité, la sûreté et la propriété.*

Si l'on compare cette Déclaration avec celle qui précède, on verra qu'elle commence par une espèce d'escamotage législatif. D'un côté, se trahit le sentiment de l'absurdité de la Déclaration antérieure; de l'autre, se manifeste la volonté de ne pas avouer cette absurdité.

Les droits que cette seconde Déclaration prétend proclamer sont comme ceux de la première, de deux espèces : les droits de l'homme et les droits du citoyen. Mais les droits qu'elle proclame, en effet, ne sont ni les droits de l'homme, ni ceux du citoyen, mais quelque chose entre les deux, *les droits de l'homme en société.*

Cette différence n'est pas seulement une affaire de

mots. Les droits proclamés en 1791 étaient déclarés naturels, inaliénables et imprescriptibles, droits qu'aucune loi ne pouvait enfreindre, sans être par le fait même frappée de nullité. Si aucune distinction ne doit être faite entre les droits de l'homme et les droits du citoyen, une des deux expressions devient inutile, et son emploi une dangereuse impertinence. Si l'on fait une distinction, il ne peut y en avoir d'autre que ceci : les droits de l'homme, de l'homme existant dans un état antérieur à la société politique, antérieur à l'idée de citoyen, sont les seuls auxquels appartienne le caractère inaliénable et imprescriptible ; les droits du citoyen, dérivant des lois qui constituent son état de société, ne sont que le produit de la loi, et sont par conséquent à la disposition de la loi ; et leur existence dépend de la loi qui l'a faite.

Or, cette seconde Déclaration ne dit pas s'il existe des droits sur lesquels la loi n'a aucun pouvoir : elle laisse subsister le doute dans toute sa force. Mais elle tranche la difficulté par un subterfuge. Effaçant cette distinction si soigneusement faite et si récemment reconnue, entre l'homme et le citoyen, elle ne nous présente plus ni l'homme ni le citoyen, mais une espèce de création amphibie et neutre, qu'elle appelle *l'homme en société*.

En comparant le catalogue des droits, soit qu'ils appartiennent à l'homme ou au citoyen, ou à l'homme en société, nous trouverons qu'entre les années 1791 et 1795, tout inaliénables qu'ils soient, ils ont subi de notables changements. Dans le premier article de la Déclaration, il n'y en avait que deux, *la liberté et l'égalité*. Dans l'intervalle du premier article au second de cette même Déclaration, trois nouveaux droits avaient surgi, *la propriété, la sûreté et la résistance à l'oppression*. Ces trois nouveaux, ajoutés aux deux premiers, auraient dû faire cinq. Mais pas du tout; ils ne font que quatre, parce que dans le même intervalle, par je ne sais quel accident, l'égalité avait disparu. De 1791 à 1795, elle s'était retrouvée, et en conséquence elle occupe le poste le plus élevé après *la liberté : la sûreté* et *la propriété* ne viennent qu'en dernier. Quant à *la résistance à l'oppression*, elle se trouve exilée ; mais, comme les images des deux illustres Romains dont parle Tacite, elle brille par son absence. Pour rendre compte de cette exclusion, il faut se rappeler qu'entre 1791 et 1795 *la citoyenne résistance* s'était étrangement signalée, attaquant en face tous les pouvoirs, s'élevant contre toutes les autorités, et devenant si redoutable par sa turbulence, qu'il était grand temps de la bannir. Aussi la sagacité des constituants de 1795 avait facilement découvert qu'elle était une ennemie dangereuse pour la sûreté. Déjà, deux ans avant sa naturalisation en France, je l'avais dénoncée comme telle. dans un livre (1) qui était arrivé jusqu'aux mains de Condorcet et autres ; mais ma dénonciation n'avait pas été écoutée.

---

[1] Introduction aux principes de morale et de législation.

Quant à tout le reste, les frivolités et les dangers de cet article ont été signalés dans les observations sur l'article correspondant de la Déclaration de 1791.

### Art. 2.

*La liberté consiste dans le pouvoir de faire ce qui ne nuit pas aux droits des autres.*

Mêmes observations que pour le commencement de l'article 4 de la Déclaration de 1791, en tout pareil à celui-ci, excepté qu'on y a ajouté le mot *droits*.

### Art. 3.

*L'égalité consiste en ce que la loi est la même pour tous, soit qu'elle protège soit qu'elle punisse.*

*L'égalité n'admet ni distinction de naissance, ni succession héréditaire de pouvoir.*

Dans l'article 6 de la Déclaration de 1791, nous avons vu donner ces principes sous forme de maximes; maintenant la maxime est devenue une définition de l'égalité. Ceci sans doute est de l'égalité? mais l'égalité n'est-elle que cela? Ne va-t-elle pas plus loin? et jusqu'où va-t-elle? Ces questions méritaient bien une solution.

Que l'égalité *n'admette point de succession héréditaire du pouvoir*, cela est assez logique. Mais comment l'égalité peut-elle s'accommoder de l'existence d'un pouvoir quelconque. Quelle égalité y a-t-il entre celui qui a des pouvoirs et celui qui n'en a pas? Ainsi à l'exception de cette exclusion du pou-

voir héréditaire, il se trouve que la possession de
ce droit d'égalité ne rend pas les hommes plus
égaux qu'auparavant ; ou pour mieux dire que l'é-
galité et l'inégalité sont une seule et même chose.

*Point de distinction de naissance.* Comment cela
se fait-il ? Tous les hommes naissent-ils en France
du même père et de la même mère ? La toute puissance démocratique empêchera-t-elle les Montmo-
rency de descendre d'une longue suite d'ancêtres
connus depuis les Capets ? Ce qu'on voulait dire
probablement, c'est qu'aucune distinction de naissance ne devait établir une distinction de droits.
Mais comme en France, des épigrammes sont dans
un livre de législation aussi nécessaires que des
lois, l'expression paradoxale a été préférée comme
étant la plus naturelle.

ART. 4.

*La sûreté résulte du concours de tous à assurer les
droits de chacun.*

Encore une épigramme sur la sûreté, une définition imitée *du malade imaginaire.*

Le concours de tous, d'un côté, les droits de
chacun, de l'autre. De cette antithèse il résulte que
la sûreté que pourrait garantir le concours d'un
certain nombre d'hommes qui ne seraient pas *tous,*
ne serait pas une sûreté.

ART. 5.

*La propriété est le droit de jouir et de disposer de ses*

*biens, de ses revenus, du fruit de son travail et de son industrie.*

Autre définition du même genre, quoique peut être moins innocente. La propriété est le droit de *jouir* et de *disposer.* Voilà donc deux droits distincts. Avoir l'un sans avoir l'autre, c'est n'avoir point de propriété. Les possessions du clergé qui pouvait jouir sans aliéner, étaient pourtant bien une propriété; de même qu'un immeuble dont on peut disposer sans en jouir actuellement forme aussi une propriété. Toujours et partout des confusions de mots !

Passons maintenant à la Déclaration des devoirs :

Le droit étant un produit de la loi, le devoir un autre, il vint à l'esprit de la seconde série de constituants qu'une Déclaration des droits ne serait qu'une œuvre boiteuse, si l'on n'y ajoutait une Déclaration des devoirs. Mais ce qu'ils ne comprenaient pas mieux que leurs devanciers, c'est que les droits et les devoirs sont les fruits d'un même principe et ne peuvent être séparés ; qu'en même temps que des droits sont créés, il en résulte immédiatement des devoirs correspondants. Il est possible, sans doute, de créer des devoirs sans créer des droits, et c'est là le propre des mauvaises lois, mais il est impossible de créer des droits sans créer des devoirs. Les voilà donc faisant de la législation à la façon de M. Jourdain, et proclamant solennellement des droits, sans se douter qu'en même temps ils proclamaient des devoirs.

### Article premier ou préambule.

*La Déclaration des droits contient les obligations des législateurs : le maintien de la société demande que ceux qui la composent connaissent et remplissent également leurs devoirs.*

Je ne prendrai pas sur moi de décider si le mot *devoirs* qui termine cette phrase, n'a pas absolument le même sens que le mot *obligations* contenu dans la première partie. Mais s'il en est ainsi, ce sera encore une preuve de plus, pour nous démontrer combien ces maîtres de la législation se jouent des termes de la langue , sacrifiant toujours la précision aux fantaisies de leur imagination.

### Art. 2.

*Tous les devoirs de l'homme et du citoyen sont dé-rivés de deux principes gravés par la nature dans tous les cœurs. Ne faites pas à autrui ce que vous ne vou-lez pas que les hommes vous fassent. Faites constam-ment aux autres le bien que vous voulez recevoir d'eux.*

La source bien connue de ce double précepte est l'évangile : « Tout ce que vous voulez que les hommes fassent pour vous, faites-le de même pour eux. » Nous allons voir ce qu'on a gagné à la nou-velle édition émanée de la Convention.

Cette maxime se trouve ici divisée en deux bran-ches, l'une négative, l'autre positive. La formule négative, placée comme elle l'est, est pernicieuse; la formule positive telle qu'elle est rédigée, est absurde et contraire à l'esprit de l'original. La première a trop d'étendue ; la seconde n'en a pas assez.

Dans quelle contrée les accusateurs voudraient-ils être accusés, les juges condamnés, les guillotineurs guillotinés ? Ce qui résulte de la première formule, c'est que tout individu qui poursuit un coupable, tout juge qui le condamne, tout fonctionnaire subalterne qui exécute la sentence du juge, sont des transgresseurs de cette loi fondamentale, de cette loi *gravée par la nature dans tous les cœurs*, et placée la première sur la liste des devoirs.

Un précepte de morale, s'adressant au sentiment, n'a pas besoin d'une précision rigoureuse ; mais la loi s'adresse à l'intelligence, et la précision en est l'âme et la vie.

La formule positive, sans doute dans le seul dessein d'arrondir la phrase, est rédigée de manière à fermer tout accès à la générosité. Faites à un homme le bien. Quel bien ? tout juste le bien que vous voulez recevoir de lui. Et si, par bonheur, vous n'attendez rien de lui, laissez-le là, et passez votre chemin. Il n'y a rien dans la loi qui vous prescrive une autre conduite.

### Art. 5.

*Les obligations de chacun envers la société consistent à la défendre, à la servir, à vivre soumis aux lois, et à respecter ceux qui en sont les organes.*

Il y a bien loin de cet article à celui qui proclamait la résistance à l'oppression.

## ART. 4.

*Nul n'est bon citoyen, s'il n'est bon fils, bon frère, bon ami, bon époux.*

Cet article est aussi bon que toute autre bonne chose mille fois répétée dans les romans et les drames ; mais, comme article de loi, c'est une niaiserie qui se concilie à peine avec l'article précédent, et même avec les intérêts généraux de la communauté.

Il y a des devoirs *civils* et des devoirs *domestiques*.

Est-il donc impossible de violer les uns sans violer les autres ? Un homme qui bat sa femme fraude-t-il le trésor public ? Un homme qui fait la contrebande manque-t-il à ses devoirs d'époux ? Brutus, le vieux Brutus qui dans un gouvernement où le père avait droit de vie et de mort sur ses enfants, fit mourir ses fils pour avoir conspiré contre le gouvernement, était-il mauvais citoyen ? ou la bonté d'un père consiste-t-elle à mettre ses enfants à mort ?

Un ami de lord Monteagle était complice de Guy Fawkes dans la fameuse conspiration des poudres. Placé entre le quatrième article et le troisième, que devait faire lord Monteagle ? Le troisième lui ordonne de révéler le complot, car il lui ordonne de défendre et de servir la société et les lois ; le quatrième lui ordonne de se taire, il lui ordonne d'être bon ami, s'il veut être bon citoyen. Si Monteagle avait secrètement favorisé la conspiration, qu'aurait-il pu désirer de plus, pour la sécurité de sa conscience, que la bienveillante protection de cet article?

ART. 5.

*Nul homme n'est bon, s'il n'est franchement et religieusement observateur des lois.*

Des lois! de quelles lois? Est-ce de toutes les lois présentes et futures, quoi qu'elles ordonnent, quoi qu'elles interdisent? L'homme doit-il être observateur religieux des lois qui proscrivent sa religion, la seule religion qu'il croit vraie? Pourquoi introduire ces termes de religion dans un article de loi? C'est, sans doute, encore par amour pour les fleurs de rhétorique. Eh bien! les hommes de septembre, les hommes du 10 août, les vainqueurs de la Bastille, étaient-ils religieux observateurs de la loi, qui déclarait l'inviolabilité du monarque? La question semble embarrassante, et ce n'est pas à moi qu'il appartient de la résoudre.

ART. 6.

*Tout homme qui viole ouvertement les lois se déclare lui-même en état de guerre avec la société.*

Maxime sonore, très-propre à obtenir les applaudissements du parterre, mais singulièrement absurde dans un livre de lois, et passablement dangereuse.

Etre en état de guerre, c'est être dans cet état où

l'objet de chacune des parties intéressées est de massacrer l'autre.

Or, en Angleterre, pour favoriser une certaine classe de fabricants de boutons, il existe une loi assez bouffonne, qui ordonne à tous les citoyens de ne porter qu'une seule espèce de boutons. Et cependant vous pouvez voir tous les jours, dans toutes les rues, des hommes, des femmes et des enfants qui, aux yeux de tous, violent ouvertement la loi. Puis donc que tous ces porteurs de boutons illégaux se déclarent en état de guerre avec la société, il ne reste plus qu'à les traiter en ennemis, et à placer des soldats dans toutes les rues pour fusiller ces violateurs de la loi.

**Art. 7.**

*Celui qui, sans enfreindre ouvertement les lois, les élude par ruse ou par adresse, blesse les intérêts de tous ; il se rend lui-même indigne de leur bienveillance et de leur estime.*

Quant à la vérité de cette proposition, elle dépend de la nature des lois qu'on élude. Si la loi éludée n'est utile à personne, la violation n'est nuisible à personne ; si la loi n'est utile qu'à une certaine classe de personnes, éluder cette loi, c'est nuire à cette classe, mais ce n'est pas blesser les intérêts de tous.

Si la loi anglaise sur les libelles n'était pas éludée, il n'y aurait pas plus de liberté de la presse en Angleterre, sur les objets politiques, qu'il n'y en a en Espagne sur les objets religieux. Si cette loi était exécutée dans tous les cas où elle est enfreinte, il n'y aurait pas un individu, homme ou femme, qui ne serait en prison. Les lois anglaises, même avec tous leurs défauts, ne sont assurément pas plus mauvaises que celles des autres nations; et cependant je m'engagerais, s'il pouvait en résulter quelque bien, à démontrer qu'il y existe des lois par centaines, dont l'application serait la destruction du pays.

Tant que les choses sont dans cet état d'imperfection, il semble qu'il n'y a pas de meilleur correctif que de laisser à la conscience de chaque individu à juger des cas où il doit obéir avec empressement, ou seulement par prudence, concourir lui-même à l'exécution de la loi, ou demeurer neutre entre la loi et ses infracteurs.

A en juger par les trois articles précédents de la Déclaration des droits et des devoirs de l'homme et du citoyen, le législateur semble avoir été à court dans ses inspirations. Les droits de l'homme se présentent en assez grand nombre : mais, quand il arrive aux devoirs, il devient évident qu'après avoir dit que le devoir consiste dans l'obéissance aux lois, il a épuisé la matière. Aussi le contenu de ces trois articles n'ajoute rien à la liste des devoirs; c'est simplement une suite d'observations, une série d'épigrammes et de maximes de théâtre.

Quant aux délits, la grande difficulté est, et la principale étude devrait être, de les bien distinguer les uns des autres : l'objet de cet article semble être

de les confondre. En Angleterre, la simple désobéissance est une chose, la rébellion (improprement
appelée trahison) en est une autre. La punition de
l'une est une simple amende ou un court emprisonnement ; la punition de l'autre est capitale. En
France, sous les auspices de cette Déclaration, ces
notables différences ne semblent pas mériter l'attention. La désobéissance et la rébellion ne sont
qu'une seule et même chose. L'état des lois en France
doit assurément être de beaucoup supérieur à tout
ce qui a jamais existé chez aucune nation, s'il se
passe un seul jour de l'année où des multitudes de
lois ne soient pas enfreintes par des multitudes d'individus. S'il en est ainsi, l'effet de ce seul article
doit être qu'après le rétablissement de la paix, et
après l'adoption définitive de la meilleure des constitutions dans le meilleur des mondes possible,
l'état habituel de la France sera un état de guerre
civile.

Dans les codes des autres nations, le grand objet
des gouvernements est de calmer et de réprimer les
passions antisociales : en France, le principal objet
est de les exciter et de les enflammer. On les excite
par la Déclaration des droits, on les excite par la
Déclaration des devoirs. Quant au style, on ne
semble faire aucune différence entre une loi et un
drame. De beaux sentiments, de belles tournures,
de la chaleur et du mouvement, semblent également-
ment indispensables dans l'une et dans l'autre. Tout
drame doit être dirigé contre quelque loi ; toute loi

doit se débiter pompeusement comme un drame ;
toute loi doit se terminer par un drame.

### Art. 8.

*C'est sur le maintien des propriétés que reposent la
culture des terres, toutes les productions, tout moyen
de travail et tout l'ordre social.*

Cet article tel qu'il est rédigé, sonne assez bien ;
et répond parfaitement aux préoccupations du législateur. Son budget des devoirs était à sec, son
sujet épuisé, et cependant il ne peut se résoudre à
renoncer à sa rhétorique. Il veut inspirer à ses
concitoyens le respect pour la propriété en faisant
un appel à leur amour pour les travaux et les pro-
duits de l'agriculture, et s'ils n'ont aucun égard à
ces choses, il s'adresse à leur amour pour le travail en général, et si le travail n'a pas de charmes
pour eux, il invoque comme dernière ressource
leur amour pour l'ordre social.

### Art. 9.

*Tout citoyen doit ses services à la patrie et au main-
tien de la liberté, de l'égalité et de la propriété, toutes
les fois que la loi l'appelle à les défendre.*

Cet article est le dernier de la liste des devoirs ;
et comme conclusion de cette composition courte
mais superflue, il est digne du commencement,
plein d'incertitudes, d'obscurité et de danger.

Tout citoyen doit ses services à la patrie, etc.

Quels services ? pendant combien de temps ? à quelles conditions ? sont-ce des services militaires ? est-ce pour la vie? pour la paie du soldat ? Si ce n'est pas là ce qu'on veut dire, rien ne serait plus facile pour toute législature, pour tout administrateur, pour tout sergent de recrutement de donner cette interprétation à la loi.

Nous avons vu *la propriété* garantie par des triples chaînes ; ici nous voyons *la liberté* garantie par un système de conscription universelle.

L'égalité aussi doit être maintenue aussi bien que la propriété ; l'égalité sans limites, maintenue par tout le monde à l'appel de chacun. Or la distribution de la propriété étant au moment de cette déclaration prodigieusement inégale, comment l'égalité et la propriété font-elles pour s'accorder ensemble?

Le maintien des deux étant incompatible, on semble laisser le choix à la sagesse des citoyens, riches et pauvres, oisifs et travailleurs, nécessiteux et opulents. Assurément, pour une considérable majorité, le maintien de l'égalité semblera le choix le plus agréable et même le plus profitable.

# CHAPITRE III.

OBSERVATIONS SUR QUELQUES ARTICLES DE LA DÉCLARATION
DES DROITS PROPOSÉE PAR LE CITOYEN SIÉYÈS.

Un défaut général domine tout l'ensemble de cette composition. Les termes employés laissent toujours douter si les propositions sont prospectives ou retrospectives, si l'on veut faire connaître quel sera l'état de la loi après la promulgation de cette Déclaration, ou si l'on parle de la loi telle qu'elle a été jusqu'à ce moment. A en juger par les mots, il semblerait que partout les propositions soient retrospectives. S'il en était ainsi, il y aurait deux objections principales à opposer à cette Déclaration : 1° Qu'elle est notoirement fausse ; 2° Que cette fausseté est prouvée par la rédaction même de la Déclaration, puisque si les propositions émises étaient déjà reconnues , il serait inutile de les émettre de nouveau.

« *Chaque société ne peut être que l'ouvrage libre d'une convention entre tous les associés.* »

D'où il suit qu'il n'a jamais existé dans le monde quelque chose qui ressemblât à une société. Voilà la première et la plus fondamentale de toutes les vérités fondamentales , dont les hommes aveugles et obstinés doivent la découverte au citoyen Siéyès.

Nous voici, nous autres habitants de la Grande-Bretagne, nous imaginant jusqu'ici que nous vivions en société. Mais le citoyen Siéyès qui sait tout et voit tout à sa manière, assure que nous nous trompons. Dans quelle espèce d'état vivons-nous donc, si même nous vivons? Pour le savoir, il faut attendre qu'un nouveau mot pour peindre notre misérable condition, ait été inventé par la grâce et l'ingénuité du citoyen Siéyès. Mais vivons-nous, après tout? Cela est aussi douteux au moins que l'existence de notre société.

Un homme devenu maniaque à force de vanité, prend un mot d'un usage universel, et décide dans sa sagesse qu'il emploiera ce mot dans un sens que nul homme ne lui a jamais donné. Avec ce mot ainsi torturé, il formule une proposition, la première qui surgit dans son esprit, et de cette proposition, il fait une pâture pour tous ceux sur lesquels il exerce son influence, mais surtout pour les législateurs des temps présents et futurs, et cette matière indigeste, il l'appelle *liberté*, il l'appelle *gouvernement*.

« *L'objet d'une société politique ne peut être que le plus grand bien de tous.* »

Toujours cette substitution anarchique des mots *ne peut* pour *ne doit*. Toujours cette puérile préférence pour un terme impropre et ambigu au lieu d'un terme propre, également familier et beaucoup plus clair.

Une chose d'ailleurs résulte de l'ordre de ces deux articles, c'est que le bonheur en société n'est qu'un objet secondaire. La matière la plus importante, c'est que la société doit avant tout être réunie en vertu d'un contrat originel et universel.

*« Chaque homme est le seul propriétaire de sa personne, et cette propriété est inaliénable. »*

Surcroît de niaiserie ! de niaiserie dangereuse se cachant sous le voile d'une puérile antithèse ! comme si un homme et sa personne étaient deux choses différentes ; comme si un homme pouvait mettre sa personne, comme sa montre, dans une de ses poches !

Si la proposition ne signifie rien, nous n'avons rien à dire qu'à admirer la présomption de son auteur ; mais si on veut lui faire signifier quelque chose, elle est ou fausse ou dangereuse.

Si l'on entend que chaque individu a la disposition exclusive de soi-même, de ses facultés actives et passives, spirituelles et corporelles, c'est une vérité que personne ne conteste, et en ce sens la personne de chaque individu ne peut avoir qu'un seul propriétaire. Mais si l'on veut dire qu'aucun autre homme n'est autorisé à se servir de mes facultés, plus qu'il ne pourrait le faire de mes autres propriétés, la proposition est évidemment fausse : elle serait le renversement de tout gouvernement, l'anéantissement de tous les liens sociaux.

De quelle manière sont constituées les relations

légales entre époux, si ce n'est en donnant au mari le droit d'user de certaines facultés de sa femme, en leur concédant l'un sur l'autre un certain droit de propriété? Il en est de même des relations légales du père avec ses enfants mineurs, du maître avec ses apprentis, et de l'État avec tous.

Mais pour rendre l'absurdité plus complète, le danger plus réel, cette propriété, quelle qu'elle soit, est déclarée *inaliénable*. Aucun individu ne peut donner à un autre individu le droit de faire usage de ses facultés, de ses services. Sous quelque forme que ce soit, aucun homme ne pourra se mettre en apprentissage, aucun ne pourra choisir un tuteur pour son enfant, aucune femme ne pourra s'engager par le mariage.

Dira-t-on que l'article ne parle pas d'une *aliénation limitée*, mais qu'il ne prétend interdire qu'une aliénation *pour la vie*? Ainsi l'on ne voudrait pas prohiber le mariage pendant un certain temps donné, mais seulement le mariage pour la vie.

Mais ce subterfuge ne signifie rien. Que sert, en effet, d'interdire l'aliénation pour la vie, si vous l'admettez pour un certain temps sans déterminer le nombre d'années pendant lesquelles elle sera permise? Mais on trouvait sans doute qu'il n'était pas facile d'établir de pareilles limites en invoquant la citoyenne *nature* dont le citoyen Siéyès se constituait, ainsi que tant d'autres, le premier ministre.

Cet article semble avoir été dirigé contre l'esclavage des nègres; mais je ne vois pas bien comment il remplit ce but. Est-il destiné à indiquer quel *a été* l'état de la loi jusqu'alors ou quel *sera* l'état de la loi dans l'avenir? Dans le premier cas, qu'il soit vrai ou faux, il n'est d'aucune utilité. Dans le second sens, veut-il dire qu'aucun individu n'aura le droit d'exiger aucun service personnel d'aucun autre, ni de produire aucune impression physique sur ses facultés passives, sans son assentiment? Alors il supprime tous droits à un service quelconque ; il anéantit tous les pouvoirs de châtiment. Veut-il déclarer que ces pouvoirs ne doivent pas exister sans limites? Il n'y a rien là qui porte remède à l'esclavage des nègres ; car nulle part le pouvoir du maître sur l'esclave n'existe sans limites.

Enfin, par ces articles prétend-on mettre tout-à-coup en liberté tous les nègres à la fois ? Ce serait incompatible avec toutes les idées de justice par rapport aux intérêts des maîtres, avec toutes les idées de prudence par rapport aux intérêts des esclaves.

« *Tout écrivain peut débiter ou faire débiter ses productions, et il peut les faire circuler librement tant par la poste que par toute autre voie, sans avoir jamais à craindre aucun abus de confiance.* »

Je ne ferai aucune observation sur les dangers de cette liberté illimitée ; mais je ne puis m'empêcher de signaler la niaiserie de l'expression. L'auteur voulait dire que tout abus de confiance devait être considéré comme un délit; mais ce qu'il dit, c'est que le délit est impossible, tellement impossible que l'écrivain n'a point à le craindre; comme s'il suffirait de cette Déclaration pour empêcher tout gouvernement ou tout individu de commettre un abus de confiance.

*« Les lettres, en particulier, doivent être sacrées pour tous les intermédiaires qui se trouvent entre celui qui écrit et celui à qui il écrit. »*

Que veut dire ce mot *sacré*? Est-ce là le langage que doit parler un législateur?

Quoi! si une calomnie, un plan de conspiration, un projet d'assassinat se trouve dans une lettre, cette lettre est *sacrée*! l'ouvrir serait un *sacrilége*! Ce crime, si c'en est un, sera rangé dans cette classe de crimes qui ont été généralement considérés comme les plus graves; ce sera un attentat contre la religion, contre Dieu lui-même.

Quant à l'acte lui-même, est-il de l'intérêt public que le gouvernement puisse ouvrir les lettres? Voilà la question. Si la loi le lui défend, la poste devient un instrument terrible entre les mains des malfaiteurs et des conspirateurs. Dans l'intention de protéger les communications des individus, la loi expose le public aux plus grands dangers. Il est des crimes si nuisibles, qu'on ne doit négliger aucun moyen de les prévenir ou de les découvrir. Peut-on dire que la crainte d'avoir ses lettres ouvertes gêne les correspondances honnêtes, les rap-

ports de commerce ou les épanchements de l'a-
mitié?

Il est vrai que si une simple communication
d'opinions entre individus pouvait constituer un
crime, l'ouverture des lettres pourrait devenir un
terrible moyen de tyrannie. Mais c'est là qu'il faut
placer les précautions contre l'abus. C'est ce qu'on
a fait en Angleterre, où le secrétaire d'État peut
ouvrir les lettres, sur sa responsabilité, quoique ce
ne soit permis à nul autre.

*« Tout homme est pareillement le maître d'aller ou
de rester, d'entrer ou de sortir, et même de sortir du
royaume et d'y rentrer, quand et comme bon lui
semble. »*

Cet article se rapporte non seulement au citoyen,
mais à tout homme, à tout étranger comme à tout
français. Tous sont maîtres d'aller ou de rester,
d'entrer ou de sortir, de sortir du royaume et d'y
rentrer comme bon leur semble. L'absurdité ne peut
aller plus loin. Ne doit-il y avoir aucune police? Ne
peut-on point interdire des passages, fermer des édi-
fices publics, défendre l'accès des places fortes, etc.?
Avec ce droit illimité comment serait-il possible de
pourvoir à la construction des prisons pour la dé-
tention des malfaiteurs? Comment l'auteur de cette
Déclaration pouvait-il tolérer les lois contre les
émigrés? Ces lois n'étaient-elles pas un démenti
formel aux droits de l'homme?

Je n'impute pas ces extravagantes intentions à

l'auteur de cet article. Il a terminé le précédent par ces mots : *la loi seule peut marquer les bornes qu'il faut donner à cette liberté comme à toute autre ;* et je suppose que le mot *pareillement* en tête de celui-ci annonce que la liberté d'aller et de venir est soumise à la même restriction. Mais alors la proposition qui semble dire beaucoup, ne dit rien. « Vous pouvez tout faire excepté ce que la loi défend. » Danger ou ineptie, voilà l'alternative que l'on rencontre sans cesse dans cette Déclaration.

« *Enfin tout homme est le maître de disposer de son bien, de sa propriété, et de régler sa dépense ainsi qu'il le juge à propos.* »

Ici, point de restriction légale : la proposition est illimitée. Si par *disposer de son bien*, l'auteur entend qu'on en peut faire tout ce qu'on veut, la proposition est absurde à l'extrême. N'y a-t-il aucune limite nécessaire à l'emploi de la propriété ? Un homme devrait-il avoir le droit de faire après sa mort des fondations, soit religieuses, soit anti-religieuses au préjudice de sa famille ? La loi ne doit-elle pas empêcher un individu de deshériter ses enfants sans cause déterminée ?

*Régler sa dépense comme il le juge à propos* est une bonne expression de ménage. Un maître peut parler ainsi à son intendant ; mais est-ce là le style du législateur ? Les mineurs, les insensés, les prodigues doivent être soumis à des restrictions positives pour leurs dépenses. Il y a des cas où certaines lois somptuaires peuvent être convenables. Il peut y avoir de bonnes raisons pour interdire les jeux de hasard, les loteries, les festins publics, les donations à la manière des Romains, et mille autres espèces de dépenses.

« *La loi n'a pour objet que l'intérêt commun ; elle ne peut donc accorder aucun privilége à qui que ce soit.* »

La première proposition est fausse en fait. La loi *ne doit* avoir pour objet que l'intérêt commun : voilà ce qui est vrai. Cette erreur se représente perpétuellement dans ce petit ouvrage.

Mais la conséquence tirée de ce principe est-elle juste ? Ne peut-il y avoir quelques priviléges fondés sur l'intérêt commun ?

Dans un sens, tous les pouvoirs sont des priviléges ; dans un autre sens, toutes les distinctions sociales en sont aussi. Un titre honorifique, une décoration, un ordre de chevalerie, sont tous des priviléges. Doit-on interdire au législateur l'emploi de tous ces moyens de récompense.

Il est un genre de privilége certainement très-avantageux : ce sont les brevets qu'on accorde pendant un temps limité pour des inventions dans les arts et l'industrie. De toutes les méthodes d'encouragement pour l'industrie, c'est la moins onéreuse et la mieux proportionnée au mérite de l'invention. Ce privilége n'a rien de commun avec les monopoles si justement décriés.

*Et s'il s'est établi des priviléges, ils doivent être abolis à l'instant, quelle qu'en soit l'origine.*

Voilà le principe le plus injuste, le plus tyrannique, le plus odieux. *Abolis à l'instant!* C'est le mot d'un despote, qui ne veut rien écouter, qui fait tout plier devant sa volonté, qui sacrifie tout à son caprice.

Il y a certains priviléges, certains droits qui ont été achetés à un prix très-élevé. Leur abolition soudaine jetterait dans le désespoir un grand nombre de familles; elle les dépouillerait de leur propriété; elle produirait le même effet que si l'on admettait une multitude d'étrangers à partager leurs revenus, et cela à l'instant.

Il y a des charges judiciaires possédées en vertu d'un titre héréditaire. Les possesseurs en seront dépouillés, sans égard à leurs circonstances, à leur bien-être, ou même aux intérêts de l'État, et cela à l'instant.

Il y a des sociétés de commerce auxquelles la loi a accordé un monopole. Ce monopole est aboli, sans égard à la ruine des associés, aux capitaux qu'ils ont avancés, aux engagements qu'ils ont souscrits, et cela à l'instant.

Le grand mérite d'une bonne administration, c'est qu'elle procède lentement dans la réforme des abus, c'est qu'elle ne sacrifie pas les intérêts existants, c'est qu'elle ménage les individus en jouissance, c'est qu'elle prépare graduellement les bonnes institutions, c'est qu'elle évite tout changement violent dans les conditions, les établissements et les fortunes.

*A l'instant* est un terme qui convient aux latitudes d'Alger et de Constantinopole. *Graduellement* est l'expression de la justice et de la prudence.

« *Si les hommes ne sont pas égaux en moyens, c'est-à-dire en richesses, en esprit, en force etc., il ne suit pas qu'ils ne soient pas tous égaux en droits.* »

Certainement la femme n'est pas égale en droit à son mari, ni le fils mineur à son père, ni l'apprenti à son maître, ni le soldat à son officier, ni le prisonnier à son geolier, à moins que le *devoir d'obéir* ne soit exactement équivalent au *droit de commander*. La différence des droits est précisément ce qui constitue la subordination sociale. Etablissez des droits égaux pour tous, il n'y aura plus ni obéissance, ni société.

Celui qui possède une propriété possède des droits, exerce des droits que le non propriétaire ne possède ni n'exerce.

Si tous les hommes sont égaux en droits, il n'existera plus de droits, car si tous ont le même droit à une chose, il n'y a plus de droit pour personne.

« *Tout citoyen qui est dans l'impuissance de pourvoir à ses besoins, a droit aux secours de ses concitoyens.* »

Avoir droit aux secours de ses concitoyens, c'est avoir droit à leur secours dans leur capacité individuelle ou dans leur capacité collective.

Donner à chaque pauvre un droit aux secours de chaque individu moins pauvre que lui, c'est renverser toute idée de propriété ; car, dès que je suis incapable de pourvoir à ma subsistance, j'ai droit d'être nourri par vous ; j'ai un droit sur ce que vous possédez ; c'est ma propriété aussi bien que la vôtre, la portion qui m'est nécessaire n'est plus à vous, elle est à moi, vous me volez si vous la retenez.

Il est vrai qu'il y a des difficultés dans l'exécution. Je suis pauvre : auquel de mes concitoyens dois-je m'adresser pour me faire donner ce dont j'ai besoin. Est-ce à Pierre, est-ce à Paul ? Si vous vous bornez à déclarer un droit général, sans spécifier comment il peut s'exercer, vous ne faites rien. Je puis mourir de faim, avant de découvrir qui doit me pourvoir de nourriture.

Ce que l'auteur voulait dire, vaut mieux que ce qu'il a dit. Son intention était de déclarer que les pauvres auraient droit aux secours de la communauté. Mais alors il fallait déterminer comment ces secours seraient recueillis et distribués ; il fallait organiser l'administration qui devait assister les pauvres, créer les officiers qui devaient constater leurs besoins, et régler la manière dont les pauvres devaient procéder pour faire usage de leurs droits.

Le soulagement de l'indigence est une des plus nobles branches de la civilisation. Dans l'état de nature, autant qu'on peut s'en faire une idée, ceux qui ne peuvent pas se procurer des aliments, meurent de faim. Il faut qu'il existe un superflu dans une classe nombreuse de la société, avant qu'il soit possible d'en appliquer une partie à la nourriture des pauvres. Mais il est possible aussi de supposer un tel état de misère, une telle famine, qu'on ne puisse plus fournir du pain à tous ceux qui en manquent. Comment donc peut-on convertir ce devoir de bienveillance en un droit absolu ? Ce serait donner à la classe indigente les idées les plus fausses et les plus dangereuses ; ce serait non-seulement ôter aux pauvres tout sentiment de reconnaissance envers leurs bienfaiteurs , mais encore leur mettre les armes à la main contre tous les propriétaires.

Je n'ignore pas que l'auteur se défendrait contre toutes les conséquences qui découlent si manifestement de ses principes, en invoquant cette clause qu'il a insérée , « *qu'on n'a jamais le droit de nuire à autrui ,* » et que la loi peut mettre des bornes à l'exercice de toutes les branches de la liberté. Mais cette clause réduit à rien tous ses droits ; car si la loi peut y mettre des bornes, jusqu'à ce qu'on connaisse la loi, quelle connaissance puis-je avoir de mes droits? quel usage puis-je en faire? Rien ne saurait être plus fallacieux qu'une Déclaration qui me donne d'une main ce qu'elle autorise la loi à me reprendre de l'autre. Ainsi mutilée, cette Déclaration pourrait être reçue au Maroc ou dans Alger , sans faire ni bien ni mal.

FIN.

# TABLE DES MATIÈRES.


|  | Pages. |
|---|---|
| Avertissement de l'éditeur. | 5 |
| Lettre à M. GARNIER-PAGÈS, sur l'esprit de nos assemblées délibérantes | 7 |

### INTRODUCTION.

| | |
|---|---|
| I. Du sophisme.—Quelques mots sur les auteurs qui en ont parlé. | 33 |
| II. Distinctions à faire entre l'erreur et le sophisme. | 35 |
| III. Sujet du présent ouvrage : sophismes politiques et parlementaires. | 36 |
| IV. Division ou classification des sophismes. | 38 |

### PREMIÈRE PARTIE.
#### SOPHISMES D'AUTORITÉ. — 41

| | |
|---|---|
| CHAP. Ier. Analyse de l'autorité. | 42 |
| CHAP. II. La sagesse de nos ancêtres ou argument dans le mode chinois. | 58 |
| CHAP. III. Sophisme des lois irrévocables. | 65 |
| CHAP. IV. Il n'y a pas d'antécédent. | 82 |
| CHAP. V. Sophisme de l'autorité individuelle. | 84 |
| CHAP. VI. Personnalités laudatives. | 88 |

### DEUXIÈME PARTIE.
#### SOPHISME DU PÉRIL. — 91

| | |
|---|---|
| CHAP. Ier. Personnalités injurieuses | Id. |
| CHAP. II. Argument fantasmagorique ou pas d'innovation. | 103 |
| CHAP. III. Sophisme de défiance. Cette mesure cache un piège. | 109 |
| CHAP. IV. Bouclier des prévaricateurs officiels. Nous attaquer c'est attaquer le gouvernement. | 111 |

### TROISIÈME PARTIE.
#### SOPHISMES DILATOIRES. — 123

| | |
|---|---|
| CHAP. Ier. Sophisme du quiétiste. | Id. |
| CHAP. II. Sophisme des fausses consolations. | 126 |
| CHAP. III. Sophisme des ajournements. | 128 |
| CHAP. IV. Sophisme des lenteurs. | 130 |
| CHAP. V. Sophisme des diversions artificieuses. | 135 |

### QUATRIÈME PARTIE.
#### SOPHISMES DE CONFUSION. — 138

| | |
|---|---|
| CHAP. Ier. Sophisme des pétitions de principes. | Id. |
| CHAP. II. Sophisme des termes imposteurs. | 142 |
| CHAP. III. Sophisme des vagues généralités. | 148 |

## TABLE DES MATIÈRES.

Pages.

CHAP. IV. Idoles allégoriques. . . . . . . . . . . . . . . . . . . . . 164

CHAP. V. Classifications entraînantes. . . . . . . . . . . . . . . 168

CHAP. VI. Fausses distinctions. . . . . . . . . . . . . . . . . . 172

CHAP. VII. Corruption du peuple. . . . . . . . . . . . . . . . 177

CHAP. VIII. Observations sur les sept sophismes précédents. . . 181

CHAP. IX. Sophismes anti-rationnels. . . . . . . . . . . . . . 186

CHAP. X. Assertions paradoxales. . . . . . . . . . . . . . . . 198

CHAP. XI. *Non causa pro causa* ou l'obstacle pris pour la cause. 204

CHAP. XII. Sophisme des défenseurs de la partialité. . . . . . . 210

CHAP. XIII. La fin justifie les moyens. . . . . . . . . . . . . . 212

CHAP. XIV. L'opposition quand même. . . . . . . . . . . . . . 214

CHAP. XV. Rejet au lieu d'amendement. . . . . . . . . . . . . 216

### CINQUIÈME PARTIE.

CHAP. I<sup>er</sup>. Caractères généraux de tous les sophismes. . . . . . 219

CHAP. II. Du mal produit par les sophismes. . . . . . . . . . 220

CHAP. III. Causes générales des sophismes . . . . . . . . . . 221

Première cause. Intérêt séducteur dont l'intéressé a conscience. . . . . . . . . . . . . . . . . . . . . *Id.*

CHAP. IV. Seconde cause. Préjugés fondés sur un intérêt qui agit à l'insu de l'intéressé. . . . . . . . . . . . . 227

CHAP. V. Troisième cause. Préjugés fondés sur l'autorité. . . . 230

CHAP. VI. Quatrième cause. La défense de soi-même ou l'utilité supposée du sophisme. . . . . . . . . . . . . . 231

CHAP. VII. Utilité des sophismes pour ceux qui les emploient et ceux qui les acceptent. . . . . . . . . . . . . . 233

CHAP. VIII. Encouragements donnés aux sophismes par la constitution anglaise. . . . . . . . . . . . . . . . 235

CHAP. IX. Comment les intérêts personnels sont la cause première des sophismes. . . . . . . . . . . . . . . . 237

CHAP. X. Rôles divers des sophistes. . . . . . . . . . . . . . 242

Conclusion. . . . . . . . . . . . . . . . . . . . . . . . . 246

### SIXIÈME PARTIE.

#### SOPHISMES ANARCHIQUES.

Avant-propos du traducteur. . . . . . . . . . . . . . . . . . 248

CHAP. I<sup>er</sup>. Examen de la Déclaration des droits de l'homme et du citoyen, décrétée par l'assemblée constituante en 1791. . . . . . . . . . . . . . . . . . . . . . . . 251

CHAP. II. Examen de la Déclaration des droits et des devoirs de l'homme et du citoyen, faite par la convention nationale en 1795. . . . . . . . . . . . . . . . . 323

CHAP. III. Observations sur quelques articles de la déclaration des droits proposés par le citoyen Sièyes. . . . . . 338


**FIN DE LA TABLE.**